EinFach Deutsch
Unterrichtsmodell

Joseph von Eichendorff

Aus dem Leben eines Taugenichts

Von
Stefan Volk

Herausgegeben von
Johannes Diekhans

Baustein 4: Romantik (S. 84 – 101 im Modell)

4.1	Merkmale der Romantik	ges. Text S. 116 – 118 (Anhang) S. 123 (Anhang) S. 109 (Anhang) S. 6 S. 99	Textarbeit Tafelskizze
4.2	Sehnsucht und romantische Metaphorik	ges. Text S. 140 (Anhang) S. 10, S. 53 S. 5, S. 22, S. 27 S. 32 – 33	Textarbeit Tafelskizze Arbeitsblatt 9
4.3	Traumwelt	ges. Text S. 5, S. 29 – 30, S. 40 – 41 S. 45 – 46, S. 53, S. 56, S. 65 S. 81 S. 109 (Anhang)	Textarbeit Tafelskizze

Baustein 5: Parodie und Selbstironie (S. 102 – 116 im Modell)

5.1	Antibildungsroman	ges. Text	Tafelskizze Arbeitsblatt 10
5.2	Romantische Selbstironie	ges. Text S. 17, S. 69, S. 80 – 81 S. 95 S. 104 – 105 S. 98 S. 98 – 105	Textarbeit Tafelskizze Arbeitsblatt 11 Zusatzmaterial 5

Baustein 6: Rezeption und Verfassen einer Kritik (S. 117 – 125 im Modell)

6.1	Zwei Besprechungen	ges. Text S. 125 – 126 (Anhang) S. 129 – 132 (Anhang)	Textarbeit Tafelskizze
6.2	Eine eigene Rezension verfassen	ges. Text	Textarbeit Tafelskizze Schreibauftrag Arbeitsblatt 12
6.3	Podiumsdiskussion	ges. Text S. 124 – 132 (Anhang)	Textarbeit Szenisches Spiel

Aus dem Leben eines Taugenichts

Baustein 1: Mögliche Einstiege (S. 21 – 29 im Modell)

1.1	Assoziationen zum Titel	Fotografien, Kurzfilm	Schreibauftrag
1.2	Erste Leseeindrücke	ges. Text	Arbeitsblatt 1
1.3	Bilder	ges. Text S. 91	Malauftrag
1.4	Kapitelüberschriften	ges. Text S. 5	Schreibauftrag
1.5	Standbild	ges. Text	Szenisches Spiel Rollenspiel Arbeitsblatt 2

Baustein 2: Figuren, Schauplätze, Handlungszeit (S. 30 – 64 im Modell)

2.1	Der „Taugenichts" und die Philister	ges. Text S. 5 S. 36 S. 8 S. 17	Textarbeit Tafelskizze Schreibauftrag Arbeitsblatt 3 Zusatzmaterial 1
2.2	Adel, Künstler, Studenten	ges. Text S. 25 – 26 S. 112 – 115 (Anhang) S. 94 – 95 S. 78 – 79	Textarbeit Tafelskizze Zusatzmaterial 2
2.3	Der „Taugenichts" und die „schöne Frau"	ges. Text S. 6 – 7, S. 9 S. 10, S. 64 S. 13 – 14 S. 25 – 26	Schreibauftrag Malauftrag Textarbeit Tafelskizze Arbeitsblatt 4
2.4	Der „Taugenichts" und das Glück	ges. Text S. 5, S. 76 – 77 S. 21 – 22 S. 8, S. 35	Textarbeit Tafelskizze Schreibauftrag Malauftrag Projekt Zusatzmaterial 3
2.5	Symbolische Schauplätze	ges. Text S. 6 – 7 S. 63 S. 20 – 22, S. 22 – 25 S. 15	Textarbeit Tafelskizze Arbeitsblatt 5
2.6	Symbolische Tageszeiten	ges. Text S. 63 – 71	Textarbeit Tafelskizze

Baustein 3: Erzählaufbau, Erzähltechnik und die Frage der Gattung (S. 65 – 83 im Modell)

3.1	Gliederung und Handlungsverlauf	ges. Text	Tafelskizze Arbeitsblatt 6
3.2	Erzähltechnik	ges. Text S. 52 S. 44, S. 91	Textarbeit Tafelskizze Schreibauftrag Arbeitsblatt 7
3.3	Lieder	ges. Text S. 6 S. 94 – 95 S. 66	Textarbeit Tafelskizze
3.4	Gattungsbestimmung: Märchen, Novelle, Roman?	ges. Text	Tafelskizze Arbeitsblatt 8

Bildnachweis:
|akg-images GmbH, Berlin: 116, 126, 130, 135. |alamy images, Abingdon/Oxfordshire: Art Collection 4 135. |fotolia.com, New York: pdesign 28, 28. |Goethezeitportal - www.goethezeitportal.de, München: 71. |Houba-Hausherr, Mauga, Krefeld: 9. |Picture-Alliance GmbH, Frankfurt/M.: dpa 133. |stock.adobe.com, Dublin: lantapix 28. |ullstein bild, Berlin: 128.

westermann GRUPPE

© 2018 Bildungshaus Schulbuchverlage Westermann Schroedel Diesterweg Schöningh Winklers GmbH, Georg-Westermann-Allee 66, 38104 Braunschweig
www.westermann.de

Das Werk und seine Teile sind urheberrechtlich geschützt. Jede Nutzung in anderen als den gesetzlich zugelassenen bzw. vertraglich zugestandenen Fällen bedarf der vorherigen schriftlichen Einwilligung des Verlages. Nähere Informationen zur vertraglich gestatteten Anzahl von Kopien finden Sie auf www.schulbuchkopie.de.

Für Verweise (Links) auf Internet-Adressen gilt folgender Haftungshinweis: Trotz sorgfältiger inhaltlicher Kontrolle wird die Haftung für die Inhalte der externen Seiten ausgeschlossen. Für den Inhalt dieser externen Seiten sind ausschließlich deren Betreiber verantwortlich. Sollten Sie daher auf kostenpflichtige, illegale oder anstößige Inhalte treffen, so bedauern wir dies ausdrücklich und bitten Sie, uns umgehend per E-Mail davon in Kenntnis zu setzen, damit beim Nachdruck der Verweis gelöscht wird.

Bei der Übernahme von Werkteilen (Grafiken) aus den Arbeitsblättern sind Sie verpflichtet, das Namensnennungsrecht des Urhebers zu beachten und die Namensnennung in ein neues Arbeitsblatt mit einzufügen. Unterlassungen dieser Verpflichtung stellen einen urheberrechtlichen Verstoß dar, der zu urheberrechtlichen Schadensersatzansprüchen führen kann.

Druck A^2 / Jahr 2022
Alle Drucke der Serie A sind im Unterricht parallel verwendbar.

Umschlaggestaltung: Jennifer Kirchhof
Druck und Bindung: Westermann Druck GmbH, Georg-Westermann-Allee 66, 38104 Braunschweig

ISBN 978-3-14-**022697**-4

Vorwort

Der vorliegende Band ist Teil einer Reihe, die Lehrerinnen und Lehrern erprobte und an den Bedürfnissen der Schulpraxis orientierte Unterrichtsmodelle zu ausgewählten Ganzschriften und weiteren relevanten Themen des Faches Deutsch bietet.
Im Mittelpunkt der Modelle stehen Bausteine, die jeweils thematische Schwerpunkte mit entsprechenden Untergliederungen beinhalten.
In übersichtlich gestalteter Form erhält der Benutzer/die Benutzerin zunächst einen Überblick zu den im Modell ausführlich behandelten Bausteinen.

Es folgen:

- Hinweise zu den Handlungsträgern
- Zusammenfassung des Inhalts und der Handlungsstruktur
- Vorüberlegungen zum Einsatz des Textes im Unterricht
- Hinweise zur Konzeption des Modells
- Ausführliche Darstellung der einzelnen Bausteine
- Zusatzmaterialien

Ein besonderes Merkmal der Unterrichtsmodelle ist die Praxisorientierung. Enthalten sind kopierfähige Arbeitsblätter, Vorschläge für Klassen- und Kursarbeiten, Tafelbilder, konkrete Arbeitsaufträge, Projektvorschläge. Handlungsorientierte Methoden sind in gleicher Weise berücksichtigt wie eher traditionelle Verfahren der Texterschließung und -bearbeitung.
Das Bausteinprinzip ermöglicht es dabei den Benutzern, Unterrichtsreihen in unterschiedlicher Weise und mit unterschiedlichen thematischen Akzentuierungen zu konzipieren. Auf diese Weise erleichtern die Modelle die Unterrichtsvorbereitung und tragen zu einer Entlastung der Benutzer bei.

Das vorliegende Modell bezieht sich auf folgende Textausgabe:
Joseph von Eichendorff: Aus dem Leben eines Taugenichts. Braunschweig: Bildungshaus Schulbuchverlag Westermann Schroedel Diesterweg Schöningh Winklers ¹⁴2018 (= Reihe Textausgaben EinFach Deutsch). ISBN: 978-3-14 022366 9.

 Arbeitsfrage

 Einzelarbeit

 Partnerarbeit

 Gruppenarbeit

 Unterrichtsgespräch

 Schreibauftrag

 szenisches Spiel, Rollenspiel

 Mal- und Zeichenauftrag

 Bastelauftrag

 Projekt, offene Aufgabe

Inhaltsverzeichnis

1. **Die Figuren** 10

2. **Der Inhalt** 15

3. **Vorüberlegungen zum Einsatz des Textes im Unterricht** 17

4. **Konzeption des Unterrichtsmodells** 19

5. **Die thematischen Bausteine des Unterrichtsmodells** 21

    Baustein 1: Mögliche Einstiege 21
    1.1 Assoziationen zum Titel   21
    1.2 Erste Leseeindrücke   23
    1.3 Bilder   24
    1.4 Kapitelüberschriften   25
    1.5 Standbild   25
    Arbeitsblatt 1:   Erste Leseeindrücke   28
    Arbeitsblatt 2:   Standbildbauen – das Verhältnis der einzelnen Figuren zum „Taugenichts" und zueinander   29

    Baustein 2: Figuren, Schauplätze, Handlungszeit 30
    2.1 Der „Taugenichts" und die Philister   30
    2.2 Adel, Künstler, Studenten   36
    2.3 Der „Taugenichts" und die „schöne Frau"   40
    2.4 Der „Taugenichts" und das Glück   47
    2.5 Symbolische Schauplätze   52
    2.6 Symbolische Tageszeiten   57
    Arbeitsblatt 3:   Der Gegensatz von „Taugenichts" und Philister   60
    Arbeitsblatt 4:   Die „schöne Frau"   61
    Arbeitsblatt 5:   Der Garten als Sinnbild   63

    Baustein 3: Erzählaufbau, Erzähltechnik und die Frage der Gattung 65
    3.1 Gliederung und Handlungsverlauf   65
    3.2 Erzähltechnik   67
    3.3 Lieder   70
    3.4 Gattungsbestimmung: Märchen, Novelle, Roman?   74
    Arbeitsblatt 6:   Handlungsverlauf (+ Lösung)   78
    Arbeitsblatt 7:   Grundbegriffe der Erzähltechnik   80
    Arbeitsblatt 8 a/b   Gattungsbestimmung   82

    Baustein 4: Romantik 84
    4.1 Merkmale der Romantik   84
    4.2 Sehnsucht und romantische Metaphorik   89
    4.3 Traumwelt   97
    Arbeitsblatt 9:   Romantische Sehnsuchts-Metaphorik (+ Lösung)   100

Baustein 5: Parodie und Selbstironie 102
5.1 Antibildungsroman 102
5.2 Romantische Selbstironie 104
Arbeitsblatt 10: Bildungsroman (+ Lösung) 113
Arbeitsblatt 11: Joseph von Eichendorff: „Die zwei Gesellen" (1818) 116

Baustein 6: Rezeption und Verfassen einer Kritik 117
6.1 Zwei Besprechungen von Eichendorffs Werk „Aus dem Leben eines Taugenichts" 118
6.2 Eine eigene Rezension verfassen 120
6.3 Podiumsdiskussion 122
Arbeitsblatt 12: Wie schreibt man eine Rezension? 124

6. Zusatzmaterialien 126
Z 1: Schilderung eines Musterphilisters 126
Z 2: Der Wiener Kongress und seine gesellschaftlichen Folgen 128
Z 3: Hans im Glück 130
Z 4: Das Land, wo die Zitronen blühn 133
Z 5: Wir winden dir den Jungfernkranz 135
Z 6: Klausurvorschlag mit Bewertungsbogen 136
Z 7: Weitere Klausurvorschläge und mögliche Facharbeitsthemen 142

Aus dem Leben eines Taugenichts

(Mauga Houba-Haußherr)

„Ich aber hatte mich unterdes ganz vorn auf die Spitze des Schiffes gesetzt, ließ vergnügt meine Beine über dem Wasser herunterbaumeln und blickte, während das Schiff so fortflog und die Wellen unter mir rauschten und schäumten, immerfort in die blaue Ferne, wie da ein Turm und ein Schloss nach dem andern aus dem Ufergrün hervorkam, wuchs und wuchs und endlich hinter uns wieder verschwand. Wenn ich nur *heute* Flügel hätte!, dachte ich und zog endlich vor Ungeduld meine liebe Violine hervor und spielte alle meine ältesten Stücke durch, die ich noch zu Hause und auf dem Schloss der schönen Frau gelernt hatte."

Joseph von Eichendorff: Aus dem Leben eines Taugenichts, Paderborn: Schöningh Verlag ¹⁴2018, S. 91, Z. 14 – 24

Die Figuren

Der Ich-Erzähler „Taugenichts": Er ist ein junger, romantisch veranlagter Träumer, der bei der Mühle seines Vaters müßig in den Tag hinein lebt (vgl. S. 5). Als Heranwachsender befindet er sich an der Schwelle zum Erwachsenwerden (vgl. S. 51, Z. 36). Deshalb, meint sein Vater, sei es nun an der Zeit, dass er auf Wanderschaft gehe und selbst für seinen Lebensunterhalt aufkomme. Seine Mutter ist bereits verstorben (vgl. S. 36). Während sein Vater das Dasein eines arbeitsamen Müllers führt, scheint der „Taugenichts" seinen Hang zur Fantasie und Poesie von der Mutter zu haben (vgl. S. 36).

Auf seiner Reise lässt sich der „Taugenichts" planlos treiben. Zufälle und Missverständnisse bestimmen seinen Weg. Zwar musiziert er viel mit seiner Geige und singt, meist jedoch aus einem spontanen Impuls heraus, um seiner jeweiligen Stimmung Ausdruck zu verleihen. Künstlerische Ambitionen hegt er nicht. Wie ein Vogel klettert er auf Bäume und lebt von Moment zu Moment. Dabei zeigt er ein oftmals naiv anmutendes Gottvertrauen, das ihn zugleich als einen romantischen Charakter ausweist; an der Grenze zur Karikatur. Er romantisiert Natur und Wirklichkeit, wodurch er immer wieder den Bezug zur Realität verliert. Er steigert sich in abenteuerliche Fantasien hinein, was sich im Laufe seiner Reise in zahlreichen Missverständnissen und Verwechslungen niederschlägt.

So hält er Aurelie, in die er sich im Schloss in Wien verliebt, fälschlicherweise für eine Adlige und nimmt an, sie sei bereits verheiratet. Anstatt rationale Nachforschungen anzustellen, reagiert er impulsiv und emotional und reist nach Italien ab.

Die Liebe zur „schönen Frau" entwickelt sich schnell zum entscheidenden Handlungsimpuls des „Taugenichts". Es ist eine zutiefst romantische Liebe, die dem Ich-Erzähler aufgrund des vermuteten Standesunterschiedes zunächst unerfüllbar erscheint. Die „schöne gnädige Frau" wird zum Zielpunkt romantischer Sehnsucht.

Trotz seiner romantischen Ader verhält sich der „Taugenichts" bisweilen wie ein komischer, tölpelhafter Schürzenjäger (vgl. S. 21). Dass er es mit der sittlichen Moral nicht allzu genau nimmt, lässt sich bereits erahnen, als er im Hinblick auf die beiden Frauen, die ihn zu Beginn seiner Reise in der Kutsche mitnehmen, bemerkt: „eigentlich gefielen sie mir alle beide" (S. 6, Z. 24). Auch das hübsche Dorfmädchen würde er am liebsten gleich küssen (vgl. S. 33, Z. 21 ff.).

Zudem weist er einen Hang zur Bequemlichkeit auf, der ihn auch für ein Dasein als Philister empfänglich macht. So findet er im Wiener Schloss durchaus Gefallen an der ihm zugewiesenen Stelle des Zolleinnehmers (vgl. S. 16).

Am Ende weist die bevorstehende Hochzeit mit der Nichte des Portiers in eine Zukunft als Philister. Der „Taugenichts" träumt jedoch lieber von einer romantischen Hochzeitsreise nach Italien. Welchen Weg er einschlagen wird, bleibt offen.

Die „schöne Frau" Aurelie: Sie fungiert über weite Strecken der Geschichte als Projektionsfläche des Ich-Erzählers. Dieser hält sie, seit er ihr das erste Mal in der herrschaftlichen Kutsche begegnet ist (vgl. S. 6), für die junge Gräfin des Wiener Schlosses. Aurelie ist jung und hübsch. Ihre weiße Haut (vgl. S. 11) und die weiße Kleidung (vgl. S. 25) versinnbildlichen einerseits ihre Unschuld, stehen andererseits jedoch auch symbolisch für den sehnsuchtsvollen Blick des „Taugenichts", der sie für eine vornehme Adlige hält und wie einen Engel bzw. eine Mariengestalt verehrt. Lange erscheint sie als eine Art namenlose weiße Leinwand, auf die der Ich-Erzähler seine romantischen Vorstellungen projiziert.

Erst als der „Taugenichts" im alten Schloss in den Bergen einen Brief von ihr liest, den sie mit Aurelie unterzeichnet hat, erfährt der Leser ihren Namen (vgl. S. 57). Doch auch danach bleibt sie zunächst weiterhin identitätslos. Der Ich-Erzähler spricht von ihr lediglich als der „schönen gnädigen Frau". In seiner Fantasie ist sie damit im Grunde austauschbar. Bei den wenigen tatsächlichen Begegnungen zwischen den beiden bleibt sie meist stumm, schlägt schüchtern die Augen nieder und weicht seinem Blick aus. Morgens, wenn sie sich ungestört glaubt, spielt sie gerne am offenen Fenster Gitarre (vgl. S. 10 f.). Mit diesem Verhalten offenbart auch Aurelie ungestillte Sehnsüchte. Ihre romantischen Neigungen zeigen sich nicht zuletzt darin, dass sie sich in den „Taugenichts" verliebt.

Obwohl also auch Aurelie romantische Charakterzüge aufweist, ist sie keineswegs eine romantische Natur. Wie sich gegen Ende der Geschichte herausstellt, ist sie die Nichte des Portiers und wurde von der Gräfin gleichermaßen als Pflegetochter und Kammerzofe im Schloss aufgenommen. Mit ihrem Onkel verbindet sie eine pragmatische Lebenseinstellung. Anders als in der sehnsuchtsvollen Fantasie des Ich-Erzählers tritt Aurelie am Ende als reale Figur durchaus wortgewandt, resolut und selbstbewusst auf (vgl. S. 103 ff.). Sie verfolgt einen klaren Plan, denkt rational und wirkt bodenständig. Ihre Zukunftsvorstellung vom Leben im benachbarten „Schlösschen" (S. 104, Z. 19) ist durch den Diminutiv bereits formal als Philistertraum gekennzeichnet. Noch vor ihrer Hochzeit versucht sie, den „Taugenichts" auf Philisterlinie zu bringen. Sie macht ihm Vorschriften bezüglich seines Verhaltens und seiner Kleidung (vgl. S. 105). Ihre Ansichten sind weitgehend deckungsgleich mit denjenigen ihres Onkels. Die Romantik reduziert sich bei ihr zuletzt nur noch auf eine glänzende Verpackung ihrer materiellen (Philister-)Wünsche: „das weiße Schlösschen, das da drüben im Mondschein glänzt" (S. 104, Z. 19 f.).

Der Portier, der Gärtner und der Zolleinnehmer: Sie treten in Eichendorffs Geschichte als typische **Philister** in Erscheinung. Das lässt sich bereits daran erkennen, dass sie nie mit Namen, sondern stets nur mit ihrer Berufsbezeichnung erwähnt werden. Beruf und Anstellung verleihen diesen arbeitsamen, pflichtbewussten Bürgern eine austauschbare Identität. Sie treten nicht als Individuen, sondern lediglich als Funktionsträger auf. Auch der Vater des „Taugenichts", der sich als Müller seinen Lebensunterhalt verdient, gehört zu dieser Figurengruppe, die zu Beginn der Geschichte einen Gegenpol zum „Taugenichts" bildet, der als müßiggängerischer Romantiker in die weite Welt hinauszieht, um am Ende dann doch in den Armen der Nichte des Portiers zu landen.

„Schlafrock und Schlafmütze" (S. 16, Z. 11; vgl. u. a. auch S. 5), Pantoffeln, Tabak und Pfeife (vgl. S. 16 f.) sind ebenso wie das „Bänkchen"

Die Figuren

(vgl. u. a. ebd.) typische Utensilien dieser Philister. Auch der gepflegte Nutzgarten, das „Gärtchen" (S. 16, Z. 30), ist Teil dieser auf Behaglichkeit, Gemütlichkeit sowie Nützlichkeit und Pflichtbewusstsein ausgerichteten kleinen, angepassten Lebenswelt, von der sich der „Taugenichts" je nach Stimmungslage angezogen oder abgestoßen fühlt (vgl. S. 16 f.).

In der Beziehung zum Portier spiegelt sich zugleich der zwiespältige Charakter des „Taugenichts" wider, der den Portier einerseits als seinen „intime[n] Freund" (S. 16, Z. 34) bezeichnet, andererseits aber wütend fortjagt, als dieser seiner romantisierenden Weltsicht widerspricht (vgl. S. 17).

Die Kammerzofen: Sie bilden gemeinsam mit den Gräfinnen die wichtigsten Frauenfiguren in dem Text. Wie auch die männlichen Philisterfiguren bleiben sie als individuelle Persönlichkeiten vage, namenlos und austauschbar. Die Wiener Kammerzofe, die später in den Dienst der römischen Gräfin wechselt, agiert als resolute, raffinierte, mal neckische, mal schnippische Kupplerin (vgl. S. 21 ff., S. 81 ff.). Sowohl die Kammerzofe als auch die älteren Gräfinnen, in deren Dienst sie steht, erscheinen als burleske, komisch-intrigante Figuren im Stile einer Verwechslungskomödie.

Die Rolle als Kupplerin ist insofern charakteristisch für die Figur der Kammerzofe, als diese bei Eichendorff eine Mittlerin und Grenzgängerin zwischen adliger und bürgerlicher Sphäre darstellt. So entpuppt sich Aurelie, die der „Taugenichts" für eine Gräfin hält, am Ende als Kammerjungfer.

Ähnlich wie bei den adligen Damen, bei denen den lüsternen Gräfinnen in Wien und Rom die junge Gräfin Flora als Idealbild entgegengestellt wird, lassen sich auch bei den Kammerzofen moralisch eher zweifelhafte und vorbildliche Vertreterinnen unterscheiden. Der spätromantische Gegensatz von der bedrohlichen Venus-Frau und der überhöhten Marienfigur wird bei diesen Nebenfiguren variiert. Im Gegensatz zur kupplerischen Kammerzofe in Wien bzw. Rom werden Aurelie und die Kammerzofe auf dem Schiff (vgl. S. 90 ff.) sittsam und keusch gezeichnet. Ihre innere Vornehmheit spiegelt sich in ihrem „hübschen" (S. 90, Z. 25) Aussehen wider. Wie Aurelie hat auch das Mädchen auf dem Schiff, das seine erste Stelle am Schloss in Wien antritt, als (noch) unschuldiger Charakter weiße Haut (vgl. S. 90, Z. 32) und schlägt in Gegenwart des „Taugenichts" stets verlegen und schamvoll die Augen nieder (vgl. S. 90 f.). Entsprechend ließe sie sich auch als Alter Ego Aurelies beschreiben. Das verschämte Niederschlagen der Augen steht als Reaktion auf die Annäherungsversuche des „Taugenichts" im auffälligen Kontrast zum lauten Lachen der selbstbewussten und nicht zimperlichen Wiener Kammerzofe (vgl. S. 21).

Das schöne Dorfmädchen: Es ist eine weitere namenlose Handlungsträgerin. Seine dramaturgische Rolle besteht darin, dem „Taugenichts" einen alternativen Weg anzubieten, sein „Glück machen" (S. 35, Z. 25) zu können. Mit den „perlweißen Zähne[n]" und den „roten Lippen" (S. 35, Z. 23 f.) verkörpert das Dorfmädchen eine junge, hübsche und gesunde Verführerin, die unverhohlen mit dem „Taugenichts" flirtet (vgl. S. 34). Der Ich-Erzähler bezeichnet sie als „schmuck" (S. 34, Z. 21), ein Wort, das die Eigenschaften miteinander vereint, auf die es für die Geschichte ankommt: Obwohl sie „sehr reich" (S. 34, Z. 15) und schön ist, wäre das Glück, das der „Taugenichts" mit ihr machen könnte, wohl nur ein oberflächliches, äußerliches.

Dennoch zeigt sich der Ich-Erzähler diesem materiellen, sinnlichen Glück gegenüber keineswegs abgeneigt. Am liebsten würde er das Mädchen sofort küssen (vgl. S. 33, Z. 25). Nur durch einen Zufall bzw. eine schicksalhafte Fügung werden die beiden voneinander getrennt (vgl. S. 34). Anders als bei der „schönen Frau" im Wiener Schloss unternimmt der „Taugenichts" jedoch nichts, um diese Trennung zu überwinden (vgl. S. 34 ff.). Offenbar entspricht das Glück, das der Ich-Erzähler mit dem Dorfmädchen in Aussicht hat, nicht jenen Vorstellungen von Glück, mit denen er einst von der väterlichen Mühle aufgebrochen ist. Das Dorfmädchen steht als Kontrastfigur zur „schönen Frau" sinnbildlich für ein pragmatisches, materielles Philisterglück. Damit wird das Konzept einer möglichen bürgerlichen Vernunftehe der sehnsüchtig-romantischen Liebe entgegengestellt.

Flora und Leonhard: Sie geben sich gegenüber dem Ich-Erzähler als die Maler Guido und Leonhard aus. In Wirklichkeit handelt es sich bei Guido jedoch um die junge Gräfin Flora vom Wiener Schloss, die gemeinsam mit ihrem Geliebten Leonhard vor einer geplanten Hochzeit flieht.

Leonhard tritt selbstbewusst und überlegen auf. Er ist deutlich älter als Flora (vgl. S. 40, Z. 5 f.), organisiert die Flucht und klärt am Ende den Ich-Erzähler wortreich über die wahren Hintergründe auf (vgl. S. 101 ff.). Im Gegensatz zum „Taugenichts" behält Leonhard stets den Überblick. Der Ich-Erzähler beschreibt ihn als „groß, schlank, braun, mit lustigen feurigen Augen" (S. 40, Z. 4 f.). Damit verkörpert er einen leidenschaftlichen, vorbildlichen, wenn auch bisweilen leicht überheblich wirkenden Adligen vom Typus eines Kraftmenschen, wie man ihn aus der Epoche des Sturm und Drang kennt. Allerdings zeigt er sich am Ende durchaus aufgeklärt und geht zu Poeten und Fantasten auf (selbst-)ironische Distanz (vgl. S. 99). Insgesamt erscheint er als robuster Charakter, den nichts so schnell aus der Fassung bringt.

Flora wirkt dagegen empfindsam und zerbrechlich (S. 40, Z. 6 f.). Sie hat eine Vorliebe für Musik und Gesang (vgl. S. 40). Ihre Gefühle und Herzensangelegenheiten hat sie nicht immer unter Kontrolle (vgl. S. 101). Ihre Bereitschaft zur Flucht weist sie wie auch Leonhard als abenteuerlustig und mutig aus. Mit diesem selbstbestimmten, rebellischen Verhalten fällt sie für eine junge Adlige der damaligen Zeit aus der Rolle, was sich sinnbildlich darin ausdrückt, dass sie sich als Mann tarnt. Dieses Spiel mit den Geschlechterrollen greift Eichendorff als komödiantisches Element auch in den Passagen auf, die im alten Bergschloss angesiedelt sind. Dort verliebt sich der „blasse[..] Jüngling" (S. 54, Z. 19 f.) in den „Taugenichts", den er für die als Mann verkleidete Flora hält. Im Gewand einer Verwechslungskomödie verarbeitet Eichendorff damit auch ein homoerotisches Motiv (vgl. S. 40 ff.; S. 54 ff.).

Die Maler in Rom: Sie stehen stellvertretend für zwei unterschiedliche Typen von Künstlern. Der junge deutsche Maler, den der „Taugenichts" zufällig trifft, kennt nicht nur Leonhard und Flora alias Guido, sondern hat auch Aurelie gemalt. Obwohl er in einer kleinen Dachgeschosswohnung in bescheidenen Verhältnissen (vgl. S. 67 ff.) lebt, arbeitet er mit großer Hin-

Die Figuren

gabe. In weiten Teilen entspricht er dem romantischen Ideal eines freien, unangepassten Künstlers. Im Gegensatz dazu betrachtet der ebenfalls junge Maler Eckbrecht Kunst als eine ernste Angelegenheit, die er mit fast schon verbissenem Ehrgeiz betreibt (vgl. S. 78f.). Dabei entpuppt er sich als wichtigtuerischer Prahler, der sich für ein Genie hält. In der karikierenden Darstellung des Ich-Erzählers erscheint der Maler Eckbrecht als negatives, abschreckendes Beispiel eines eitlen, selbstverliebten Künstlers (vgl. S. 78f.).

Die Prager Studenten: Ihnen begegnet der Ich-Erzähler auf dem Rückweg nach Wien. Sie treten stets zu dritt als Gruppe auf. Sie besitzen kaum individuelle Eigenschaften. Mit dem „Taugenichts" teilen sie die Freude am Reisen und am Musizieren. Ihre Ferien neigen sich allerdings dem Ende entgegen und stellen nur ein vorübergehendes Intermezzo in ihrem Studienalltag dar. In ihrem Lied widersprechen sie den Vorstellungen vom idyllischen Studentenleben (vgl. S. 94f.). Dem „Taugenichts" flößen sie mit ihrer betont zur Schau gestellten Bildung „einen ordentlichen Respekt" (S. 87, Z. 6) ein. Sie werfen mit lateinischen Formulierungen nur so um sich. Diese bleiben jedoch oft floskelhaft und nichtssagend (vgl. S. 86ff.). Politisch zeigen sie keinerlei Ambitionen, wodurch sie vor dem historischen Hintergrund des Wartburgfestes und der Karlsbader Beschlüsse (vgl. 2.2) wie aus der Zeit gefallen wirken.

Der Inhalt

Der namenlose Ich-Erzähler der Geschichte Joseph von Eichendorffs, die sich sowohl als Novelle als auch als Roman klassifizieren lässt, lebt als Sohn eines Müllers träge in den Tag hinein. Gleich zu Beginn schickt ihn sein Vater deshalb weg. Der Frühling steht vor der Tür und sein Sohn, den der emsige Müller einen „Taugenichts" schimpft, soll lernen, selbst für sich zu sorgen. Frohgemut zieht der „Taugenichts" daraufhin los, um sein „Glück" zu „machen" (S. 5, Z. 16). Dabei singt er und musiziert mit seiner Geige.

Was wie eine Coming-of-Age-Story, also eine Geschichte des Erwachsenwerdens, im Sinne eines klassischen Bildungs- und Entwicklungsromans beginnt, entwickelt sich zu einer Irrfahrt durch romantische Symbollandschaften.

Am Anfang seiner Reise begegnet der „Taugenichts" zufällig zwei Frauen, die er beide für Gräfinnen hält und die in einer Kutsche auf dem Weg nach Wien sind. Sie nehmen ihn mit auf ihr Schloss, wo er eine Anstellung als Gärtnergehilfe erhält.

Während seines Aufenthaltes im Wiener Schloss verliebt sich der „Taugenichts" in die jüngere der beiden Frauen, die ihm aber aufgrund ihrer vermeintlich adligen Herkunft nahezu unerreichbar scheint. Nach dem Tod des Zolleinnehmers übernimmt er dessen Stelle und richtet sich häuslich ein. Heimlich hinterlegt er im angrenzenden Schlossgarten jeden Abend einen Blumenstrauß für seine Geliebte, nach der er sich weiterhin verzehrt. Als er jedoch fälschlicherweise annimmt, diese habe einen jungen Grafen geheiratet, verlässt er das Schloss in Richtung Italien.

Unterwegs begegnet er in einem Dorf einem schönen, reichen Mädchen, das mit ihm flirtet und bei dem er glaubt, sein „Glück machen" (S. 35, Z. 25) zu können. Er entscheidet sich jedoch dagegen. In Gedanken sehnt er sich immer noch nach der „schönen gnädigen Frau". So in sich versunken trifft er auf zwei Reiter, die er zunächst für Räuber hält, die sich später jedoch als die Maler Leonhard und Guido ausgeben. Der „Taugenichts" schließt sich ihnen an. Als sie eines Nachts plötzlich Hals über Kopf verschwinden, lässt er sich von ihrem Kutscher durch die Lombardei und schließlich zu einem alten Schloss in den Bergen fahren.

Dort wird er merkwürdigerweise bereits erwartet, und es herrscht eine geheimnisvolle Atmosphäre. Die Bediensteten benehmen sich seltsam in der Gegenwart des „Taugenichts". Ein „blasser Jüngling" verhält sich, als wäre er in ihn verliebt. Der „Taugenichts" kann sich keinen Reim darauf machen, fühlt sich aber zunehmend unwohl. Als ihn ein mit Aurelie unterzeichneter Brief in der Handschrift seiner „schönen Frau" erreicht, in dem diese mitteilt, alles sei „wieder gut" (S. 57, Z. 32), und ihn scheinbar auffordert, schnell zu ihr nach Wien zurückzukehren, da sie nicht länger ohne ihn leben könne, schleicht er sich mithilfe des geheimnisvollen Jünglings in der Nacht aus dem Schloss. Plötzlich scheint der Jüngling zudringlich zu werden. Der „Taugenichts" fürchtet einen heimtückischen Mordanschlag und ergreift die Flucht.

Da er in der Nähe von Rom ist und schon als Kind von der prächtigen Stadt geträumt hat, die in der Fantasie des „Taugenichts" und in Eichendorffs Geschichte gleichermaßen am Meer liegt, entschließt er sich, Rom einen Besuch abzustatten, ehe er nach Wien zurückkehrt.

In Rom glaubt er in einer gespenstischen Mondnacht, Aurelie in einem Garten erkannt zu haben. Zufällig begegnet er danach einem jungen Maler, der Leonhard und Guido kennt und sogar Aurelie gemalt hat. Der Maler führt den „Taugenichts" in einen Garten, wo er einen weiteren Maler namens Eckbrecht kennenlernt. Dort begegnet er auch der Kammerzofe aus dem Wiener Schloss, die ihm einen Zettel zusteckt, der ihn zu einer heimlichen Verabredung mit der „schönen jungen Gräfin" (S. 76, Z. 32f.) führen soll. Als der „Taugenichts" am verabredeten Ort eintrifft, erwartet ihn dort jedoch eine andere, römische Gräfin, in deren Dienst die Wiener Kammerzofe gewechselt ist.

Nach dieser Enttäuschung verlässt der „Taugenichts" Rom und macht sich wieder auf den

Der Inhalt

Weg nach Wien. Bei seiner Rückreise begegnet er unter anderem einer Gruppe Prager Studenten. Zurück im Schloss wird er freudig begrüßt. Blumenmädchen gratulieren ihm zur bevorstehenden Hochzeit. Ehe der „Taugenichts" seine Braut trifft, klärt ihn Leonhard, der sich nun ebenfalls im Schloss befindet, über eine Reihe von Missverständnissen auf. Bei Guido handelt es sich in Wirklichkeit um die junge Gräfin Flora, die gemeinsam mit ihrem Geliebten, dem Grafen Leonhard, vor einem Nebenbuhler Leonhards – und der vermutlich von den Eltern bereits geplanten Hochzeit – aus Wien geflohen ist. Bei ihrer heimlichen Flucht haben sich beide als Maler getarnt und Flora hat sich als Mann ausgegeben. Um ihre Verfolger abzulenken, haben sie den „Taugenichts" in das alte Schloss in den Bergen geschickt, wo man ihn für die verkleidete Gräfin Flora gehalten hat. So erklärt sich auch das Verhalten des liebestollen blässlichen Jünglings. Auch der Brief von Aurelie war nicht an den „Taugenichts", sondern an Flora gerichtet.

Nachdem Leonhard das aufgeklärt hat, finden nun endlich auch Aurelie und der „Taugenichts" zusammen. Aurelie gesteht dem Ich-Erzähler ihre Liebe. Aber auch sie hat noch etwas klarzustellen. Anders als vom „Taugenichts" vermutet, ist sie nämlich keine Adlige, sondern die Nichte des Portiers und Kammerzofe der Gräfin, die sie als Waisenkind bei sich aufgenommen hat. Einer Hochzeit zwischen dem „Taugenichts" und Aurelie steht nun ebenso wenig im Wege wie derjenigen zwischen Leonhard und Flora. Ob der „Taugenichts" damit nun aber das zu Beginn seiner Reise erhoffte Glück gemacht hat, lässt das Ende in der Schwebe.

Vorüberlegungen zum Einsatz des Textes im Unterricht

„Aus dem Leben eines Taugenichts" ist neben „Das Marmorbild" das berühmteste Werk Joseph von Eichendorffs. Es zählt zur deutschsprachigen Weltliteratur und ist seit vielen Jahren fester Bestandteil der Schullektüre.

Doch nicht nur wegen seines kanonischen, literaturhistorischen Stellenwertes empfiehlt es sich für den Einsatz im Unterricht.

Als Text der Spätromantik eröffnet „Aus dem Leben eines Taugenichts" mit seiner leichthändigen, unterhaltsamen Schreibweise einen hervorragenden Zugang für die Auseinandersetzung mit der Epoche der Romantik. Mit dem Gefühl der „Sehnsucht" sowie der Poetisierung der Natur verarbeitet es zentrale romantische Themen und greift dabei auf ein breites Spektrum romantischer Sinnbilder und Stilmittel zurück. Eichendorffs Text bedient sich jedoch nicht nur romantischer Elemente, sondern der Autor macht die Romantik im Allgemeinen und die romantische Literatur im Besondern auf humorvolle, ironische Weise selbst zum Thema seiner Geschichte. Zumindest legt sein Text eine solche Lesart nahe. Ein besonderes Augenmerk lässt sich dabei auf die Erzähltechnik und den unzuverlässigen, subjektiven Ich-Erzähler richten.

Dass der Text „Aus dem Leben eines Taugenichts" keiner Gattung eindeutig zugeordnet werden kann, ist charakteristisch für die romantische Literatur. Im Unterricht ermöglicht die generische Unbestimmtheit zwischen Novelle und Roman, sich beiden Gattungen formal anzunähern. Ein Beleg für die romantische Gattungsoffenheit sind auch die vielen Lieder, die Eichendorff in seine Geschichte einwebt. Einige davon haben bis heute als Volks- und Kunstlieder überdauert.

Die wichtigsten thematischen, literaturhistorischen, formalen und wirkungsgeschichtlichen Anknüpfungspunkte, die Eichendorffs Text für den Einsatz im Unterricht liefert, greift das vorliegende Modell in seinen Bausteinen auf.

Das Bausteinprinzip setzt sich auch innerhalb der jeweiligen Bausteine fort. Die darin vorgestellten und exemplarisch durchgeführten Arbeitsaufträge lassen sich je nach Bedarf zu unterschiedlichen Unterrichtseinheiten zusammenfassen.

Grundsätzlich ist das Unterrichtsmodell so angelegt, dass die Lektüre des Textes durch die Schülerinnen und Schüler vorausgesetzt wird. Einzelne Arbeitsaufträge wie beispielsweise mögliche Einstiege in die Unterrichtseinheit können jedoch auch lektürebegleitend eingesetzt werden.

Die Zusatzmaterialien können wahlweise einzeln verwendet oder aber in die entsprechenden Bausteine integriert werden. Innerhalb der Bausteine wird jeweils auf die dafür geeigneten Zusatzmaterialien verwiesen. **Vorschläge für Klausuren und Facharbeiten finden sich als Zusatzmaterial 6 und Zusatzmaterial 7**, S. 136 ff..

Wo nicht anders genannt, beziehen sich die Seitenangaben auf die im Schöningh Verlag erschienene Ausgabe von 2018 (14. Auflage).

Das vorliegende Unterrichtsmodell setzt mit seinen Bausteinen gezielt Schwerpunkte und beansprucht nicht, eine umfassende formale, inhaltliche und thematische Analyse von Joseph von Eichendorffs Text zu liefern. An dieser Stelle sei daher auf eine Auswahl weiterer Materialien zur Unterrichtsgestaltung und Interpretation verwiesen:

Unterrichtsmaterialien und Sekundärliteratur zum Text:

- Freund-Spork, Walburga: Joseph von Eichendorff – Aus dem Leben eines Taugenichts. Hollfeld: Bange Verlag 2016
- Hanß, Karl: Joseph von Eichendorff – Das Marmorbild/Aus dem Leben eines Taugenichts. München: Oldenbourg 1996
- Hellberg, Wolf Dieter: Joseph von Eichendorff – Aus dem Leben eines Taugenichts. Lektürehilfe. Stuttgart: Klett 2016
- Klöhr, Friedhelm: Joseph von Eichendorff – Aus dem Leben eines Taugenichts. Freising: Stark 1999
- Lill, Klaus; Thomasen, Margarethe: Die Künstlernovelle – Joseph von Eichendorff: Aus dem Leben eines Taugenichts – Thomas Mann: Tonio Kröger. Unterrichtsmodell der Reihe „EinFach Deutsch", herausgegeben von Johannes Diekhans. Paderborn: Schöningh Verlag 2010
- Pelster, Theodor: Joseph von Eichendorff – Aus dem Leben eines Taugenichts. Lektüreschlüssel. Stuttgart: Reclam 2011

Konzeption des Unterrichtsmodells

Baustein 1 eröffnet den Schülerinnen und Schülern erste Einstiegsmöglichkeiten in die Beschäftigung mit Eichendorffs Text: über Assoziationen zum Titel, erste Leseeindrücke, kreative Mal- und Schreibaufträge sowie das Erstellen eines Standbildes. Hier stehen nicht die zu erzielenden analytischen, interpretatorischen Ergebnisse im Vordergrund. Wesentlich ist vielmehr, den Schülerinnen und Schülern ein ungefähres Gefühl von der Eigenart und den Grundstrukturen des Textes zu vermitteln.

Selbstverständlich erlaubt das Bausteinprinzip aber auch einen Quereinstieg über jeden weiteren Baustein des Unterrichtsmodells. Die Reihenfolge, in der die Bausteine aufgeführt sind, gibt nur eine von mehreren sinnvollen Möglichkeiten wieder, eine Unterrichtseinheit aufzubauen. Die einzelnen Bausteine können ebenso selektiv und variabel verwendet werden wie die umfangreichen Aufgabenstellungen innerhalb eines Bausteins.

Folgt man dem hier vorgeschlagenen Unterrichtsaufbau, so kann im ersten Schritt einer vertiefenden Interpretation auf die Figuren, Schauplätze sowie die Handlungszeit des Textes näher eingegangen werden. Dies geschieht im **Baustein 2**, indem der Ich-Erzähler als zentraler Protagonist und Titelfigur zunächst im Verhältnis zu den (männlichen) Philistern und später im Verhältnis zu der von ihm geliebten „schönen Frau" Aurelie näher untersucht wird. Bei diesen vergleichenden Analysen werden jeweils auch Philister und die „schöne Frau" charakterisiert. Zudem werden in diesem Baustein auch ausgewählte Nebenfiguren im Hinblick auf ihre dramaturgische und sinnbildliche Funktion schlaglichtartig beleuchtet. Darüber hinaus wird auch die Glückssuche des „Taugenichts" aufgearbeitet. Neben den Figuren widmet sich der Baustein den Schauplätzen und Tageszeiten und deren symbolischer Bedeutung.

Baustein 3 befasst sich mit dem Erzählaufbau sowie der Erzähltechnik. Zunächst wird der Text in fünf Abschnitte gegliedert, und der kreisförmige Handlungsverlauf wird hervorgehoben. Anschließend wird die Erzähltechnik mit dem Hauptaugenmerk auf die Erzählform und die subjektive Erzählweise des Ich-Erzählers in den Blick genommen. Danach wendet sich der Baustein noch den Liedern und deren Funktion innerhalb des Gesamttextes zu, ehe zuletzt die Schwierigkeiten thematisiert werden, die sich beim Versuch ergeben, den Text einer literarischen Gattung zuzuordnen.

Baustein 4 setzt Eichendorffs Text zur Epoche der Romantik in Bezug, in der er entstanden ist. Als Grundlage hierfür werden zentrale Merkmale romantischer Literatur ermittelt. Das Motiv der Sehnsucht und die romantische Metaphorik werden anschließend auf der Basis von Eichendorffs Text eingehender analysiert. Außerdem befasst sich der Baustein mit der Funktion des Schlaf- und Traummotives innerhalb der Geschichte sowie mit der traumähnlichen Struktur des Textes selbst.

Baustein 5 wendet sich Deutungsansätzen zu, bei denen die komödiantischen und satirischen Aspekte des Textes in den Mittelpunkt rücken. Ein Vergleich mit dem klassischen Bildungsroman legt nahe, Eichendorffs Text „Aus dem Leben des Taugenichts" als Parodie dieses Genres bzw. als einen Antibildungsroman zu interpretieren. Eine weitere mögliche Lesart, die in diesem Baustein vorgestellt und didaktisch aufgearbeitet wird, versteht den Text als selbstironische Auseinandersetzung mit der romantischen Literatur und deutet den Ich-Erzähler als Karikatur eines romantischen Helden. Besonders das scheinbare „Happy End" der Geschichte wird dabei ausführlich unter die Lupe genommen.

Baustein 6 beschäftigt sich schließlich mit der Rezeption von Eichendorffs Text „Aus dem Leben eines Taugenichts". Nach einem beispielhaften Blick in die Wirkungsgeschichte auf der Basis zweier ausgewählter Rezensionen werden die Schüler und Schülerinnen selbst zur kritischen Auseinandersetzung mit dem Text animiert. Mithilfe vorbereitender Arbeitsmaterialien werden sie in die Lage versetzt, ihre persönlichen Eindrücke und Ansichten in Form einer eigenen Buchkritik zu formulieren. Dass durchaus auch unterschiedliche und gegensätzliche Urteile ihre Berechtigung haben, können sie zuletzt in Form einer inszenierten Podiumsdiskussion spielerisch erfahren.

Die thematischen Bausteine des Unterrichtsmodells

Baustein 1

Mögliche Einstiege

In diesem Baustein werden fünf verschiedene Möglichkeiten vorgestellt, wie ein motivierender Einstieg in die Behandlung des Textes gelingen kann. Ziel dieser Einstiege ist es nicht, bereits erste abschließende Erkenntnisse zu fertigen, sondern lediglich Anregungen zu liefern und gewisse Interpretationsrichtungen anzudeuten. Bei Bedarf können die einzelnen Einstiege auch miteinander kombiniert werden.

1.1 Assoziationen zum Titel

Bereits vor der Lektüre lassen sich die Erwartungen abfragen, die der Titel bei den Schülern und Schülerinnen weckt:

> *Sammeln Sie in Gruppen- oder Partnerarbeit drei bis fünf Begriffe, die sie mit dem Titel „Aus dem Leben eines Taugenichts" in Verbindung bringen.*

Die genannten Begriffe werden an der Tafel oder auf Folie notiert.
Die wichtigsten Stichworte sollten schriftlich festgehalten werden, sodass die Schüler und Schülerinnen nach der Lektüre noch einmal mit ihren ursprünglichen Erwartungen konfrontiert werden können.
Nach dem ersten assoziativen Einstieg empfiehlt es sich, diese Erwartungen zu konkretisieren.

Zunächst in Bezug auf die Textsorte bzw. Gattung:

> *Überlegen Sie gemeinsam, was für eine Art von Text ein Leser, der mit Eichendorffs Werk nicht vertraut ist, von einem Buch mit dem Titel „Aus dem Leben eines Taugenichts" erwarten könnte.*

Denkbare Antworten sind: Tagebuch, Biografie, Autobiografie, Memoiren, Erfahrungsbericht, Anekdotensammlung etc.
Diese bei Bedarf im gelenkten Unterrichtsgespräch gesammelten Stichworte werden an der Tafel notiert.

Nach dieser formalen Überlegung werden die inhaltlichen Erwartungen der Schüler und

Schülerinnen abgefragt. Ein möglicher Ausgangspunkt hierfür sind ihre Assoziationen zum zentralen Begriff des „Taugenichts":

- *Was charakterisiert Ihrer Ansicht nach einen „Taugenichts"?*
- *Wie könnte das Leben eines „Taugenichts" 1826 ausgesehen haben, als Eichendorff seine Geschichte erstmals veröffentlichte?*

- *Wie stellen Sie sich das Leben eines „Taugenichts" in unserer heutigen Gesellschaft vor?*

- *Von wem könnte heute der Satz „Du bist ein Taugenichts" gesagt werden und an wen könnte er adressiert sein? Verfassen Sie einen möglichen Dialog. Sprechen und spielen Sie diesen.*

Anschließend können die vom Titel geweckten Leseerwartungen auch zu einer möglichen Handlung in Bezug gesetzt werden:

- *Überlegen Sie gemeinsam, wovon ein Buch mit dem Titel „Aus dem Leben eines Taugenichts" handeln könnte.*

Abermals werden die Ergebnisse für einen späteren Zeitpunkt stichwortartig festgehalten. Ebenfalls noch vor der Lektüre können sich die Schülerinnen und Schüler produktiv mit den geweckten Assoziationen, ihren Erwartungen an den Text bzw. die Textsorte und ihren Vorstellungen von einem „Taugenichts" auseinandersetzen:

- *Verfassen Sie unabhängig von Eichendorffs Buch einen Text mit dem Titel „Aus dem Leben eines Taugenichts". Dabei kann es sich sowohl um einen abgeschlossenen Text als auch um einen Auszug aus einem fiktiven Buch handeln. Textsorte (Zeitungsartikel, Tagebucheintrag, Kurzgeschichte, Romanauszug …) sowie Inhalt, Schauplatz und Zeit der Handlung können Sie frei wählen.*

Wenn die Schülerinnen und Schüler den Primärtext noch nicht gelesen haben, können ihnen als Anregung zum Verfassen eines erzählenden Textes zudem einige zentrale Wörter aus dem Beginn des ersten Kapitels vorgegeben werden.
Denkbar sind beispielsweise: „Mühle", „Arbeit", „Frühling", „Glück", „Reise" „Geige", „Schloss".

Alternativ kann den Schülern und Schülerinnen angeboten werden, einen Brief an die Lehrkraft zu verfassen, in dem sie dieser erklären, warum sie sich weigern, einen solchen Aufsatz zu schreiben.

Nachdem die Schülerinnen und Schüler Eichendorffs Buch gelesen haben, können sie ihre dabei gewonnenen Eindrücke mit ihren Eingangserwartungen abgleichen. Die noch vor der Lektüre gesammelten inhaltlichen und formalen Überlegungen werden hierfür noch einmal an der Tafel, auf Folie oder auf dem Whiteboard präsentiert.

- *Diskutieren Sie, inwiefern Eichendorffs Werk „Aus dem Leben eines Taugenichts" Ihre durch den Titel geweckten Erwartungen erfüllt hat. Was war so, wie Sie es vermutet haben? Was war anders? Formulieren Sie Ihre persönlichen Einschätzungen im Plenum.*

Abschließend werden die Schüler und Schülerinnen aufgefordert, einen Bezug zwischen Handlungsgeschehen und Buchtitel herzustellen:

> ■ *Überlegen Sie in Gruppen- oder Partnerarbeit, inwiefern Joseph von Eichendorff in seiner Geschichte mit den vom Titel geweckten Erwartungen spielt. Berücksichtigen Sie in Ihrer Antwort insbesondere auch die Erzählform (Ich-Erzählung) und die Charakterisierung des „Taugenichts". Tragen Sie die Ergebnisse Ihrer Überlegungen im Plenum vor.*

Im Wortsinne ist ein Taugenichts jemand, der nichts taugt, also zu nichts zu gebrauchen ist. Mit anderen Worten eine nutzlose Person, ein Nichtsnutz. Das erste Mal, dass in Eichendorffs Text vom „Taugenichts" die Rede ist, wird die Bezeichnung auch in diesem negativen, abwertenden Sinne als Schimpfwort gebraucht. Der Vater des Ich-Erzählers tadelt diesen als „Taugenichts" (S. 5, Z. 9) und jagt ihn fort.

Gleich danach aber erobert sich der Ich-Erzähler die Deutungshoheit zurück, indem er das Negative in etwas Positives verkehrt: „Wenn ich ein Taugenichts bin, so ist's gut, so will ich in die Welt gehen und mein Glück machen." (Z. 14 f.)

In diesem Sinne verkehrt auch Eichendorff die vom Titel geweckten negativen Erwartungen. Der vermeintliche Tunichtgut entpuppt sich als Glückskind. Im Vergleich zu den als kleingeistig dargestellten, braven, arbeitsamen Bürgern (Philistern, vgl. 2.1) erscheint die unbekümmerte Lebensführung des „Taugenichts" geradezu vorbildhaft.

Diese positive Darstellung trägt bei Eichendorff jedoch stark ironische Züge (vgl. 5.2). Deutet man den Ich-Erzähler als Karikatur, wird er am Ende doch wieder als ein Taugenichts im Wortsinne erkennbar, wenn auch aus einer wohlmeinenden Perspektive. So gesehen gibt Eichendorff dem Vater des Ich-Erzählers zwar recht. Aber das, was der Vater verteufelt, findet der Autor gerade sympathisch. Der Ich-Erzähler entpuppt sich in dieser Lesart am Ende zwar als ein Taugenichts, aber als ein überaus liebenswerter.

1.2 Erste Leseeindrücke

Die Lektüre des gesamten Buches vorausgesetzt, können die Schülerinnen und Schüler aufgefordert werden, ihre ersten Leseeindrücke mithilfe von **Arbeitsblatt 1**, S. 28 stichwortartig zu Papier zu bringen:

> ■ *Was gefällt Ihnen? Was stört Sie? Notieren Sie auf einer Karte stichwortartig einen oder mehrere positive Aspekte. Nennen Sie auf einer zweiten Karte einen oder mehrere negative Punkte. Notieren Sie auf einer dritten Karte weitere Aspekte, die Ihnen bemerkenswert erscheinen.*

Nachdem die Schüler und Schülerinnen ausreichend Zeit hatten, ihre ersten Eindrücke aufzuschreiben, können die Karteneinträge im Gesprächskreis vorgelesen und an der Tafel notiert werden. In einer Spalte werden die positiven Eindrücke, in einer anderen die negativen Eindrücke aufgeschrieben. In einer dritten Spalte wird schließlich notiert, was den Schülerinnen und Schülern bei der Lektüre sonst noch aufgefallen ist.

In einem nächsten Schritt werden die Leseeindrücke hinsichtlich einzelner Aspekte des Werkes (Handlung, Thema, Figuren, Erzählstil) konkretisiert.

Ausgehend von den Tafeleinträgen sollen die Schülerinnen und Schüler in Gruppenarbeit übergeordnete Gesichtspunkte bestimmen, anhand derer sich die auf der Tafel notierten Eindrücke zusammenfassen lassen.

Baustein 1: Mögliche Einstiege

■ *Sortieren Sie die an der Tafel notierten Leseeindrücke nach gemeinsamen Gesichtspunkten (Erzählweise/Stil, Handlung, Figuren, Thema, Schauplatz etc.). Erstellen Sie zu jedem Gesichtspunkt eine andersfarbige Karteikarte, auf der Sie die jeweils passenden Eindrücke notieren.*

Sollten nicht genügend farbige Karteikarten verfügbar sein, können den einzelnen Gesichtspunkten auch unterschiedliche Schriftfarben zugeordnet werden.

Die mit den jeweiligen Gesichtspunkten überschriebenen Karten können hinterher in der Klasse bzw. im Kurs ausgewertet, nach Bedarf ergänzt oder korrigiert und schließlich als Plakat gestaltet werden.

1.3 Bilder

Eichendorff hat sein Buch in einer bildhaften Sprache verfasst. Charakteristisch hierfür sind die stimmungsvollen Beschreibungen von Landschaften sowie die atmosphärische und symbolische Darstellung von Farben.

Die gefühlvolle, lebendige Schreibweise kann im Leser und in der Leserin intensive innere Bilder hervorrufen. Diese Bilder sollen assoziativ mithilfe von Farben, die individuell mit ihnen verknüpft werden, aktiviert werden.

Die Lernenden erhalten in Gruppen ein großes Plakat oder Blatt Papier und schreiben den Titel des Buches in die Mitte. Jeder/Jede aus der Gruppe schreibt sechs (oder mehr) Farbtöne (aschgrau, feuerrot, golden, sandfarben, ozeanblau, dunkelbraun …) auf, die ihm/ihr im Zusammenhang mit dem Roman assoziativ in den Sinn kommen, und ordnet jedem Farbton ein inhaltliches Stichwort oder einen Deutungsgesichtspunkt zu. Anschließend erhalten die Gruppen folgenden Auftrag:

■ *Erläutern Sie Ihren Gruppenmitgliedern die Auswahl der Farbtöne und besprechen Sie diese untereinander. Wählen Sie anschließend im Gruppengespräch sechs Farbtöne aus, die Ihnen besonders wichtig und treffend erscheinen, und begründen Sie diese Auswahl vor der gesamten Lerngruppe.*

Alternativ ist auch folgender Auftrag möglich:

■ *Malen Sie in abstrakter Form gemeinsam Ihr Plakat mit den gewählten Farben aus und stellen Sie die Farbgestaltung der gesamten Lerngruppe begründet vor. Lassen Sie während des Malprozesses Ihren Gedanken zu Eichendorffs Buch freien Lauf.*

Auch hier wird es im Anschluss an die Aktivitäten der Schülerinnen und Schüler zu einem intensiven Austausch über die individuellen Eindrücke und Deutungsansätze kommen.

Eine weitere, etwas aufwendigere und vor allem für kunstinteressierte Schüler und Schülerinnen geeignete Möglichkeit, sich dem Text mithilfe eines Malauftrages anzunähern, besteht darin, die bildhaften Beschreibungen einzelner Passagen als Vorlage für konkrete Bilder, Zeichnungen oder Skizzen zu verwenden.

Exemplarisch kann dies mithilfe des auf S. 91 des vorliegenden Modells abgedruckten Textauszuges (wahlweise auch als Kopiervorlage) geschehen:

■ *Lesen Sie den folgenden Textauszug: S. 91, Z. 14 – 24.*

> ■ *Verarbeiten Sie die darin beschriebene Szenerie in einem Bild, einer Zeichnung, Skizze, Collage, Fotografie, Skulptur oder Ähnlichem.*

Später präsentieren die Schülerinnen und Schüler ihre Werke und schildern die Gedanken, die ihnen beim Malen bzw. Gestalten durch den Kopf gingen, sowie die Wirkung, die das fertige Werk auf sie ausübt.

1.4 Kapitelüberschriften

Auf der Ebene des Gesamttextes können die Schülerinnen und Schüler im Anschluss an die Lektüre des Primärtextes dazu ermuntert werden, Überschriften für die einzelnen, bei Eichendorff lediglich durchnummerierten Kapitel zu erstellen.

> ■ *Überlegen Sie sich in Partner- oder Gruppenarbeit Überschriften für jedes der zehn Kapitel in Eichendorfs Werk „Aus dem Leben eines Taugenichts".*

Anschließend stellen die Schüler und Schülerinnen ihre Überschriften im Plenum vor und begründen diese. Nach einer gemeinsamen Diskussion erhalten sie Gelegenheit, ihre Überschriften gegebenenfalls noch einmal zu überarbeiten, ehe sie diese als Inhaltsverzeichnis ins Buch übertragen.

> ■ *Erstellen Sie auf der Basis Ihrer Überschriften ein Inhaltsverzeichnis und notieren Sie dieses innen auf dem Buchdeckel.*

Auf diese Weise werden die Schüler und Schülerinnen dazu angehalten, den gelesenen Text noch einmal zu rekapitulieren. Gleichzeitig wird ihre Textkenntnis überprüft.
Zudem liefert das individuelle Inhaltsverzeichnis eine sinnvolle Grundlage für die weitere Textarbeit, etwa bei der späteren Analyse des Erzählaufbaus (vgl. Baustein 3).

1.5 Standbild

Ein weiterer möglicher Einstieg besteht darin, die Schüler und Schülerinnen einen ersten Überblick über die Personenkonstellation in Eichendorffs Erzählung erarbeiten zu lassen.

Hierfür ist die auf **Arbeitsblatt 2**, S. 29 vorgestellte Methode des Standbildbauens gut geeignet.

Zunächst werden die Schülerinnen und Schüler aufgefordert, sich in Gruppen- oder Partnerarbeit möglichst viele der im Buch vorkommenden Charaktere zu notieren:

> ■ *Erstellen Sie eine möglichst umfangreiche Liste der in Eichendorffs Werk „Aus dem Leben eines Taugenichts" vorkommenden Haupt- und Nebenfiguren.*

Die Liste der Hauptfiguren fällt kurz aus. Sie umfasst wahlweise den „Taugenichts" und die von ihm verehrte „schöne Frau" Aurelie oder auch nur den „Taugenichts".

Die lange Liste der Nebenfiguren kann bei Bedarf anhand verschiedener Kriterien (zugehöriger Schauplatz, gesellschaftlicher Stand etc.) sortiert werden. Für einen ersten Einstieg ist das jedoch nicht zwingend erforderlich.

Als Grundlage für ein Standbild sollte die Liste auf höchstens fünf bis sechs Figuren (plus „Taugenichts") reduziert werden.

- *Wählen Sie zusätzlich zum „Taugenichts" die fünf bis sechs Figuren aus Ihrer Liste aus, die Ihnen am bedeutendsten erscheinen. Begründen Sie Ihre Wahl in wenigen Stichworten.*

Die von den Schülerinnen und Schülern aufgelisteten Figuren werden ebenso wie der „Taugenichts" jeweils von einer Schülerin bzw. einem Schüler verkörpert.

- *Skizzieren Sie gemeinsam auf einem Schaubild das Verhältnis der einzelnen Figuren zum „Taugenichts" und zueinander.*

- *Bauen Sie anschließend ein Standbild, das die Beziehungen (Nähe, Distanz) der einzelnen Figuren zur Hauptfigur des „Taugenichts", aber auch zu den anderen Figuren räumlich abzubilden versucht.*

Aufgrund seines herausragenden Stellenwerts als zentrale Hauptfigur innerhalb des Handlungsgeschehens bildet der Ich-Erzähler das Zentrum des Standbildes.
Der Schüler oder die Schülerin, der bzw. die den „Taugenichts" verkörpert, nimmt seine bzw. ihre Position in der Mitte des Raumes ein. Dabei stellt er bzw. sie sich der Klasse bzw. dem Kurs mit wenigen Worten (Name, Herkunft, Beruf) vor.

Im Falle des „Taugenichts" könnte sich das beispielsweise so anhören:

> „Mein Vater nennt mich den ‚Taugenichts'. Meinen richtigen Namen verrate ich euch nicht. Ich bin der Sohn eines Müllers. Meine Mutter ist schon lange tot. Ich reise mit meiner Geige durch die Lande und arbeite mal als Gärtnergehilfe, mal als Zolleinnehmer."

Nacheinander stellen sich nun die weiteren Figuren zum „Taugenichts" in den Raum. Die räumliche Nähe zum „Taugenichts" und zu den anderen Figuren des Standbildes soll dabei in etwa ihre jeweilige Verbundenheit widerspiegeln.

Ähnlich wie der „Taugenichts" stellen sich die einzelnen Figuren kurz vor. Zusätzlich zu ihrem Namen, ihrer Herkunft und ihrer Tätigkeit beschreiben sie ihr Verhältnis zur Hauptfigur.

Nachdem das Standbild, wie auf **Arbeitsblatt 2**, S. 29 beschrieben, Schritt für Schritt aufgebaut wurde, diskutieren die „Zuschauer" die im Raum abgebildete Figurenkonstellation mit der Darstellergruppe und ggf. mit den Regisseuren und Regisseurinnen. Diese erläutern ihren Aufbau dem Rest der Klasse bzw. des Kurses.

Im Laufe der Diskussion kann das Standbild den jeweiligen Vorschlägen und Einwänden folgend wiederholt umgestaltet werden.

Am Ende einigen sich Darsteller, Regisseure und „Publikum" auf einen Kompromiss.

An dieser Stelle genügt es, wenn die Schülerinnen und Schüler die Ergebnisse ihres abschließenden Standbildes wahlweise mithilfe einer Skizze oder eines Fotos kurz dokumentieren.

Ein mögliches Tafelbild, welches das Beziehungsgeflecht widerspiegelt, kann dann im weiteren Verlauf der Unterrichtseinheit noch erarbeitet werden. Wahlweise kann das in Baustein 2 entwickelte Tafelbild „Figurenkonstellation im ‚Taugenichts'" (vgl. 2.2) jedoch auch bereits hier eingeführt werden.

Erste Leseeindrücke

Was gefällt Ihnen an Joseph von Eichendorffs Werk „Aus dem Leben eines Taugenichts"?

✂--

Was stört Sie?

✂--

Was ist Ihnen sonst noch aufgefallen?

Standbildbauen – das Verhältnis der einzelnen Figuren zum „Taugenichts" und zueinander

- Notieren Sie in Gruppenarbeit die fünf oder sechs Figuren aus Eichendorffs Buch, die Ihnen abgesehen vom „Taugenichts" am bedeutendsten erscheinen.
- Skizzieren Sie gemeinsam auf einem Schaubild das Verhältnis der einzelnen Figuren zum „Taugenichts" und zueinander.
- Bauen Sie ein Standbild, das das von Ihnen skizzierte Beziehungsgefüge abzubilden versucht.

Was ist ein Standbild?
Ein Standbild ist eine aus menschlichen Darstellern gebildete und zu einer Art Denkmal erstarrte Figurengruppe. Bereits aus der Haltung der einzelnen Darsteller sowie ihrer Position zueinander soll dabei das Verhältnis der Figuren erkennbar werden. Auch Mimik und Gestik sollen die Art ihrer Beziehungen widerspiegeln.

Vorbereitungsphase (15 min.): Standbild erstellen
1. Versuchen Sie, sich auf der Basis Ihres Schaubildes eine bildliche Vorstellung von der Beziehung zwischen dem „Taugenichts" und den von Ihnen ausgewählten Figuren zu machen. Tauschen Sie sich in Ihrer Gruppe über Ihre Bilder im Kopf aus und überlegen Sie gemeinsam, wie Sie diese Beziehung darstellen können. Entscheiden Sie, welche Figur welche Position einnehmen soll. Wählen Sie für jede Figur die passende Haltung, Mimik und Gestik.
2. Wählen Sie die Darstellerinnen und Darsteller aus und gehen Sie in Position.
Nun wird das Standbild Schritt für Schritt aufgebaut, indem die anderen korrigieren und Verbesserungsvorschläge machen, bis das Standbild Ihren Vorstellungen entspricht. (Zusätzlich können Sie in Ihrer Gruppe auch Regisseurinnen und Regisseure bestimmen, die die Darsteller anweisen.)
Die Darsteller verhalten sich passiv, übernehmen Haltungsvorschläge, lassen sich wie lebendiges „Material" formen.
3. Die Darsteller erstarren und alle prägen sich das Standbild ein, sodass es wiederholbar ist. Als Erinnerungsstütze kann ein Foto gemacht werden.
4. Die Darsteller können wahlweise
   a) stumm und reglos in ihrer Haltung verharren,
   b) eine das Verhältnis der Figur zum Ich-Erzähler charakterisierende Gestik ausführen (der „Taugenichts" bleibt reglos),
   c) nacheinander einen charakteristischen Satz formulieren,
   d) nacheinander einen Schritt in eine bestimmte Richtung machen und diesen begründen.

Präsentation und Auswertung
Die Standbilder werden in beliebiger Reihenfolge nacheinander vorgestellt:
1. Die Darsteller gehen in Position, die Gruppenmitglieder bzw. der/die Regisseur/in korrigieren ggf.
2. Das Standbild bleibt etwa 30 Sekunden stehen.
3. Die „Zuschauer" beschreiben anschließend, was sie wahrgenommen haben und was das Standbild in ihren Augen symbolisiert.
4. Daraufhin erläutert die Darstellergruppe ihr Standbild.
5. Die Ergebnisse werden festgehalten.

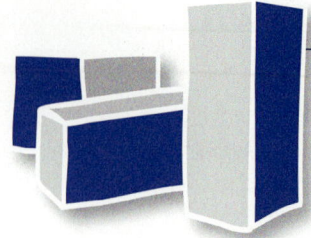

Baustein 2

Figuren, Schauplätze, Handlungszeit

Joseph von Eichendorff bemüht sich in seiner Geschichte nicht um eine realistische Darstellung von Figuren, Schauplätzen und Tageszeiten, sondern rückt deren symbolische Funktion in den Mittelpunkt. Entsprechend weisen diese einen überwiegend idealtypischen, beispielhaften Charakter auf, der in diesem Baustein erarbeitet wird.

Dies geschieht, indem zunächst die wesentlichen Unterschiede zwischen dem „Taugenichts" und den im Text auftretenden Philistern hervorgehoben und hinsichtlich ihres symbolischen Gehalts analysiert werden.

In ähnlicher Weise werden Adlige, Künstler und Studenten in den Blick genommen und zum „Taugenichts" in Relation gesetzt, ehe die besondere Bedeutung der „schönen Frau" ausführlich untersucht wird.

Nachdem anschließend auf die Bedeutung des „Glücks" in Eichendorffs Text eingegangen wurde, werden zuletzt die symbolischen Darstellungen der Schauplätze und Tageszeiten exemplarisch interpretiert.

2.1 Der „Taugenichts" und die Philister

Die Geschichte wird aus der Perspektive eines männlichen Helden geschildert. Auch sind es vor allem die Männer, die für den „Taugenichts" als Identifikationsfiguren infrage kommen. Frauen treten eher als Vermittlerinnen, Kupplerinnen, Verführerinnen sowie Objekte der Sehnsucht und Begierde in Erscheinung.

Ausgelöst wird die Handlung durch die Abkehr vom negativen Rollenbild, das der Vater des „Taugenichts" verkörpert. Später wird das Geschehen zusätzlich durch die Sehnsucht nach der begehrten „schönen Frau" vorangetrieben.
Sozialer Druck („männliches" Prinzip) und ein emotionaler, sinnlicher Sog („weibliches" Prinzip) halten die Handlung gemeinsam in Bewegung.

Diesem Spannungsfeld können sich die Schüler und Schülerinnen zunächst von der „männlichen" Seite aus annähern, indem sie den Anfang des ersten Kapitels untersuchen und ihr Augenmerk dabei besonders auf die Herkunft des „Taugenichts" und die Gründe für seinen Aufbruch richten.

■ *Lesen Sie den Anfang des ersten Kapitels, S. 5.*

■ *Arbeiten Sie in Partnerarbeit die beiden Hauptbeweggründe heraus, die den Ich-Erzähler in diesem Textabschnitt zum Aufbruch treiben und damit die Handlung in Gang setzen. Gehen Sie insbesondere auch auf folgende Fragestellungen ein:*
- *Wie werden der „Taugenichts" und sein Vater jeweils in das Geschehen eingeführt?*
- *Wie wird die Umgebung beschrieben?*
- *Wie bewerten Sie die beiden Figuren?*

Das Kapitel beginnt mit einem langen Satz, der ein scheinbares Idyll beschreibt (Z. 1 – Z. 6). Auffällig ist jedoch bereits hier der Kontrast zwischen den regen Bewegungen, die der „Taugenichts" beobachtet (es „brauste und rauschte", „tröpfelte emsig", „die Sperlinge zwitscherten und tummelten sich"), und seiner eigenen Untätigkeit.

Der Auftritt des Vaters (Z. 6f.) zerstört das Idyll und zwingt den „Taugenichts" dazu, sich zu bewegen. Der Vater stößt gleichsam das Junge, das er lange genug gefüttert hat (vgl. Z. 12), aus dem Nest.

Neben diesem väterlichen Zwang, sein eigenes „Brot" (Z. 14) zu verdienen, ist es jedoch auch die eigene Hoffnung, sein „Glück" (Z. 16) zu machen, sind es Reise-, Abenteuerlust, Sehnsucht und Freiheitsdrang, die den Ich-Erzähler zum Aufbruch motivieren.

Der Vater verstößt seinen Sohn nur deshalb aus seinem Zuhause, weil dieser nicht bereit ist, in der väterlichen Mühle als Müller mitzuarbeiten. Die Reise des „Taugenichts" ist insofern auch eine Flucht vor der väterlichen Arbeitswelt (vgl. Z. 26 ff.).

■ *Welcher Begriff steht in dieser Passage stellvertretend für die väterliche Lebenswelt? Welcher andere zentrale Begriff repräsentiert die Hoffnung, die der „Taugenichts" an seinen Aufbruch knüpft?*

„Arbeit" (Z. 11, Z. 29) und „Freiheit" (bzw. die „freie Welt", Z. 30 und das „freie Feld", Z. 34) sind die zentralen Begriffe, die das Spannungsfeld abstecken, in dem sich der „Taugenichts" bewegt.

■ *Skizzieren Sie die Ergebnisse Ihrer Überlegungen in einem Schaubild.*

An der Tafel lässt sich das wie folgt darstellen:

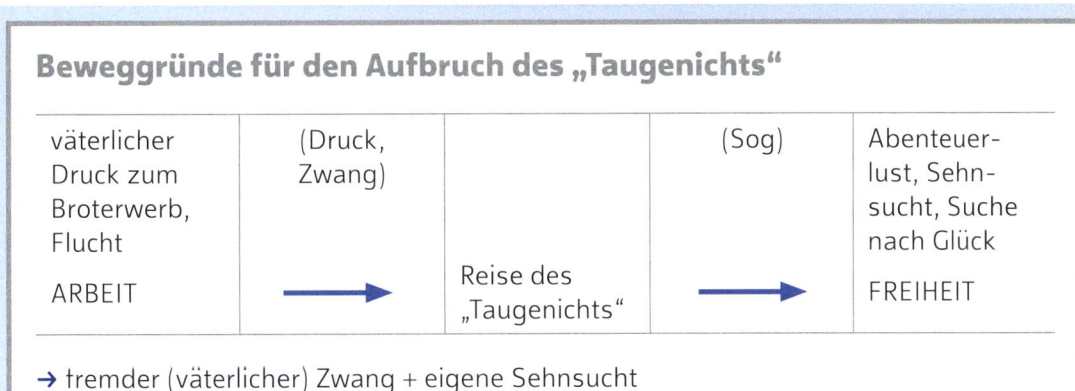

Der Vater steht als tüchtiger Müller, der „schon seit Tagesanbruch" (Z. 6) arbeitet, die „Schlafmütze schief auf dem Kopfe" (Z. 8f.), beispielhaft für einen Philister.

Mithilfe von **Arbeitsblatt 3**, S. 60 sowie ergänzend oder alternativ **Zusatzmaterial 1**, S. 126 lernen die Schüler und Schülerinnen den Typus des „Philisters" im Kontext von Eichendorffs Werk kennen.

■ *Lesen Sie den auf Arbeitsblatt 3 abgedruckten Textauszug.*
■ *Erklären Sie den Begriff „Philister" in wenigen eigenen Worten.*

Auf der Basis von Lepenies' Text lässt sich „Philister" als abwertende Bezeichnung für einen braven, angepassten und arbeitsamen Kleinbürger beschreiben, dem es in seinem Leben vor allem um materiellen Wohlstand geht. Mit Lepenies könnte man einen Philister auch als „uncoolen" Spießer bezeichnen. Die träge Bequemlichkeit des Philisters und sein rein materielles Denken stehen dem Streben nach den „hohen Dinge[n]" im Wege. Insofern handelt es sich bei einem Philister, wie Eichendorff ihn beschreibt, auch um einen Kleingeist.

■ *Erläutern Sie, in welchem Verhältnis der „Taugenichts" nach Ansicht Lepenies' zum Philister steht. Nehmen Sie begründet dazu Stellung.*

Der „Taugenichts" verkörpert für Lepenies einerseits ein „Gegenbild" zum Philister. Andererseits stellt er jedoch fest, dass auch im „Taugenichts" ein Philister stecke, der „manches Mal an die Oberfläche" dringe. So zum Beispiel während seiner Anstellung als Zolleinnehmer. Tatsächlich erscheint das Verhältnis des „Taugenichts" zum Philister ambivalent. So widersprechen seine Faulheit und Müßigkeit einerseits dem Arbeitsethos des geschäftigen Philisters, wie ihn etwa sein Vater verkörpert. Andererseits machen sie ihn anfällig für die Reize eines bequemen, behaglichen, gleichförmigen Lebens, wie es der Zolleinnehmer führt. Zwar interessiert sich der „Taugenichts" im Gegensatz zum typischen Philister für die „hohen Dinge". Aber auch hier entwickelt er keinen besonderen Ehrgeiz. Sie erscheinen bei ihm nicht als Ideale, denen er mit aller Kraft und von ganzem Herzen nacheifert, sondern eher als leichter, unverfänglicher Zeitvertreib. Exemplarisch deutlich wird das an seiner naiven Einstellung zum Geigenspiel und damit zur Musik und Kunst.

An der Tafel lässt sich das so skizzieren:

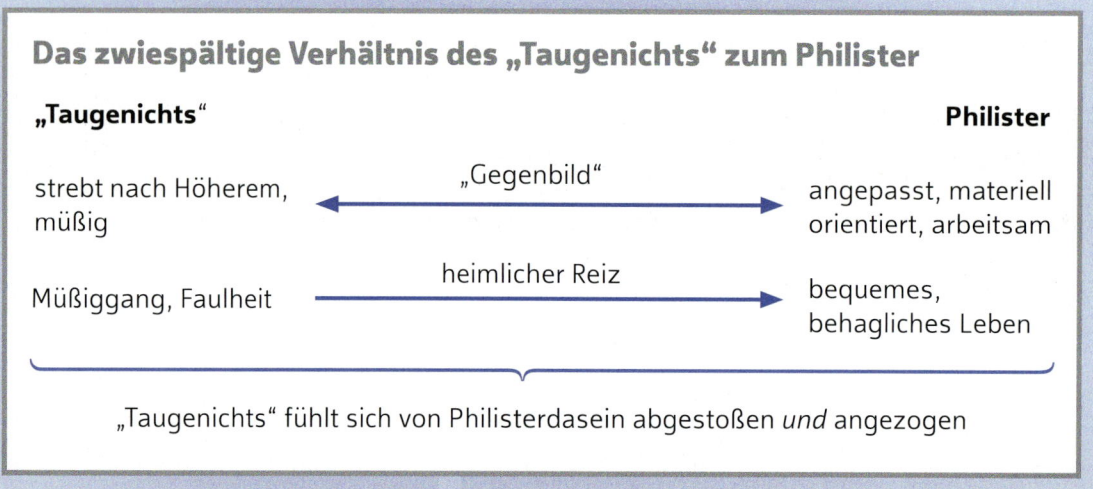

■ *Wodurch wird der Vater des „Taugenichts" zu Beginn des ersten Kapitels (S. 5) als Philister charakterisiert?*

Alles, was man anfangs vom Vater des „Taugenichts" erfährt, ist, dass er frühmorgens mit der Arbeit als Müller anfängt, fleißig und arbeitsam ist und seinen Sohn für dessen Müßiggang und mangelnde Arbeitsmoral verurteilt. Gerade, weil man sonst kaum etwas von ihm weiß, erweckt das den Eindruck, dass sich sein Leben einzig um die Arbeit in der Mühle dreht.
Die „Schlafmütze" (Z. 8), die er auf dem Kopf trägt, steht zudem sinnbildlich für seinen trägen, bieder-behaglichen Lebensstil. Im weiteren Verlauf des Buches erscheint sie geradezu als Markenzeichen eines Philisters.
Ebenfalls von symbolischer Bedeutung ist die Mühle, in der er arbeitet.

■ *Was symbolisiert die väterliche Mühle zu Beginn des ersten Kapitels? Inwiefern kann sie (auch) als Sinnbild für das Dasein eines Philisters gedeutet werden?*

Wie in Baustein 4 noch ausführlicher dargelegt wird, ist Eichendorffs romantische Metaphorik oftmals doppeldeutig. Dies gilt auch für das Sinnbild der Mühle. Zunächst erscheint diese charakteristisch für das vom Ich-Erzähler beschriebene ländliche Idyll (vgl. Z. 1 – Z. 6). Allerdings lässt sich bereits die Formulierung „recht lustig" (Z. 2) als zweideutig interpretieren. Das Attribut „recht" kann an dieser Stelle sowohl eine verstärkende (im Sinne von „sehr") als auch eine relativierende, abschwächende (im Sinne von „einigermaßen") Bedeutung haben. Spätestens mit dem Auftritt des Vaters, der in der Mühle „rumort" (Z. 8), verwandelt sich die Mühle zum Sinnbild eines Ortes geschäftiger, ruheloser und angestrengter Tätigkeit.

Die Mühle symbolisiert mit ihren Kreisbewegungen die immerwährende gleichförmige Routine des Philisteralltages. Auch dass in der Mühle Getreide klein gemahlen wird, lässt sich als symbolisch für die Kleingeistigkeit und Engstirnigkeit des Philisters deuten. Obwohl tatsächlich ja Mehl hergestellt wird, kann man den Vorgang des Zermahlens sinnbildlich als zerstörerische, beengende Tätigkeit deuten, die im Gegensatz zu einer frei sich entfaltenden Lebenslust und Kreativität steht.

Dieser Gegensatz erscheint bei Eichendorff auch als Widerspruch zwischen „männlichen" und „weiblichen", väterlichen und mütterlichen Prinzipien.

- *Lesen Sie folgende Textpassage: S. 36, Z. 26 – 30.*
- *Inwiefern repräsentiert die verstorbene Mutter an dieser Stelle einen Gegensatz zu den väterlichen Werten? Welche Rolle spielt die Mutter für den „Taugenichts"?*

Anders als der Vater, für den nur die greifbare Arbeit, das Handwerk, zählt, erfindet die Mutter Geschichten und regt damit die Fantasie ihres Sohnes an. Das Träumen hat der Ich-Erzähler offenbar von seiner Mutter gelernt. Insofern entspricht es einem „weiblichen" Prinzip. Die verstorbene Mutter ist als Leerstelle im Leben des „Taugenichts" zugleich Ausgangspunkt seiner Sehnsüchte und prägt indirekt seine Lebensweise. In einem übertragenen religiösen, christlichen Sinne steht damit auch das irdische Dasein des Vaters dem himmlischen Jenseits entgegen, in dem sich die Mutter befindet.

Bausteinübergreifend bietet diese Textstelle einen möglichen Anknüpfungspunkt für eine intensivere Auseinandersetzung mit dem Gefühl der (Todes-)Sehnsucht, wie sie in Baustein 4 erfolgt (vgl. 4.2).

An der Tafel kann der Einfluss der Mutter auf den „Taugenichts" so festgehalten werden:

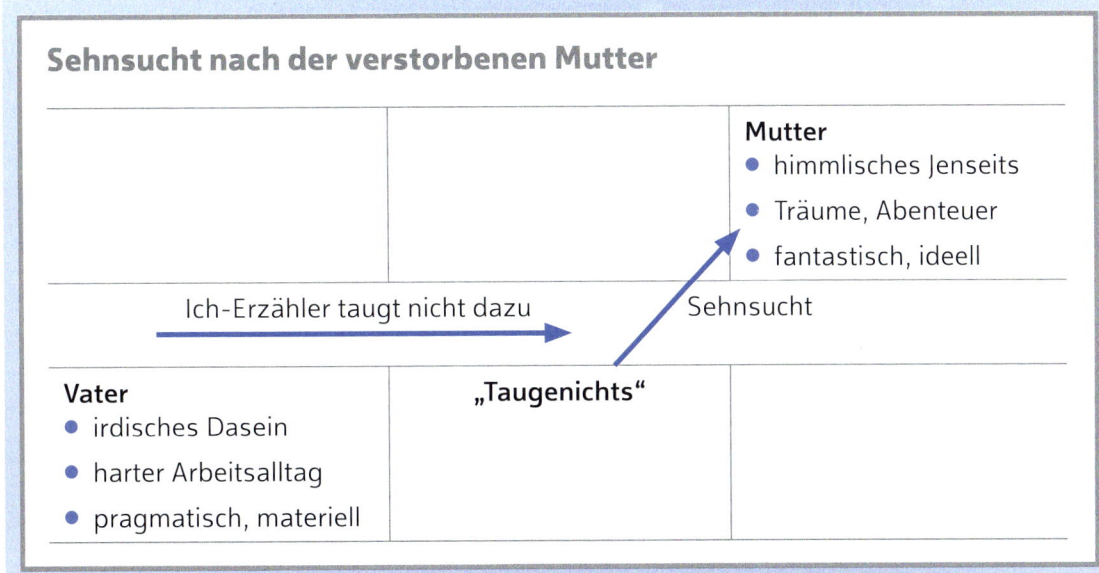

Neben dem Vater gibt es in Eichendorffs Geschichte noch etliche weitere Figuren, die den Typus eines Philisters repräsentieren.

Auf der Basis ihrer Kenntnis des Gesamttextes können die Schülerinnen und Schüler aufgefordert werden, Textstellen herauszusuchen, an denen solche typischen Philister in Erscheinung treten.

Wahlweise können sie auch unmittelbar auf die beiden nachfolgenden Passagen verwiesen werden.

- Lesen Sie eine der beiden folgenden Textstellen:
  - S. 8, Z. 24 – Z. 37,
  - S. 17, Z. 10 – Z. 34.

- Überlegen Sie in Gruppen- oder Partnerarbeit, was den Gärtner bzw. den Portier in der jeweiligen Passage als Philister charakterisiert. Wie lässt sich das Verhalten des „Taugenichts" jeweils deuten?

- Präsentieren Sie das Ergebnis Ihrer Überlegungen anschließend im Plenum.

Der Gärtner in der ersten Passage (S. 8) erinnert mit seiner pragmatischen und einseitig materialistischen Lebenseinstellung stark an den Vater des Ich-Erzählers. Für ihn ist nur das von Bedeutung, was „nützlich[..]" (Z. 32) ist. Er betrachtet die Welt „nüchtern" (Z. 28), gleichsam buchhalterisch und völlig unromantisch. Im Mittelpunkt stehen die Arbeit (Z. 28) und ein ordentlicher Beruf (vgl. Z. 31). Alles andere, alles Ideelle – Gefühle, Ideale, Kunst, Fantasie, Genuss, Reisen, Lebensfreude etc. – tut er als „unnützes Zeug" (Z. 29 f.) ab. Wer sein Leben mit „herumvagieren" und „brotlosen Künste[n]" verbringt, ist für ihn „Gesindel" (Z. 25) bzw. ein „Lümmel" (Z. 26). Im Grunde ist das nur eine andere Formulierung für „Taugenichts". Diese ebenso eingeschränkte wie rigide Sichtweise, mit der er die Welt in seiner „Predigt" (Z. 27) (nach dem Maßstab der Arbeitsmoral) in Richtig und Falsch unterteilt, charakterisiert den Gärtner als kleinkariert, unflexibel, intolerant, verbissen rechthaberisch und damit als beispielhaften Philister.

Der „Taugenichts" lässt die Predigt des Gärtners über sich ergehen und sagt „immerfort zu allem: ja" (Z. 35). Er fügt sich ein, passt sich an; allerding nur oberflächlich. Die Zurechtweisungen hat er schnell „wieder vergessen" (Z. 33). In der Rolle des Philisters fühlt er sich unfrei, eingeengt, wie ein „Vogel, dem die Flügel begossen worden sind" (Z. 36 f.).

Der Vergleich mit einem Vogel ist bezeichnend für den Charakter des „Taugenichts". Wie ein Vogel sitzt er immer wieder in den Bäumen. Während es sich der Philister am heimischen Herd oder mit der Schlafmütze im Bett bequem macht, zieht es den „Taugenichts" hinaus in die Natur und in die Freiheit.

In der zweiten Passage scheint sich der „Taugenichts" mit dem Leben als Philister arrangiert zu haben. Ganz ähnlich wie in der Zeit vor seinem Abschied von der Mühle sitzt er auf einem „Bänkchen" (S. 17, Z. 16) und genießt den Sonnenuntergang. Und zwar gemeinsam mit dem Portier. Die Verkleinerungsform „Bänkchen" versinnbildlicht den Wunsch des Philisters nach einer kleinen, überschaubaren, behaglichen Lebenswelt. Der Diminutiv ist bei Eichendorff ein stilistisches Mittel zur Kennzeichnung des Philisters (vgl. auch 2.4 und 5.2).

Auf den ersten Blick haben „Taugenichts" und Philister denselben Hang zur Bequemlichkeit. Es gibt jedoch einen wesentlichen Unterschied, der in dieser Passage beispielhaft deutlich wird.

Als der Ich-Erzähler die Hörner der Jäger hört, will er nicht länger still dasitzen. Es springt auf, fühlt sich „im innersten Herzen vergnügt". „Wie bezaubert und verzückt vor Lust" (Z. 22 f.) preist er die „edle Jägerei" (Z. 24). Diese fantastischen, hochtrabenden und naiv-romantischen Vorstellungen, die sich der „Taugenichts" aus der „Ferne" (Z. 19 f.) vom Jagdberuf macht, lässt der Portier nicht gelten.

Als typischem Philister sind dem Portier derlei Fantastereien fremd. Anders als der Ich-Erzähler lässt er sich von den Jagdhörnern nicht aus der Lethargie reißen. Stattdessen klopft er „ruhig" (Z. 25) seine „Pfeife" (Z. 25) aus – ähnlich wie Schlafmütze und Schlafrock eine Art Markenzeichen des Philisters. Den schönen Träumereien des „Taugenichts" hält der Portier die schnöde Realität entgegen (vgl. Z. 25 – Z. 29). Auch diese nüchtern-bodenständige, unromantische Denkweise entspricht der eines Philisters. Der Portier urteilt über die Jagd auf der Basis einer rein praktischen Nutzen-Kosten-Rechnung: Man verdient zu wenig und sie ist unbequem (vgl. Z. 26 ff.).

Diese Einstellung versetzt den „Taugenichts" in einen „närrische[n] Zorn" (Z. 30). Offenbar ärgert es ihn, dass der Portier keinen Sinn für die in der Jagd und der Natur verborgene Schönheit und Poesie hat (vgl. dazu auch 4.1 „Merkmale der Romantik") und das Leben auf eine rein geschäftliche, materielle Dimension zurechtstutzt.

Möglicherweise fürchtet er jedoch auch, der Portier könnte recht haben. Weil er das jedoch nicht wahrhaben und nicht hören will, ärgert er sich umso mehr. Er ist nicht bereit, sich seiner Träume und Illusionen berauben zu lassen.

In jedem Fall wird in dieser Textpassage deutlich, dass sich der Müßiggang des „Taugenichts" grundlegend von der Bequemlichkeit des Philisters unterscheidet. Während der Philister sich damit begnügt, es sich in seiner eigenen kleinen Welt gemütlich zu machen, träumt sich der „Taugenichts" in die weite, ferne Welt hinaus.

> ■ *Skizzieren Sie gemeinsam mit Ihrer Tischnachbarin oder Ihrem Tischnachbarn ein Schaubild, das die wesentlichen Unterschiede zwischen der Weltsicht des „Taugenichts" und der Weltsicht eines typischen Philisters prägnant zusammenfasst.*

An der Tafel lässt sich das beispielsweise so darstellen:

Die unterschiedlichen Weltsichten des „Taugenichts" und eines Philisters

Taugenichts
romantische Weltsicht;
große Welt: weitläufig, in die Ferne gerichtet;
Sinn für Schönheit, Fantasie und Kunst;
idealistisch, verträumt, poetisch

Philister
nüchterne, pragmatische Weltsicht;
kleine Welt: eng, begrenzt;
Arbeit & Nutzen-Kosten-Verhältnis als Maßstab;
unromantisch, materialistisch, realistisch

→ Philister empfindet romantische Weltsicht als naiv und überflüssig („brotlos", „unnütz").

→ „Taugenichts" empfindet pragmatische Weltsicht als engstirnig, einseitig und oberflächlich.

Nachdem sich die Schülerinnen und Schüler wesentliche Unterschiede zwischen dem „Taugenichts" und einem Philister erarbeitet haben, können sie ihr erlangtes Wissen nun produktiv umsetzen.

- *Versetzen Sie sich in die Rolle des „Taugenichts" und schreiben Sie dessen Vater einen Brief, in dem Sie Ihren Lebensstil erläutern und rechtfertigen. Gehen Sie dabei auch auf den Lebensstil des Müllers ein.*
- *Wahlweise können Sie auch in der Rolle des „Taugenichts" ein Schmähgedicht auf den Philister oder ein Loblied auf den Taugenichts verfassen.*

- *Als weitere Alternative können Sie in Partnerarbeit einen Dialog zwischen dem „Taugenichts" und dem Gärtner oder auch zwischen dem „Taugenichts" und dem Portier verfassen, in dem diese über ihre unterschiedlichen Lebenseinstellungen und Weltsichten diskutieren.*
- *Präsentieren Sie Ihre Texte anschließend im Plenum.*

2.2 Adel, Künstler, Studenten

Zusätzlich zum Ich-Erzähler und den (durchweg männlichen) Philistern treten in Eichendorffs Buch noch zahlreiche weitere Figuren auf, die sich unterschiedlichen sozialen Gruppen zuordnen lassen.

- *Welche anderen sozialen Gruppen außer den Philistern spielen in Eichendorffs Buch eine bedeutende Rolle? Zählen Sie die einzelnen Gruppierungen auf und charakterisieren Sie jeweils stichwortartig das Verhältnis des „Taugenichts" zu diesen Gruppen.*
- *Erstellen Sie ein Schaubild, aus dem hervorgeht, welche Position der „Taugenichts" in Relation zur „schönen Frau", zu den Philistern sowie zu den anderen Gruppen jeweils einnimmt.*

Wahlweise in Einzel-, Partner- oder Gruppenarbeit und im daran anschließenden gelenkten Unterrichtsgespräch lassen sich die Ergebnisse dieses Auftrags in folgendem Tafelbild zusammenfassen:

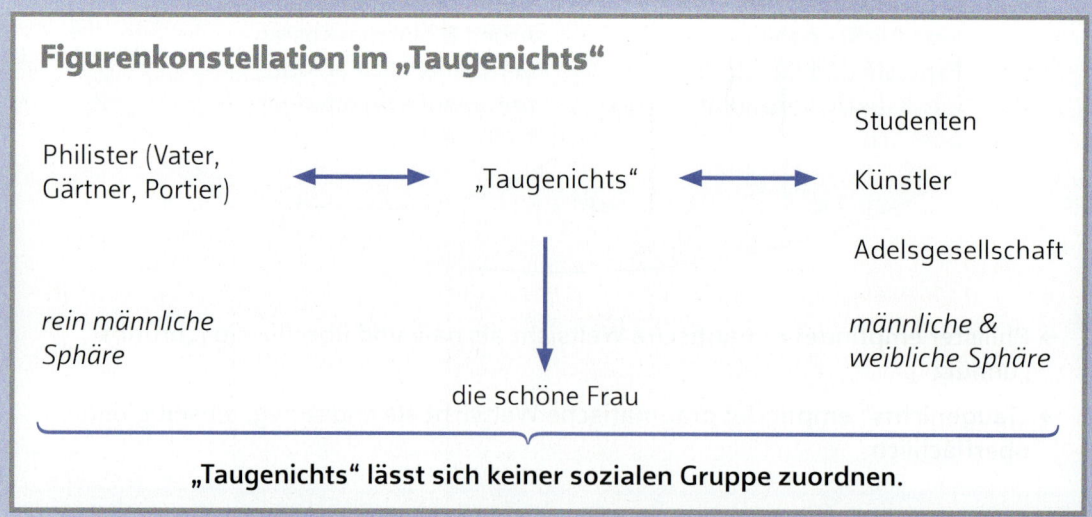

Auch wenn sich der „Taugenichts" von der Welt der Philister eher abgestoßen und zur Welt des Adels, der Künstler und der Studenten eher hingezogen fühlt, gibt es doch jeweils auch gegenläufige Tendenzen. Wie bereits erwähnt, kann der „Taugenichts" dem bequemen Leben eines Philisters durchaus einiges abgewinnen. So heißt es im zweiten Kapitel: „Der Schlafrock stand mir schön zu Gesichte und überhaupt das alles behagte mir sehr gut." (S. 16, Z. 18 ff.) Letztlich zufriedengeben mag er sich mit diesem Philisterdasein jedoch nicht. Zwar kann er sich vorstellen, „alles Reisen zu lassen" (Z. 23 f.). Dennoch träumt er davon, es zu „etwas Großem in der Welt zu bringen" (Z. 25).

Dieser Hang zum Großen rückt ihn in die Nähe der Welt der Akademiker, Künstler und Adeligen. Eine Welt, die ihm auch deshalb näher ist, weil sie über den rein „männlichen" Pragmatismus und Materialismus seines Vaters und anderer Philister hinausreicht und das Schöne, Ideelle, Nichtgreifbare miteinschließt.

Allerdings ist die Anziehungskraft dieser Welt nicht ungebrochen.

Diese Brüche können die Schüler und Schülerinnen beispielhaft offenlegen.

- *Lesen Sie den folgenden Textauszug: S. 25, Z. 7 – S. 26, Z. 4.*
- *Erläutern Sie, wieso das an dieser Stelle geschilderte Verhältnis des Ich-Erzählers zur Adelsgesellschaft als zwiespältig bezeichnet werden kann.*

Offenkundig fühlt sich der Ich-Erzähler zur Adelsgesellschaft hingezogen, was vor allem daran liegt, dass er zu diesem Zeitpunkt die von ihm verehrte „schöne junge gnädige Frau" (S. 25, Z. 22) noch für eine Adlige hält. Gemeinsam mit der „Dienerschaft" (Z. 12 f.) jubelt er der „jungen Herrschaft" (Z. 13) oben auf dem Balkon zu. Kurz darauf jedoch realisiert er, dass „die Schöne" (S. 26, Z. 2) für ihn unerreichbar bleibt, wenn sie der Adelswelt angehört. Diese nämlich ist ihm von Geburt und von Standes wegen verschlossen. Obwohl er sich hoch oben im Baum sitzend mit den Adligen auf dem Balkon scheinbar auf Augenhöhe befindet, entpuppt sich diese Gleichrangigkeit als Illusion. Der Höhenunterschied zwischen der Dienerschaft unten und der Herrschaft oben symbolisiert auch ein soziales Gefälle. Der soziale Platz des „Taugenichts" ist bei der Dienerschaft. Die Herrschaft scheint dagegen unerreichbar.

Diese Diskrepanz wird umso deutlicher, wenn man das harmonische und idyllisch verklärende Bild, das Eichendorff in seinem Buch vom Adelsleben zeichnet, mit der historischen Realität konfrontiert, wie sie beispielsweise in den auf **Zusatzmaterial 2**, S. 128 abgedruckten Texten beschrieben wird.

Alternativ oder ergänzend kann den Schülern und Schülerinnen auch der im Anhang der Textausgabe abgedruckte Artikel „Der Deutsche Bund", S. 112 ff. zur Lektüre empfohlen werden.

- *Fassen Sie stichwortartig zusammen, inwiefern der Wiener Kongress die Erwartungen des aufsteigenden Bürgertums enttäuschte.*

Das aufstrebende Bürgertum erhoffte sich vom Wiener Kongress Beschlüsse, die ihm Freiheit und Mitbestimmung garantieren und Deutschland zu einer einheitlichen Nation vereinen würden. Stattdessen aber wurden die Machtpositionen der einzelnen Fürsten gestärkt.

- *Worin unterscheidet sich die Darstellung des sozialen Lebens zu Beginn des 19. Jahrhunderts in den beiden Textauszügen von der Darstellung in Eichendorffs Buch? Gehen Sie insbesondere auch auf die Darstellung der Adelswelt und des Verhältnisses zwischen Bürgertum und Adel ein.*

Anders als in der idyllischen, harmonischen Darstellung bei Eichendorff verlor der Adel im 19. Jahrhundert für das Bürgertum zunehmend seine Vorbildfunktion. Das Verhältnis zwischen Bürgertum und Adel war nicht etwa von einseitiger Bewunderung geprägt, sondern von wechselseitigen Interessenskonflikten. Während das Bürgertum immer mehr Rechte einforderte, versuchte der Adel, seine Privilegien zu verteidigen. Letzteres hatten auch die Beschlüsse des Wiener Kongresses zum Ziel.

Dass der Adel dennoch die Nähe zum Volk und zum Bürgertum suchte, zeigt aber auch, dass sich der gewachsene Einfluss des Bürgertums nicht mehr rückgängig machen ließ. Der Adel war auf die Bürger angewiesen. Durch die stärkere Nähe verlor der Adel zugleich jedoch seinen Mythos. Die Adligen entpuppten sich als ganz gewöhnliche Menschen. Während Eichendorff seinen Ich-Erzähler das Adelsleben noch verklären lässt, war für das 19. Jahrhundert eher das Gegenteil charakteristisch: Die scheinbar von Geburt und Gott zu Höherem berufenen Edelleute wurden vor allem von einem aufgeklärten, selbstbewussten Bürgertum zunehmend entzaubert.

Ähnlich wie die Adligen sind auch die Studenten für den „Taugenichts" als Vorbilder nur bedingt geeignet.

■ Lesen Sie den folgenden Textauszug: S. 94 – S. 95.
Inwiefern ähneln sich die Lebensweisen der Studenten und des „Taugenichts"?

■ Weshalb kommt das Studentenleben für den „Taugenichts" letztlich dennoch nicht infrage? Woran wird das in diesem Textabschnitt beispielhaft deutlich?

Auf den ersten Blick erscheint das Studentenleben in dieser Passage so „fröhlich" (S. 94, Z. 5) und unbeschwert, wie sich auch der „Taugenichts" sein Dasein wünscht. Hinzu kommt, dass die Studenten genau wie der „Taugenichts" gerne Musizieren und auf Reisen gehen. In vergnüglicher Stimmung stellt der Geistliche das Studentenleben deshalb als eine „große Vakanz" (Z. 6) dar; eine Art langer Urlaub also. Damit kennzeichnet er die Studentenzeit gleichzeitig jedoch als eine vorübergehende Lebensphase und Erholungspause „zwischen der engen düstern Schule und der ernsten Amtsarbeit" (Z. 7 f.). Letztlich entpuppt sich das Studentendasein so als Zwischenstation auf dem Weg zum Philister.

Zudem wird in dem Lied, das die Studenten singen, beispielhaft deutlich, dass die Vorstellung des Geistlichen von der „große[n] Vakanz" den keineswegs immer idyllischen Studentenalltag verklärt.

In der ersten Strophe des Liedes wird geschildert, wie die Studenten „lustig" (Z. 13) gestimmt auf Reisen gehen und sich „im Morgenstrahl" (Z. 14) leichthin von den Philistern verabschieden, die zu Hause hinter dem Ofen sitzen. In der zweiten Strophe heißt es dann bereits, die Nacht sei hereingebrochen. Die Lichter in den Häusern wirken verlockend. Die Studenten haben Durst und beneiden den Wirt, der aus dem Haus kommt und ihnen Wein reicht. In der dritten Strophe schließlich wird beschrieben, wie sie sich mit kaputten Schuhen durch Regen, Schnee und Wind kämpfen. Am liebsten würden sie jetzt mit jenen Philistern hinter dem Ofen tauschen, die sie anfangs noch leichten Herzens verlassen haben.

Das Studentenlied (zur Analyse der Lieder in Eichendorffs Text vgl. auch 3.3) skizziert also einen zunehmenden Desillusionierungsprozess. Der „Morgenstrahl" steht sinnbildlich für den Anfang bzw. die naiven Vorstellungen zu Beginn des Studentenlebens (zur Bedeutung der Tageszeiten vgl. auch 2.6). Zu Beginn also, wenn die Sonne scheint, ist das Studentenleben wunderbar. Mit der Zeit aber offenbart es seine Nacht- und Schattenseiten.

Dem „Taugenichts" entgeht diese ernüchternde Botschaft des Liedes, was zum Teil auch daran liegt, dass er kein Latein versteht (vgl. S. 95, Z. 13 ff.). Verstärkt wird dieses Missverständnis dadurch, dass der „Taugenichts" das vermeintlich vergnügliche Lied mit Blick auf das Schloss mit seinen persönlichen Hoffnungen verknüpft. Exemplarisch wird hier deutlich, dass die Studenten und der „Taugenichts" trotz mancher Gemeinsamkeiten in zwei sehr verschiedenen Welten leben. Die Sorgen und Nöte der Studenten berühren den Ich-Erzähler auch deshalb nicht, weil er selbst einen anderen Lebensweg einschlägt.

Wie die Adligen so bleiben auch die Studenten in Eichendorffs Darstellung ohne historischen Zeitbezug. Die gerade von den Studenten – etwa auf dem Wartburgfest 1817 – vorangetriebenen politischen Forderungen nach Freiheit, Mitbestimmung und nationaler Einheit, die sich gegen die auf dem Wiener Kongress restaurierte alte Ordnung richteten, bleiben unerwähnt. Auch dass die deutschen Fürsten infolge der Karlsbader Beschlüsse (vgl. Anhang, S. 114 f.) von 1819 liberale und nationale Bestrebungen verstärkt unterdrückten, schlägt sich bei Eichendorff nicht in der Handlung nieder.

Neben Adligen und Studenten bilden Künstler einen weiteren möglichen Gegenentwurf zum Philisterdasein. Doch auch dieser Lebensentwurf wird in Eichendorffs Geschichte kritisch beleuchtet und kommt für den „Taugenichts" nicht infrage.

- *Lesen Sie den folgenden Textauszug: S. 78, Z. 3 – S. 79, Z. 32.*

- *Worin unterscheidet sich die Lebensauffassung eines Künstlers, wie sie der Maler Eckbrecht in seiner Rede vertritt, von derjenigen eines Philisters? Worin ähnelt sie ihr?*

Für Eckbrecht ist ein Künstler ein Genie, das nur mit einem Bein in der Gegenwart steht, mit dem anderen aber bereits in der Zukunft. Sein Wirken ist auf die „Ewigkeit" (S. 79, Z. 6) ausgelegt. Mit diesem Geniekult knüpft Eckbrecht an die Epoche des „Sturm und Drang" an. Die politischen, gesellschaftlichen und aufklärerischen Dimensionen jener Geniezeit spielen bei ihm jedoch keine Rolle. Das Genie erscheint bei Eckbrecht vielmehr als selbstgefälliger, überheblicher Übermensch, der nicht von dieser Welt ist.
Diese Weltferne bildet auf den ersten Blick den Gegenpol zur spießbürgerlichen Enge, in der sich der Philister einrichtet. Philister und Eckbrechts Künstler ähneln sich darin, dass sie nur sich selbst als Mittelpunkt sehen. Es geht ihnen jeweils um ihren eigenen Status und Erfolg. Die Kunst, so wie Eckbrecht sie beschreibt, ist letztlich nur eine andere Form der Arbeit.

- *Wie verhält sich der „Taugenichts" zu Eckbrechts Künstleridealen? Worin unterscheiden sich die Lebensauffassungen der beiden? Welche Rolle spielt dabei die Liebe des „Taugenichts" zur „schönen Frau"?*

Eine solche verbissene, „unbequeme" (S. 79, Z. 7) Kunstauffassung muss der „Taugenichts" ablehnen. In der Beschreibung des Ich-Erzählers erscheint Eckbrecht als Karikatur eines Künstlers. Seine hochtrabende „Rede" (S. 78, Z. 19 f.) empfindet der „Taugenichts" lediglich als wildes „Gerede" (S. 79, Z. 27). Ihn graut vor dem „verwirrten" Eckbrecht, der lieber an die Ewigkeit und Unsterblichkeit denkt als an das Leben im Hier und Jetzt und entsprechend auf den Ich-Erzähler schon ganz „leichenblass" (Z. 25) wirkt. Zwar ist, wie sich zeigen wird (vgl. 2.3.), auch die sehnsuchtsvolle Liebe des „Taugenichts" nicht von dieser Welt. Aber anders als bei Eckbrecht führt dies beim „Taugenichts" nicht zu Selbstüberhöhung und wichtigtuerischer Selbstüberschätzung, sondern im Gegenteil zu leidenschaftlicher Hingabe.
Auch ärgert sich der Ich-Erzähler über die anmaßende Art, mit der Eckbrecht ihn ganz ähnlich wie einst der Gärtner (vgl. S. 8) belehrt. Die „nützliche[n] Lehren" (S. 8, Z. 32) des Gärtners und die „Moralitäten" des Malers (S. 78, Z. 24 f.) unterscheiden sich zwar im Detail, gleichen sich jedoch in ihrem Anspruch und in dem verbissenen Ernst, mit dem sie vorgetragen werden. Dieser Ernst beschwert die Kunst für Eckbrecht derart, dass sie ihm kein Vergnügen mehr bereitet, sondern zur Arbeit und Pflichterfüllung wird.
Wie sehr sich diese Haltung von der ungezwungenen Lebensfreude des „Taugenichts" unterscheidet, zeigt sich beispielhaft an der Art und Weise, wie die beiden musizieren. Während

sich der „Taugenichts" stets einfach seine Geige greift und munter drauflosspielt, ohne sich über die Wirkung Gedanken zu machen, nimmt der Maler sein Gitarrenspiel derart wichtig, dass er ganz „zornig" (S. 78, Z. 9) wird, wenn er das Instrument stimmen muss. Vor lauter Verbissenheit zerreißt er eine Saite und verliert die Lust am Spiel. Eine solche Haltung ist dem „Taugenichts" fremd. Die hohe, schwere Kunst mit ihrem Geniekult und Ewigkeitsanspruch interessiert ihn nicht. Er musiziert aus Lust und Freude ausschließlich für den Moment. Das, was ihn beschäftigt, ist weder Kunst noch Arbeit, sondern „die schöne Fraue" (S. 78, Z. 6) und mithin die Liebe.

An der Tafel lässt sich das so skizzieren:

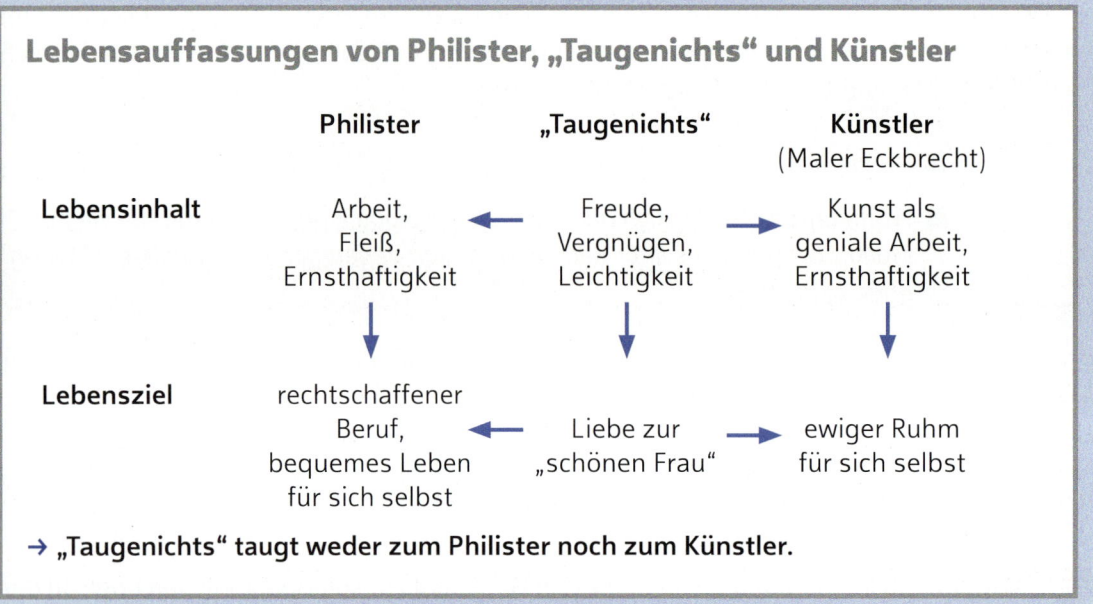

2.3 Der „Taugenichts" und die „schöne Frau"

Der „Taugenichts" verliebt sich in eine „schöne Frau", die er für eine Adelige hält und die ihm deshalb unerreichbar erscheinen muss. Diese unglückliche Liebe, der er sich hingibt, entpuppt sich am Ende als Missverständnis. Die „schöne Frau" nämlich ist gar keine Adlige, sondern nur die Nichte des Portiers und die Kammerzofe der Gräfin. Einer Heirat steht nun nichts mehr im Wege. Die Illusionen des „Taugenichts" weichen dabei der Realität. Ernüchterung macht sich im „Happy End" der Geschichte aber scheinbar dennoch nicht breit. Wie dieses Ende zu bewerten ist, können die Schülerinnen und Schüler diskutieren, nachdem sie zunächst die Beziehung zwischen dem „Taugenichts" und der „schönen Frau" näher untersucht haben.

- *Lesen Sie die folgenden beiden Textpassagen aus dem ersten Kapitel, in denen sich der „Taugenichts" und die „schöne Frau" die ersten Male begegnen:*
  - *S. 6, Z. 17 – S. 7, Z. 4,*
  - *S. 9, Z. 8 – Z. 22.*

- *Erstellen Sie anhand der beiden Textstellen einen Steckbrief der „schönen Frau". Ließe sich auf der Grundlage dieser Angaben ein Phantombild zeichnen?*

- *Diskutieren Sie ausgehend von dieser Darstellung, wie die Gefühle des „Taugenichts" für die „schöne Frau" einzuschätzen sind. Präsentieren Sie das Ergebnis Ihrer Diskussion im Plenum.*

An der Tafel kann beispielsweise folgender Steckbrief notiert werden:

Steckbrief der „schönen Frau"

Name: ?
Alter: jung (vgl. S. 6, Z. 23 ff.)
Größe: „groß" (S. 9, Z. 21)
Haarfarbe: ?
Augenfarbe: ?
Äußere Merkmale: „schön" (S. 6, Z. 23)
Sonstige Eigenschaften: „vornehme Dame" (S. 6, Z. 21), „still", „freundlich" (S. 9, Z. 21), spielt Gitarre, liest (Z. 19 f.)

eine schöne, (vermeintlich) adlige Unbekannte

Ein Phantombild lässt sich auf der Grundlage dieser spärlichen Angaben nicht zeichnen. Unklar bleibt auch, wieso sich der „Taugenichts" in die „schöne Frau" verliebt. Tatsächlich erscheinen seine Gefühle zunächst austauschbar. Die beiden vornehmen Damen gefallen ihm „alle beide" (S. 6, Z. 24). Er zieht nur deshalb die eine der anderen vor, weil er sie „besonders schön" (Z. 23) findet und sie „jünger" (Z. 23) ist als die andere. Darüber hinaus gibt er sich seinen Fantasien hin, in denen er der jungen Adligen, für die er Aurelie zu diesem Zeitpunkt noch hält, den Hof macht (vgl. S. 9, Z. 8 ff.). Diese Fantasien erhalten gerade dadurch den nötigen Raum, dass er kaum etwas über Aurelie weiß. Dass sie im Gegensatz zu ihrer älteren Begleiterin kein Wort mit ihm spricht (vgl. S. 6, Z. 24 ff.), kommt dem entgegen. Aus der „Ferne" (S. 9, Z. 20) überhöht er sie zu einem „Engelsbild" (Z. 21). Gerade die Distanz zwischen dem „Taugenichts" und der „schönen Frau" erweist sich als Grundlage dafür, dass sich Realität und Fantasie vermischen und der „Taugenichts" nicht recht weiß, ob er „träumte oder wachte" (Z. 22).

An der Tafel lässt sich das so zusammenfassen:

Der „Taugenichts" verliebt sich in die „schöne Frau", weil ...

... er sie für eine Adlige hält.
... sie jung und schön ist.
... sie still ist, unerreichbar scheint und er kaum etwas von ihr weiß.
... er sie aus der Ferne und in seiner Fantasie zu einem Engel überhöht.

→ „Taugenichts" verliebt sich in ein (oberflächliches) Wunsch- und Fantasiebild.

- *Mehrfach kommt es im Laufe der Handlung vor, dass der „Taugenichts" Aurelie mit einer anderen Frau verwechselt (vgl. z. B. S. 10, Z. 3 – Z. 14 oder S. 64, Z. 22 – Z. 37).*
- *Überlegen Sie, wie es dazu kommen kann und was diese Verwechslungen über die Liebe des „Taugenichts" und seine Beziehung zur „schönen Frau" aussagen. Erläutern Sie das Ergebnis Ihrer Überlegungen im Plenum.*

Ermöglicht werden die Verwechslungen durch mehrere Faktoren. Erstens dadurch, dass der „Taugenichts" kaum etwas über Aurelie weiß. Bis kurz vor Schluss kennt er noch nicht einmal ihren Namen. Auch weiß er nicht, dass Aurelie keine Adlige ist. Wenn die Kammerjungfer also von der „vielschöne[n] gnädige[n] Frau" (S. 10, Z. 3) spricht, kann er annehmen, dass es sich um jene „schöne Frau" handelt, in die er sich verliebt hat.

Dass er das aber automatisch annimmt, ohne daran zu zweifeln, liegt zweitens auch daran, dass er sich die Wirklichkeit so zurechtbiegt und zurechtfantasiert, wie er sie sich erträumt. Dies aber ist drittens nur möglich, solange die Distanz zwischen ihm und seiner Angebeteten erhalten bleibt – solange sie also abwesend ist (vgl. S. 10) oder er sie nur aus der Ferne beobachtet (vgl. S. 64).

Da Aurelie für den „Taugenichts" bis zu ihrer Begegnung im letzten Kapitel nur ein oberflächliches Wunsch- und Fantasiebild darstellt, kann dieses auch von jeder anderen Frau verkörpert werden, die ihr äußerlich ähnelt.

Bis hierhin haben die Schüler und Schülerinnen die distanzierte, oberflächliche Liebe des „Taugenichts" zu einer anonymen, idealisierten, vermeintlich adligen Frau ausschließlich auf der Grundlage ihrer Textarbeit charakterisiert. Mithilfe von **Arbeitsblatt 4**, S. 61 können sie das Erarbeitete im Folgenden in einen breiteren literaturhistorischen und metaphorischen Zusammenhang stellen.

- *Lesen Sie den auf Arbeitsblatt 4 abgedruckten Text „Der Minnesang". Lesen Sie anschließend den folgenden Auszug aus Eichendorffs „Aus dem Leben eines Taugenichts": S. 13, Z. 4 – S. 14, Z. 27.*

- *Erläutern Sie ausgehend von dieser Passage und im Kontext des Gesamttextes, was den „Taugenichts" mit einem Minnesänger verbindet und was ihn von diesem unterscheidet. Gehen Sie insbesondere auch darauf ein, welche Rolle das (romantische) Gefühl der Sehnsucht in den Liebesvorstellungen eines Minnesängers und des „Taugenichts" jeweils spielt.*

Wie ein Minnesänger besingt der „Taugenichts" die Liebe zu einer unerreichbaren schönen „hohe[n]" (S. 13, Z. 28), also adligen „Fraue" (Z. 28, vgl.: „vrouwe"). Und wie dem Minnesänger droht dem „Taugenichts", der offenbar mit dem lyrischen Ich seines Liedes deckungsgleich ist, das Herz zu zerspringen (S. 14, Z. 8 und Z. 21). Auch der „Taugenichts" leidet unter den Qualen seiner unerfüllbaren Liebe.

Anders aber als dem Minnesänger erscheint dem „Taugenichts" die Angebetete nicht deshalb unerreichbar, weil sie verheiratet ist, sondern weil sie, wie er glaubt, adlig und damit „zu hoch" (Z. 2) für ihn sei. Der „Taugenichts" nämlich ist (anders als viele adlige Minnesänger) nur ein einfacher Müllerssohn.

Gemeinsam ist dem Liebeskonzept des Minnesängers und des „Taugenichts" die schmerzhafte Sehnsucht, die sich aus dem Wissen um die Unerfüllbarkeit des eigenen Liebeswunsches ergibt. Ähnlich wie im Minnesang realisiert sich die Liebe auch beim „Taugenichts" zunächst nur als Liebesqual. Dieses unstillbare Sehnen ist zugleich ein zentrales Merkmal der romantischen Epoche und Literatur (vgl. dazu 4.2).

Baustein 2: Figuren, Schauplätze, Handlungszeit

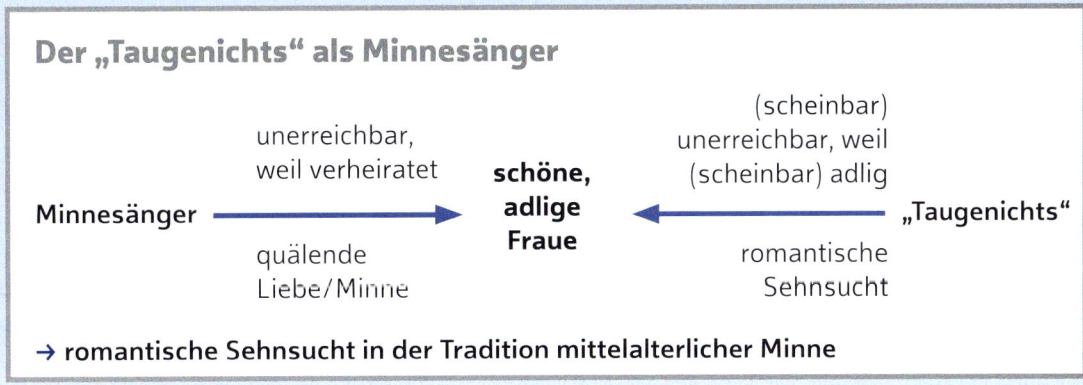

 Lesen Sie die auf Arbeitsblatt 4 abgedruckten Texte „Die Symbolik der ‚weißen Lilie'" und „Die ‚weiße Frau'". Lesen Sie anschließend den folgenden Auszug aus Eichendorffs „Aus dem Leben eines Taugenichts": S. 25, Z. 7 – S. 26, Z. 4.

 Deuten Sie die darin verwendete Symbolik der Farbe Weiß und der Lilie im Kontext des Gesamttextes.

Sinnbildlich verwandelt sich „die schöne junge gnädige Frau" (S. 25, Z. 22) an dieser Stelle in eine weiße Lilie. Sie erscheint damit als Verkörperung der vollkommenen Schönheit und Reinheit (Jungfräulichkeit und Keuschheit). Zugleich lässt sie die Symbolik der Lilie in ihrem weißen Kleid (vgl. Z. 22 f.) wie eine Braut erscheinen. Der „Taugenichts" ist angesichts dieses Anblicks hinterher davon überzeugt, dass sie „lange verheiratet ist" (S. 26, Z. 3).
Zugleich aber hat dieser nächtliche Auftritt auf dem Balkon auch gespenstische Züge. Eine Assoziation, die dadurch gefestigt wird, dass der Ich-Erzähler die weiß gekleidete Frau mit dem Mond vergleicht, der über den Nachthimmel zieht.
Die Mehrdeutigkeit der Symbolik des weißen Kleides, das sowohl an ein Brautkleid erinnert als auch an die „weiße Frau", und der weißen Lilie, die für Schönheit, madonnenhafte Tugend, aber auch den Tod steht, scheint vor diesem Hintergrund kein Zufall zu sein. Dies gilt umso mehr, bedenkt man, dass innerhalb des Buches mehrfach Sinnbilder – wie etwa der Vergleich mit einem „Engelsbild" (S. 9, Z. 21) oder die im Mondschein vorüberhuschende „schlanke weiße Gestalt" (S. 64, Z. 30) – verwendet werden, die Assoziationen an den Tod, das Jenseits oder Gespensterspuk hervorrufen können.

 Noch an mehreren weiteren Stellen wird die „schöne Frau" mit der Farbe Weiß in Verbindung gebracht, etwa wenn sie in einem „schneeweißen Kleide" (S. 10, Z. 39) ans offene Fenster tritt.
Überlegen Sie in Partner- oder Gruppenarbeit, inwiefern die Farbe Weiß die „schöne Frau" und das, was der „Taugenichts" in ihr sieht bzw. an ihr liebt, sinnbildlich charakterisiert.
Die Texte „Die Symbolik der ‚weißen Lilie'" und „Die ‚weiße Frau'" können Ihnen dabei als Grundlage dienen. Sie dürfen sich für zusätzliche symbolische Deutungsmöglichkeiten jedoch auch davon lösen.

Das „schneeweiße Kleid" symbolisiert zunächst abermals die Reinheit und Unbefleckheit Aurelies. In Verbindung mit dem offenen Fenster, an das sie tritt, gerät diese zugleich jedoch auch in Gefahr. Das offene Fenster repräsentiert eine ungestillte Sehnsucht. Gleichzeitig verliert das Fenster, wenn es geöffnet wird, seine schützende Funktion. Das offene Fenster versinnbildlicht daher auch eine (möglicherweise tödliche) Gefahr. Es ist daher sowohl ein Sehnsuchts- als auch ein Todesmotiv und symbolisiert häufig eine unbewusste Todessehnsucht (vgl. auch 4.2).

43

Die Metaphorik der Farbe Weiß charakterisiert Aurelie einerseits als schön, unschuldig und geradezu madonnenhaft rein. Gleichzeitig verleiht ihr dieser Vergleich mit der Mutter Gottes auch etwas Unwirkliches, Übermenschliches. Als Engelswesen erscheint sie wie nicht von dieser Welt (vgl. auch S. 12, Z. 35 – S. 13, Z. 3). Die Farbe Weiß vermittelt entsprechend auch gespenstische, spukhafte Züge.

Auch Aurelies „weißen Arm" (S. 11, Z. 4), ihre weiße Haut könnte man mit Leichenblässe assoziieren, naheliegender ist jedoch, ihn als Ausdruck einer vornehmen Blässe und Hinweis auf ihre vermeintlich adlige Herkunft zu deuten. Bis in die Neuzeit hinein galt helle, ungebräunte Haut als besonders edel. Die Adligen hoben sich dadurch sichtbar von der im Freien arbeitenden Bevölkerung ab.

Die Symbolik der Farbe Weiß lässt Aurelie für den „Taugenichts" über weite Strecken des Buches ungreifbar wirken. Als vermeintlich Adlige scheint sie ihm unerreichbar. Zudem entzieht sie sich mit ihrer engelsgleichen Schönheit und Reinheit einer irdischen Liebe. Die Sehnsucht des „Taugenichts" nach dieser unerreichbaren „weißen Frau" lässt sich daher auch als eine Todessehnsucht bzw. als religiöse Sehnsucht nach dem Jenseits bzw. Gott und einem himmlischen Glück deuten. Dazu passt, dass der „Taugenichts" bei seinem Aufbruch im Anschluss an den Balkonauftritt Aurelies die Bibel (Johannes 18,36) zitiert: „Unser Reich ist nicht von dieser Welt!" (S. 27, Z. 17 f.)

Aus Sicht des „Taugenichts" signalisiert das Weiß, mit dem Aurelie immer wieder in Verbindung gebracht wird, dass er sich nicht etwa in eine reale Frau, eine individuelle Persönlichkeit verliebt, sondern vielmehr in eine flüchtige Fantasiegestalt. Im weißen Kleid erscheint Aurelie entsprechend nicht nur unbefleckt, sondern auch wie eine weiße Leinwand, ein unbeschriebenes weißes Blatt. Damit stellt sie eine ideale Projektionsfläche für die Fantasien und Wunschvorstellungen des „Taugenichts" dar und ermöglicht es ihm, sie zu einer engelsgleichen Idealfrau zu überhöhen. Dies gilt freilich nur, solange die Distanz zwischen ihm und seiner Angebeteten gewahrt bleibt und er sie nicht wirklich kennenlernt.

An der Tafel lässt sich das so skizzieren:

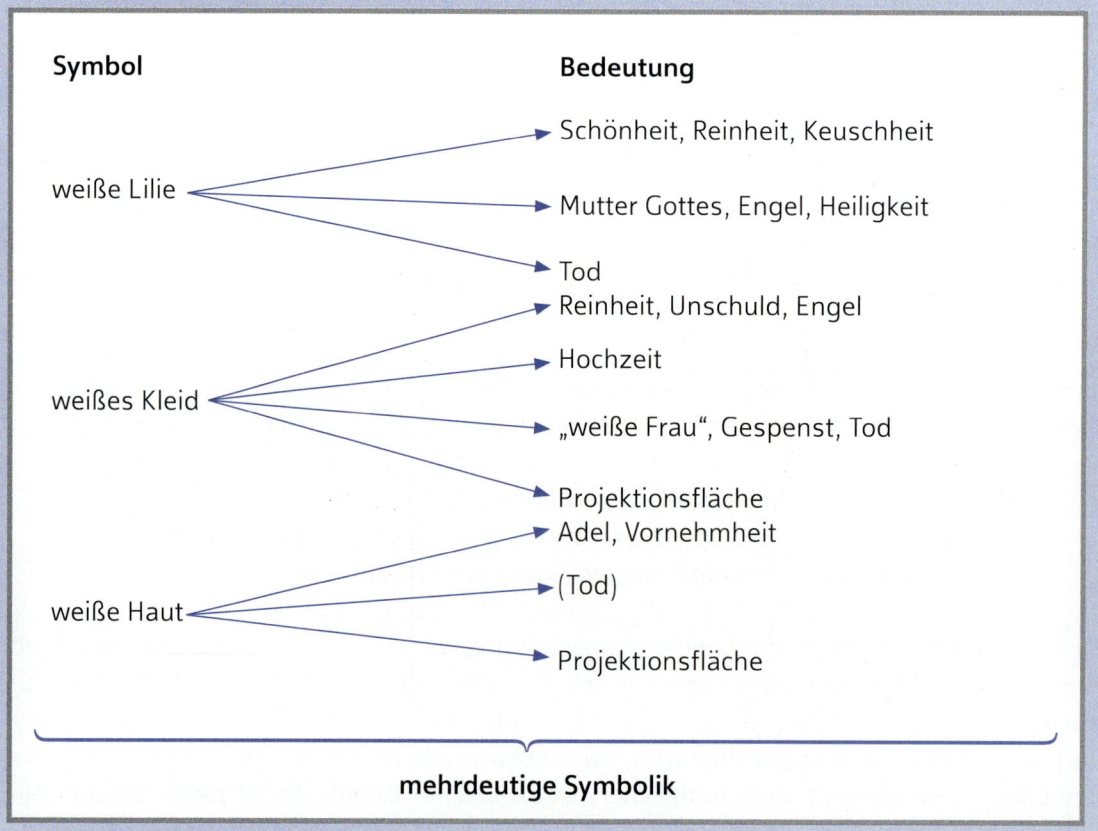

In einem weiteren Tafelbild lässt sich das so zusammenfassen:

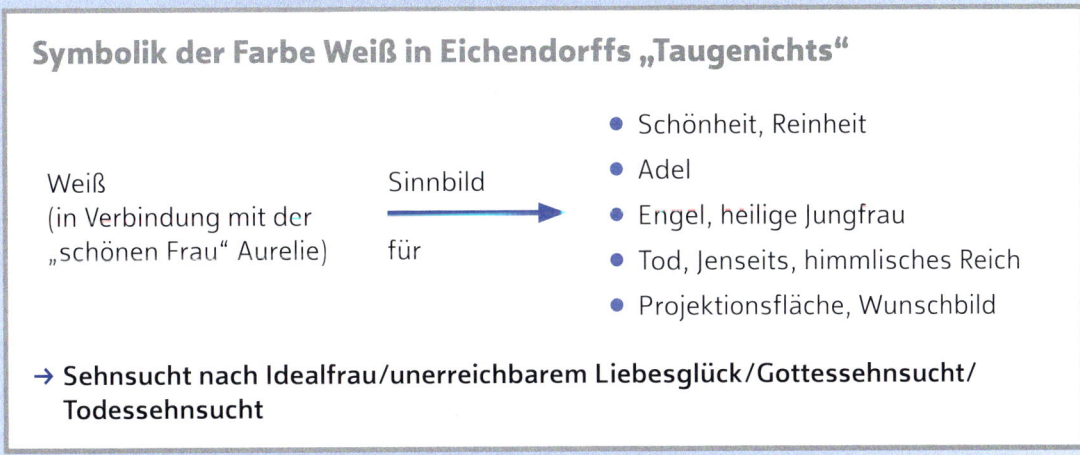

Symbolik der Farbe Weiß in Eichendorffs „Taugenichts"

Weiß (in Verbindung mit der „schönen Frau" Aurelie) — Sinnbild für →
- Schönheit, Reinheit
- Adel
- Engel, heilige Jungfrau
- Tod, Jenseits, himmlisches Reich
- Projektionsfläche, Wunschbild

→ **Sehnsucht nach Idealfrau/unerreichbarem Liebesglück/Gottessehnsucht/ Todessehnsucht**

Vor diesem Hintergrund können die Schülerinnen und Schüler nun auch das Ende der Geschichte noch einmal lesen und neu bewerten.

■ *Welchen grundlegenden Wandel vollzieht die Beziehung zwischen dem „Taugenichts" und der „schönen Frau" im zehnten Kapitel?*

Im Schlusskapitel werden die zahlreichen Missverständnisse, die sich im Laufe der Handlung angesammelt haben, aufgelöst.
Der junge Maler Guido entpuppt sich als Fräulein Flora. Und es klärt sich auf, dass der Brief von Aurelie in Wirklichkeit nicht an den „Taugenichts", sondern an Flora gerichtet war. Dennoch bewahrheitet sich, dass auch Aurelie in den „Taugenichts" verliebt ist.
Erst ganz am Ende wird dann das letzte, bis dahin fast unüberwindbar erscheinende Hindernis aus dem Weg geräumt: Es stellt sich heraus, dass Aurelie gar keine Gräfin ist, sondern eine „arme Waise" (S. 104, Z. 37) und die Nichte des Portiers. Einer gemeinsamen Hochzeit steht nun nichts mehr im Wege.
Mit dieser unerwarteten Wendung offenbart sich jedoch auch die sehnsuchtsvolle Liebe des „Taugenichts" als Missverständnis. Die scheinbar unerreichbare adlige Schönheit, die qualvoll verehrte und zu einem Engel überhöhte Angebetete entpuppt sich plötzlich als eine gewöhnliche, bürgerliche junge Frau. Der Satz „Sie wurde ganz rot" (S. 104, Z. 2 f.) bringt diesen Wandel von der weißen Projektionsfläche und der marienhaften Unschuld zu einem Menschen aus Fleisch und Blut bildlich zum Ausdruck. Anstatt wie bis dahin meist mit gesenktem Kopf still dazusitzen, wird sie aktiv, redet und klärt das Missverständnis auf.
Die bis dahin nur geträumte, fantasierte, ideelle, geistige Liebe des „Taugenichts" wird dadurch real, konkret und körperlich. Aurelie fällt ihm um den Hals, während er sie in seine Arme nimmt (vgl. S. 103, Z. 17 ff.). Weil die scheinbar unerreichbare Liebe auf einmal greifbar wird, ist es dem „Taugenichts", als ob ihm „ein Stein vom Herzen fiele" (S. 104, Z. 39 f.).

■ *Diskutieren Sie in Gruppen, ob es sich bei dem Ende der Geschichte um ein „Happy End" handelt. Was spricht dafür, was dagegen? Gehen Sie dabei insbesondere auf die Missverständnisse ein, die zum Ende hin aufgeklärt werden.*

■ *Präsentieren Sie die Ergebnisse Ihrer Diskussion im Plenum.*

Eine ausführlichere Analyse des Endes findet sich unter 5.2. Diese kann bei Bedarf bereits jetzt erarbeitet werden.

Alternativ genügt es an dieser Stelle, darauf hinzuweisen, dass das irdische Glück mit Hochzeit und einem eigenen „Schlösschen" (S. 104, Z. 19) zugleich das Resultat einer Desillusionierung ist. Die weiße Projektionsfläche verschwindet, die sehnsüchtige Fantasie des „Taugenichts" verliert ihren Spielraum. Die überhöhte „schöne Frau" wird gleichsam vom Sockel gestoßen und aus der Sphäre des Heiligen ins Weltliche zurückgeholt. Das vermeintliche irdische Glück basiert entsprechend auf einer Enttäuschung. Die Täuschung zuvor war jedoch nur deshalb möglich, weil der „Taugenichts" kaum etwas über die wahre, reale Aurelie wusste. Es sind daher zumindest Zweifel angebracht, ob die reale Aurelie dem Trugbild, in das sich der „Taugenichts" verliebt hat, auf Dauer standhält.

Sinnbildlich verstärkt werden diese Zweifel durch den Blick auf das im Mondschein glänzende „weiße Schlösschen" (Z. 19), das die gemeinsame Zukunft der beiden repräsentiert. In auffälliger Weise ähnelt diese Beschreibung derjenigen Aurelies, als der „Taugenichts" sie noch für eine Gräfin gehalten und aus der Distanz auf dem Balkon beobachtet hat („in ganz weißem Kleide, wie eine Lilie in der Nacht, oder wie wenn der Mond über das klare Firmament zöge", S. 25, Z. 22 ff.). Aus der Ferne erscheint die gemeinsame Zukunft ähnlich verheißungsvoll wie einst die „schöne Frau". Möglicherweise aber wird sich auch das als Illusion entpuppen.

Als Schaubild lässt sich das vereinfacht so darstellen:

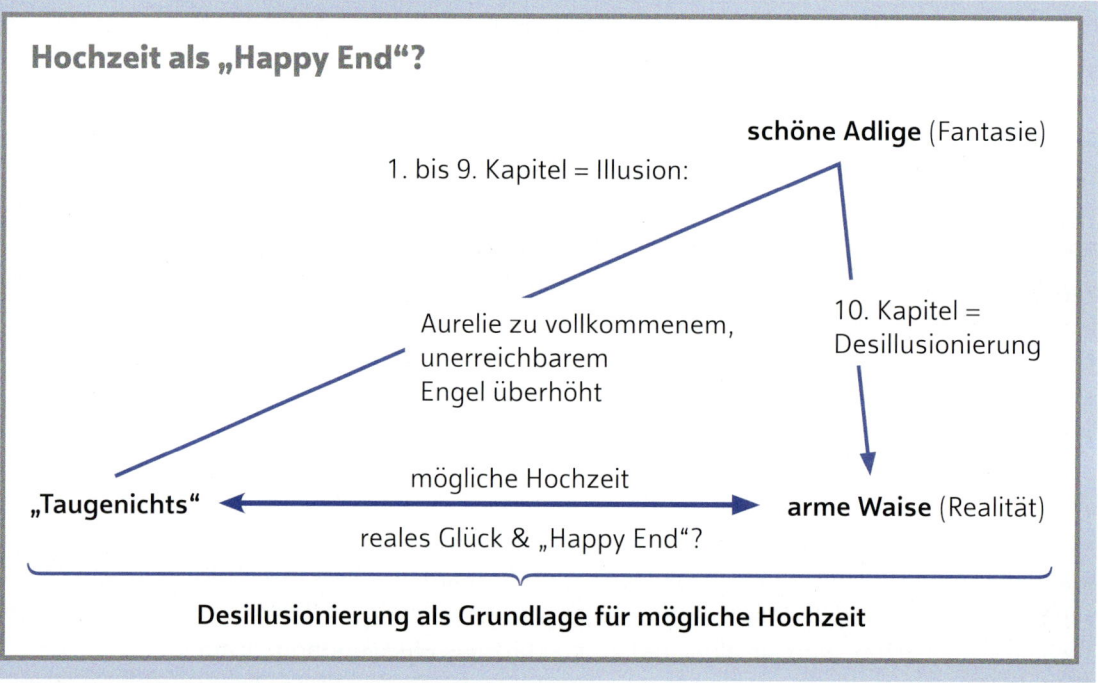

Bemerkenswert ist zuletzt die ambivalente gesellschaftliche Stellung Aurelies, auf die bei Bedarf im gelenkten Unterrichtsgespräch hingewiesen werden kann. Sie ist keine Adlige, sondern von bürgerlicher Herkunft, nimmt als Pflegling aber dennoch am Hofleben teil. Als ständige Begleiterin der älteren Gräfin fungiert sie als eine Art Kammerzofe.

Die Kammerzofen treten in Eichendorffs Geschichte oftmals als Vermittlerinnen zwischen Hof und „Taugenichts" in Erscheinung, indem sie Nachrichten und Botschaften weitergeben. Dabei entsteht eine Reihe von Missverständnissen. In ähnlicher Weise ließe sich nun Aurelie als Vermittlerin zwischen Fantasie und Realität deuten. Dass auch das zu Missverständnissen führt, lässt sich am Ende zumindest nicht ausschließen.

2.4 Der „Taugenichts" und das Glück

Das Glück spielt eine wesentliche Rolle in Joseph von Eichendorffs „Aus dem Leben eines Taugenichts".
Doch ehe die Schülerinnen und Schüler die Funktion des Glückes in Eichendorffs Text näher untersuchen, empfiehlt es sich, zunächst ihr eigenes Verständnis von Glück zu erfragen.

> *Gestalten Sie in Ihrem Heft einen Ideenstern zum Thema „Glück". Schreiben Sie hierfür das Wort Glück groß und dick eingekreist in die Mitte der Seite. Notieren Sie sich anschließend an den Rändern der Seite einzelne Stichworte, die sie mit dem Begriff „Glück" in Verbindung bringen.*

Im gemeinsamen Unterrichtsgespräch stellen die Schüler und Schülerinnen ihre Ideensterne vor. Aus den gesammelten Assoziationen kann dabei an der Tafel ein eigener Ideenstern entstehen.

Nach diesem allgemeinen Einstieg können sich die Schülerinnen und Schüler wieder der konkreten Textarbeit zuwenden.

> *Lesen Sie den Anfang des ersten Kapitels, S. 5, Z. 1 – Z. 16. Erläutern Sie ausgehend von diesem Auszug und Ihrer Kenntnis des Gesamttextes, welche Bedeutung das Glück für den weiteren Verlauf der Geschichte hat.*

Gleich zu Beginn verbindet der „Taugenichts" seinen Aufbruch mit der Absicht, sein Glück zu machen (vgl. Z. 15f.). Im Grunde lässt sich die gesamte folgende Handlung als Suche nach dem Glück zusammenfassen. Darüber, ob diese Suche am Ende erfolgreich ist oder nicht, lässt sich streiten (vgl. hierzu 2.3 und 5.2). Das hängt auch davon ab, was man jeweils unter Glück versteht.

> *Vergleichen Sie den Textanfang (S. 5, Z. 1 – Z. 16) mit folgender Passage: S. 76, Z. 25 – S. 77, Z. 3. Welche Art von Glück ist jeweils gemeint? Was verbindet und was unterscheidet die beiden Arten von Glück? Berücksichtigen Sie bei Ihrer Antwort auch, wie das Glück jeweils zustande kommt.*
>
> *Skizzieren Sie das Ergebnis Ihrer Überlegungen in einem Schaubild.*

Bei dem Glück, das der „Taugenichts" zu Beginn des ersten Kapitels „machen" (S. 5, Z. 16) möchte, handelt es sich um sein (vgl. Z. 16) Glück. Das Glück beschreibt damit ein persönliches Lebensglück als Ziel, das der „Taugenichts" durch eigenes Handeln aktiv erreichen möchte.
Das Glück in der zweiten Passage entspricht dagegen eher einer glücklichen Fügung, einem Zufall, der im Moment hilfreich ist.
Gemeinsam ist diesen beiden Arten von Glück, dass sie für den „Taugenichts" etwas Positives darstellen.
Beim „Glück", das zu Beginn des ersten Kapitels erwähnt wird, handelt es sich um einen dauerhaften Gefühlszustand, der die gesamte Lebenssituation des „Taugenichts" berücksichtigt und durch eigenes Zutun erreicht werden soll.
Dagegen beschränkt sich das „Glück" in der zweiten Passage auf einen kleinen, eher unbedeutenden Aspekt. Es entspringt einem Zufall und ist nur vorübergehend von Belang.
Das erste „Glück" beschreibt ein individuelles Lebensziel.
Das zweite „Glück" bezeichnet lediglich ein flüchtiges, willkommenes Ereignis.

Im Tafelbild lässt sich das folgendermaßen zusammenfassen:

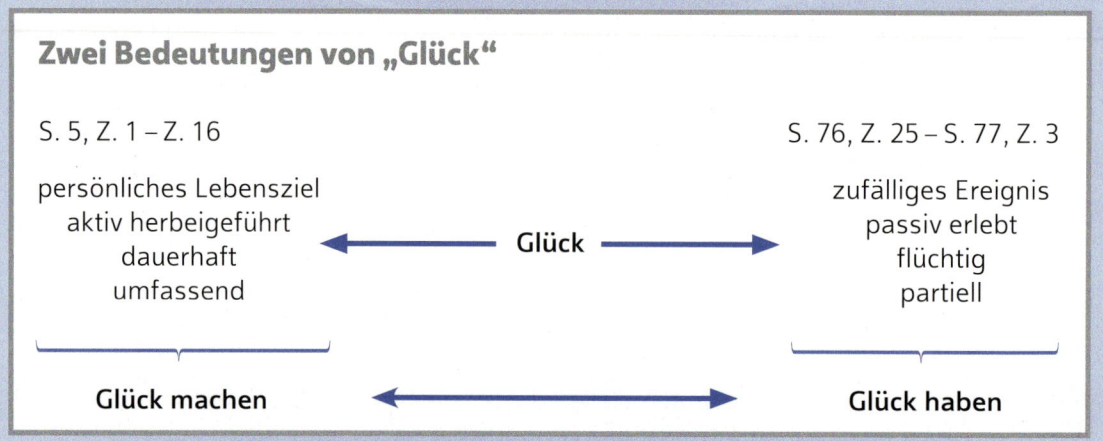

 Im gemeinsamen Unterrichtsgespräch kann anschließend darauf hingewiesen werden, dass es freilich nicht schadet, Glück zu haben, um sein Glück zu machen. Möglicherweise ist das Glück in seiner zweiten Bedeutung (Glück haben) auch eine Voraussetzung dafür, sein Glück machen zu können. In diesem Fall jedoch erhält das scheinbar zufällige Ereignis eine schicksalhafte Bedeutung.

- *Lesen Sie den folgenden Textabschnitt: S. 21, Z. 29 – S. 22, Z. 7.*
- *Überlegen Sie in Partner- oder Gruppenarbeit, warum sich der „Taugenichts" an dieser Stelle glücklich fühlt. Was bedeutet „Glück" für ihn?*

Der „Taugenichts" ist glücklich, weil er glaubt, dass Aurelie sich mit ihm verabreden möchte. Nachdem er zuvor an ihrer Liebe gezweifelt hat, hofft er jetzt wieder darauf. Alles dreht sich bei ihm um „Sie" (S. 21, Z. 30 und Z. 37), was grafisch durch die Kursivschrift und durch die Großschreibung hervorgehoben wird. Eine solche Großschreibung des dritten Personalpronomens im Singular ist sonst allenfalls üblich, wenn von Gott die Rede ist („Er"). Abermals überhöht der „Taugenichts" Aurelie, deren Namen er zu diesem Zeitpunkt noch nicht kennt, zu einer Göttin. Sein Lebensglück scheint einzig und allein von ihr und ihrer Liebe abzuhängen. Glück bedeutet für den „Taugenichts" demnach Liebesglück. Er hat sein Glück gemacht, wenn er die wahre, große Liebe gefunden hat und seine Liebe erwidert wird.

- *Überlegen Sie anschließend auf der Basis Ihrer Kenntnis des Gesamttextes, inwiefern beide Arten von „Glück" – „Glück machen" und „Glück haben" – dazu geführt haben, dass der „Taugenichts" sich glücklich fühlt.*

Der „Taugenichts" hat sich beständig um die Liebe seiner Angebeteten bemüht. Er war also aktiv und hat versucht, sein Glück zu „machen". Gleichzeitig jedoch hätte er Aurelie nie kennengelernt, wenn er nicht das Glück gehabt hätte, ihr zufällig zu begegnen (vgl. S. 6). Geht man davon aus, dass Aurelie und der „Taugenichts" füreinander bestimmt sind, handelt es sich bei diesem scheinbar glücklichen Zufall um eine schicksalhafte Fügung.

Dass der „Taugenichts" an dieser Stelle „Glück" mit „Liebe" gleichsetzt, kennzeichnet ihn als einen romantischen Charakter und unterscheidet ihn grundlegend von den Philistern.

- *Lesen Sie die beiden folgenden Textpassagen:*
  - *S. 8, Z. 24 – Z. 31,*
  - *S. 35, Z. 23 – Z. 31.*

Baustein 2: Figuren, Schauplätze, Handlungszeit

■ *Erläutern Sie, weshalb der „Taugenichts" die Gelegenheit, sein Glück zu machen (S. 35, Z. 25), ungenutzt lässt, obwohl es doch im ersten Kapitel heißt, dass er eben dazu aufgebrochen sei (vgl. S. 5, Z. 14 ff.).*
Arbeiten Sie bei Ihren Ausführungen insbesondere auch heraus, worin sich die Lebensziele des „Taugenichts" von denjenigen des Gärtners und des Portiers unterscheiden.

Als der „Taugenichts" ganz zu Beginn von der väterlichen Mühle aufbricht, heißt es im ersten Kapitel: „so will ich in die Welt gehen und mein Glück machen" (S. 5, Z. 15 f.). Aus diesem Wollen wird nun scheinbar ein Können, als er einem Dorfmädchen aus wohlhabendem Hause (vgl. S. 34, Z. 15) begegnet, das ihm eine Rose schenkt. Kurz darauf nämlich heißt es: „ich konnte da mein Glück machen" (S. 35, Z. 25).

Der „Taugenichts" aber lässt diese Gelegenheit verstreichen. Wohl auch, weil sich damit nur scheinbar der Zweck seiner Reise erfüllen würde. Das „Glück", das er mit dem Dorfmädchen haben könnte, entspricht nämlich nicht dem „Glück", das er sucht.

Der „Taugenichts" verlässt die väterliche Mühle, um zu reisen und die Freiheit zu genießen. Das Glück, das er auf diesem Wege zu finden hofft, ist ein rein ideelles, romantisches. Zunächst scheint es das Reisen selbst, die Freiheit und die Naturverbundenheit zu sein. Spätestens nachdem er Aurelie begegnet ist, entpuppt sich das ersehnte Glück jedoch als die große Liebe.

Dieses „Glück" bliebe ihm beim Dorfmädchen verwehrt, auch wenn er das Mädchen durchaus anziehend und attraktiv findet (vgl. S. 33, Z. 20 ff.). Das Dorfglück wäre – im Gegensatz zum großen erträumten Schlossglück – ein kleines und rein materielles Glück. Hammel, Schweine und die fetten, mit Äpfeln gefüllten Gänse (vgl. S. 35, Z. 26 f.) stehen nicht nur für gutes Essen, sondern auch für allgemeinen Wohlstand, ein bequemes, sättigendes Leben. Dass der „Taugenichts" im Geiste auch noch den Portier hört, der ihm dazu rät, „im Lande" (Z. 31) zu bleiben, zu heiraten und sich „tüchtig" (Z. 31) zu nähren, kennzeichnet diese Glücksvorstellung als Lebensideal eines Philisters: ein bodenständiges, sesshaftes, angenehmes und gemütliches Dasein. An der Seite des reichen Dorfmädchens könnte es der „Taugenichts" ganz im Sinne des Gärtners „zu was Rechtem bringen" (S. 8, Z. 31).

Dieses „Glück", das er mit dem Dorfmädchen machen könnte, ist aber nicht das „Glück", das er mit der „schönen Frau" Aurelie machen möchte. Das Liebesglück, das der „Taugenichts" anstrebt, dürfte in den Augen des Gärtners vielmehr zu den Flausen zählen, die dieser als „unnützes Zeug" (Z. 29 f.) ablehnt. Vom „Glück" ist in der nüchternen (vgl. Z. 28) „Predigt" (Z. 27) des Gärtners erst gar keine Rede. Ideale und Gefühle gelten ihm nichts. Wenn er überhaupt von „Glück" sprechen würde, dann nur im materiellen Sinne des Portiers.

Als mögliches Tafelbild ergibt sich daraus:

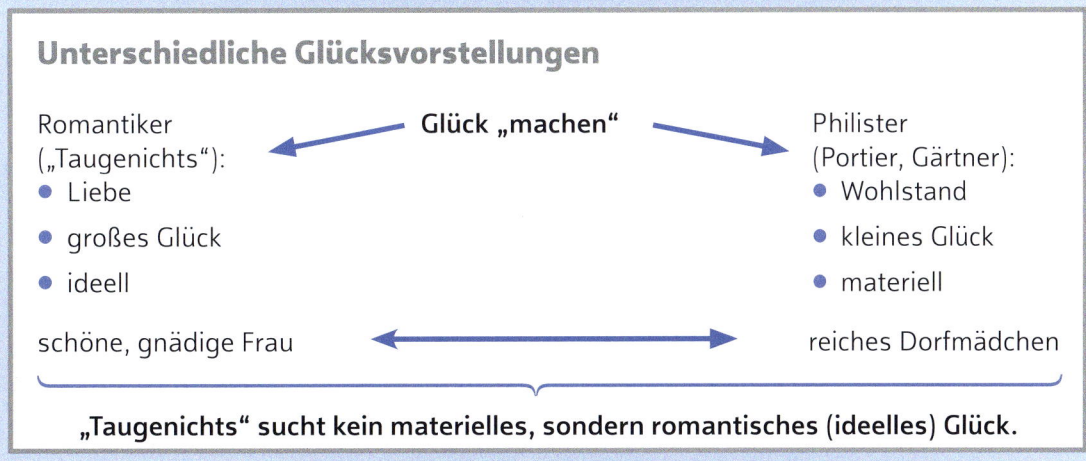

Dass das materielle Glück, das ihm das Dorfmädchen verheißt, nicht dem Glück entspricht, das sich der „Taugenichts" eigentlich ersehnt, wird im Anschluss an den zweiten Textauszug auch daran deutlich, dass sich die Stimmung des „Taugenichts" immer mehr verdüstert (vgl. S. 35, Z. 31 – S. 36, Z. 16).

Andererseits deutet die Anziehungskraft, die das „schmucke[..] Mädchen" (S. 33, Z. 21) auf ihn ausübt, an, dass der Lebensstil eines Philisters auch für den „Taugenichts" durchaus seine Reize hat.

Dieser Zwiespalt mündet in den „philosophischen Gedanken" (S. 35, Z. 31 f.), die sich der „Taugenichts" im Anschluss an die Begegnung mit dem Dorfmädchen macht.

In Bezug auf den weiteren Handlungsverlauf lässt sich daraus die Frage ableiten, welches „Glück" es ist, das der „Taugenichts" am Ende macht.

■ *Diskutieren Sie in Gruppen darüber, ob die Glückssuche des „Taugenichts" am Ende erfolgreich ist. Präsentieren Sie das Ergebnis Ihrer Diskussion anschließend im Plenum.*

Wie unter 2.3 dargelegt, basiert das vermeintliche „Happy End" auf einer Desillusionierung (vgl. dazu auch 5.2). Das Glück, das der „Taugenichts" am Ende findet, entspricht nicht dem Glück, das er sich vorgestellt hat.

Dem ersehnten Liebesglück mit Aurelie steht zwar nichts mehr im Wege. Das „weiße Schlösschen" (S. 104, Z. 19) im „Mondschein" (Z. 20) verheißt zudem scheinbar eine romantische Zukunft. Und der „Taugenichts" träumt von „Pumphosen" (S. 105, Z. 6) und einer Italienreise (vgl. Z. 7 ff.).

Diese romantischen Fantasien setzen jedoch eine bürgerliche Hochzeit (Z. 7) voraus. Und zwar mit der Nichte des Portiers, der mehrfach als typischer Philister gekennzeichnet wurde. Der Traum von der „schönen gnädigen Frau", der Gräfin, ist am Ende zerplatzt. Aus dem unerreichbaren großen Glück ist ein nicht mehr ganz so großes Glück geworden, das dafür aber verwirklichbar ist. Dieses realistische Glück rückt zugleich jedoch in die Nähe des kleinen Philisterglückes. Es ähnelt jenem Glück, das ihm das Dorfmädchen verheißen und zu dem ihm der Portier geraten rat. Sinnbildlich zeigt sich das daran, dass das ersehnte Schloss zu einem „Schlösschen" schrumpft. Ähnlich wie beim „Bänkchen" (S. 17, Z. 16), auf dem der „Taugenichts" einst gemeinsam mit dem Portier – also, wie sich am Ende herausstellt, dem Onkel Aurelies – den Sonnenuntergang betrachtet hat, signalisiert die Verkleinerungsform an dieser Stelle die kleine, genügsame Lebenswelt des Philisters (vgl. 2.1).

Das Ende erscheint damit doppeldeutig. Das ganz große romantische Glück wurde dem „Taugenichts" verwehrt. Ob er aber zumindest ein wenig davon retten kann und es ihm gelingt, romantisches Glück und Philisterglück unter einen Hut zu bekommen, bleibt offen (vgl. auch 5.2).

Mithilfe von **Zusatzmaterial 3**, S. 130 kann Eichendorffs Buch schließlich zu Grimms Märchen „Hans im Glück" in Bezug gesetzt werden, das Eichendorff möglicherweise als Inspirationsquelle diente.

■ *Lesen Sie das auf Zusatzmaterial 3 abgedruckte Märchen „Hans im Glück".*

■ *Hans beginnt seine Heimreise mit einem großen Stück Gold und kommt am Ende mit leeren Händen bei seiner Mutter an. Dennoch fühlt er sich glücklich. Wie lässt sich das erklären?*

Hans' Vorstellungen von Glück weichen derart grundlegend von den allgemeinen Glücksvorstellungen ab, dass er auf den ersten Blick wie ein Narr erscheint. Das, was für ihn „Glück"

bedeutet, würden alle anderen, denen er begegnet, als „Pech" oder „Dummheit" und „Verlust" bezeichnen.
Legt man diese allgemeinen Vorstellungen zugrunde, so macht jeder, der dem „Hans im Glück" begegnet, einen vorteilhaften Handel. Hans dagegen schneidet jedes Mal schlecht ab. Er verliert immer mehr von seinem Vermögen, bis es schließlich vollkommen aufgebraucht ist.
Für Hans jedoch ist Glück offensichtlich nicht an materiellen Besitz gebunden.
Zudem erscheint Glück – so die Botschaft des Märchens – zu einem wesentlichen Teil eine Frage der inneren Einstellung zu sein. Hans ist glücklich, weil er sich glücklich fühlt. Das Glück ist gewissermaßen Teil seines positiven, optimistischen Wesens, das selbst vermeintlichen Verlusten stets etwas Gutes abgewinnt.

■ *Beschreiben Sie in wenigen Worten, was sich Hans und die Menschen, denen er begegnet, jeweils unter „Glück" vorstellen. Vergleichen Sie diese Glücksvorstellungen mit denjenigen des „Taugenichts" und der Philister in Joseph von Eichendorffs „Aus dem Leben eines Taugenichts".*

Glück scheint den Menschen, denen Hans begegnet, ein materieller Gewinn zu bedeuten. Deren Glück lässt sich entsprechend weitgehend mit Reichtum und Besitz gleichsetzen.
Für Hans ist Glück dagegen völlig unabhängig davon. Im Gegenteil erscheint ihm Besitz meist ein Hindernis, eine Last und Verpflichtung. Glücklich dagegen fühlt er sich am Ende des Märchens, weil er „frei von aller Last" unbeschwert und „leichten Herzens" seiner Wege gehen kann. Glück bedeutet für Hans demnach in erster Linie Freiheit.
Ähnlich wie die Menschen, denen Hans begegnet, setzen auch die Philister Glück vor allem mit Wohlstand gleich. Für den „Taugenichts" und den „Hans im Glück" ist Glück dagegen vor allem ein ideeller Wert.

■ *Erläutern Sie, worin sich der „Taugenichts" und der „Hans im Glück" ähneln und worin sie sich unterscheiden.*

Wie bereits erwähnt, ähneln sie sich darin, dass für sie die Basis ihres Glückes nicht materiell, sondern ideell ist.
Anders als der „Hans im Glück" genügt der „Taugenichts" jedoch nicht sich selbst. Um glücklich zu sein, braucht er mehr als nur seine Freiheit.
Im Gegensatz zum „Hans im Glück" kehrt der „Taugenichts" nicht nach Hause in seine Heimat zurück und wird dabei gleichsam vom Glück, das seiner inneren Natur entspringt, verfolgt, sondern er verlässt sein zu Hause, um sich auf die Suche nach dem Glück zu begeben. Während es Hans nach Hause zieht, will der „Taugenichts" hinaus in die weite Welt. Und während sich der „Hans im Glück" mit wenig, ja, im Grunde nichts, begnügt, strebt der „Taugenichts" nach Großem. Insofern erweisen sich die beiden als gegensätzliche Charaktere.
Anders als beim „Hans im Glück" konkretisiert sich das Glück beim „Taugenichts" zum Liebesglück. Während Hans also das Glück in sich selbst findet, sucht es der „Taugenichts" in der (romantischen) Liebe.

An der Tafel kann das wie folgt zusammengefasst werden:

> **„Taugenichts" und „Hans im Glück"**
>
> | „Taugenichts" | „Hans im Glück" |
> |---|---|
> | ideelles Glück, nicht materielles | |
> | • verlässt Heimat, sucht Glück in der Fremde | • kehrt zurück in seine Heimat |
> | • strebt nach Großem | • begnügt sich mit eigener Freiheit |
> | • sucht Glück in der Liebe | • findet Glück in sich selbst |
>
> → **gegensätzliche Vorstellungen vom ideellen Glück**
> → **gegensätzliche Charaktere**

Nachdem sich die Schülerinnen und Schüler ausführlich mit fremden Glücksvorstellungen auseinandergesetzt haben, können sie zum Schluss dieser Unterrichtseinheit ihre eigenen Vorstellungen vom Glück argumentativ oder kreativ ausdrücken.

■ *Diskutieren Sie in Gruppen darüber, was wichtiger ist, materielles oder ideelles Glück. Präsentieren Sie die Ergebnisse Ihrer Diskussion anschließend im Plenum.*

Im gelenkten Unterrichtsgespräch ist darauf hinzuweisen, dass die Unterscheidung von materiellem und ideellem Glück sich in der Praxis nicht immer aufrechterhalten lässt. Wer hungert oder um sein Überleben kämpfen muss, dürfte kaum in der Lage sein, ideelles Glück zu finden. Ein gewisses materielles Grundauskommen, gesicherte Lebensbedingungen bilden wohl die Grundlage für ideelles Glück. Darüber hinaus aber haben Befragungen zum subjektiven Glücksempfinden bislang keinen Zusammenhang von Reichtum und Glück nachweisen können. Wer reicher ist, fühlt sich dadurch nicht automatisch glücklicher.

■ *Was bedeutet Glück für Sie? Verarbeiten Sie Ihre persönlichen Vorstellungen von Glück in einem kreativen Werk (Gedicht, Tagebucheintrag, Brief, Essay, Dialog, Zeichnung, Gemälde, Collage, Fotografie, Video ...).*

Alternativ können die Schülerinnen und Schüler auch dazu ermuntert werden, einen Dialog zu verfassen, in dem sie sich mit dem „Taugenichts" über ihre jeweiligen Glücksvorstellungen austauschen. Wahlweise können sie den fertigen Dialog im Plenum vorlesen oder gemeinsam mit einem Partner oder einer Partnerin aufführen.
Eine weitere Möglichkeit ist, den Dialog als fiktiven Briefwechsel zu gestalten.

2.5 Symbolische Schauplätze

Dass sich Joseph von Eichendorffs Ich-Erzähler nicht um eine realistische Darstellung der Schauplätze bemüht, kann den Schülerinnen und Schülern an einem Textauszug beispielhaft vermittelt werden.

> ■ *Lesen Sie den folgenden Textauszug: S. 6, Z. 29 – S. 7, Z. 34.*
> *Welchen Eindruck vermitteln die Landschafts- und Ortsbeschreibungen Ihnen?*

Im gelenkten Unterrichtsgespräch sollte darauf hingewiesen werden, dass die Beschreibungen skizzenhaft bzw. stichwortartig und austauschbar bleiben.

Bezeichnend hierfür ist, dass der Name der Stadt, zu der die Reisegesellschaft unterwegs ist, mit „W." abgekürzt wird. Das verdeutlicht, dass es Eichendorff und dem Ich-Erzähler nicht darauf ankommt, die Geschichte eindeutig zu lokalisieren. Die Stadt erhält kein Gesicht und bleibt austauschbar. Dass es sich bei „W." offenbar um Wien und bei den „Türme[n]" (S. 7, Z. 27) um die des Stephansdoms handelt, lässt sich im weiteren Verlauf des Textes nur indirekt, etwa durch die Lage an der Donau, erschließen. Erst in späteren Textausgaben wurde „W." dann durch „Wien" ersetzt.

Auch die Dörfer, Gärten und Kirchtürme, an denen der „Taugenichts" vorbeifährt, werden nicht genauer beschrieben. Die Landschaft hat keinen individuellen Charakter.

Teilweise lässt sich das an dieser Stelle durch die hohe Reisegeschwindigkeit erklären, mit der der „Taugenichts" und die beiden Damen unterwegs sind. Die Beschreibung spiegelt die Wahrnehmung des Ich-Erzählers wider, dem es so vorkommt, als würden sie dahinfliegen (vgl. S. 7, Z. 3 und Z. 7 f.).

Es zeigt sich bereits, dass Eichendorff seinen Ich-Erzähler die Schauplätze nicht realistisch, detailliert und möglichst objektiv abbilden lässt, sondern der subjektiven Erzählform entsprechend vor allem dessen persönliche Eindrücke beschreibt. Die Darstellung der Schauplätze erfolgt gefiltert durch die Wahrnehmung des Ich-Erzählers.

Auch die Beschreibung des Schlosses bleibt vage. Viel mehr, als dass es „prächtig" (Z. 26) ist, was im Grunde auf jedes intakte Schloss zutrifft, erfahren wir nicht.

Ergänzend kann noch auf eine weitere Textstelle verwiesen werden:

> ■ *Lesen Sie den folgenden Textauszug: S. 63, Z. 1 – Z. 23.*
>
> ■ *Auf welche Art und Weise wird die Stadt Rom hier vom Ich-Erzähler beschrieben? Markieren Sie auffällige sprachliche Mittel und erläutern Sie deren Funktion. Welche Wirkung wird durch diese Art der Darstellung erzielt?*

Auffällig ist, dass die Beschreibung Roms dadurch vorbereitet wird, dass der Ich-Erzähler zunächst seine kindliche Vorstellung von der Stadt wiedergibt. Anschließend entspricht die Beschreibung weitgehend dieser unrealistischen Fantasie, bei der Rom am Meer oder doch zumindest in unmittelbarer Nähe zum Meer zu liegen scheint. Tatsächlich aber ist das Meer über 25 Kilometer von Rom entfernt.

Und auch sonst bemüht sich der Ich-Erzähler hier nicht um eine realistische, informative Beschreibung, sondern gibt vor allem die Wirkung wieder, die der Anblick der Stadt bei ihm erzielt. Er beschreibt die Stadt nicht, wie sie ist, sondern wie sie ihm erscheint.

Ein auffälliges Stilmittel dafür sind die malerischen Vergleiche mit einem „eingeschlafene[n] Löwe[n]" (S. 63, Z. 21 f.) und einem „dunkle[n] Riesen" (Z. 23).

Es sind vor allem Stimmungsbilder, die durch diese Art der Beschreibung erzeugt werden. Offensichtlich kommt es dem Ich-Erzähler nicht auf Exaktheit und Wahrheitstreue an, sondern Atmosphäre und persönliche Empfindungen stehen im Vordergrund.

An der Tafel lässt sich das so zusammenfassen:

> **Beschreibung von Schauplätzen und Landschaften**
> - vage
> - austauschbar
> - wenig informativ
> - subjektiv
> - atmosphärisch, stimmungsvoll
> - malerische Vergleiche
> → vermittelt persönliche Eindrücke statt realistischer Darstellung

Dieser erste Befund lässt sich an weiteren Textstellen konkretisieren.

■ *Lesen Sie die beiden Textauszüge:*
- *S. 20, Z. 20 – S. 22, Z. 7,*
- *S. 22, Z. 36 – S. 25, Z. 6.*

■ *Beantworten Sie anschließend die folgenden Fragen:*
- *Auf welche Art und Weise beschreibt der Ich-Erzähler in diesen Passagen die Schauplätze und seine eigene Stimmungslage?*
- *Welcher Zusammenhang besteht jeweils zwischen beidem?*

Vor allem in der ersten Passage fällt auf, dass sich mit der Stimmungslage des Ich-Erzählers auch dessen Umgebung zu verändern scheint. Zunächst spiegelt der verwilderte, von Unkraut übersäte Garten (vgl. S. 20, Z. 21 ff.) die gedrückte Gefühlslage des „Taugenichts" wider, dem es „ebenso wild und bunt und verstört im Herzen" (Z. 24 f.) ist. Doch als er glaubt, die von ihm begehrte „schöne Frau" (Aurelie) habe bei ihm Blumen bestellt, um sich zu einem Stelldichein mit ihm zu verabreden, ändert sich seine Stimmung schlagartig. Er glaubt jetzt wieder, dass seine Liebe erwidert wird, stürmt entzückt nach draußen (vgl. S. 21, Z. 15 ff.) und fühlt sich „glücklich" (S. 22, Z. 7). In dieser veränderten Stimmung betrachtet er auch seinen Garten wieder mit anderen Augen. Auf einmal erscheint er ihm wie ein Abbild seiner Geliebten (S. 21, Z. 34 ff.). Das Unkraut, das er übermütig herausreißt, symbolisiert für ihn dagegen „alle Übel und Melancholie" (Z. 34). Sieht er vor Ankunft der Kammerzofe in seiner niedergedrückten Stimmung durchs Fenster lediglich in die „leere Luft" (S. 20, Z. 28) hinaus, scheint ihm die Welt, nachdem sie gegangen ist, wieder in Ordnung: „ein stiller schöner Abend und kein Wölkchen am Himmel" (S. 22, Z. 2 f.), die Donau rauscht und die Vögel singen „lustig durcheinander" (Z. 6 f.).

Auch im zweiten Textauszug scheint sich die Umgebung an die innere Befindlichkeit des Ich-Erzählers anzupassen. Während er im Baum Richtung Schloss sieht, wirkt dieses auf ihn wie ein unerreichbarer leuchtender Sehnsuchtsort (vgl. S. 20, Z. 39 – S. 21, Z. 8). Seine unmittelbare Umgebung dagegen beschreibt er als „schwarz und still" (S. 21, Z. 9). Und nachdem ihm das Missverständnis klar geworden ist, dass sich nicht „die liebe schöne gnädige Frau" (S. 24, Z. 4) mit ihm zu einem Rendezvous verabredet hat, sondern „die andere ältere gnädige Frau" (S. 23, Z. 38), ist ihm, als wolle sich die Natur „mit langen Nasen und Fingern" (S. 25, Z. 1 f.) über ihn lustig machen.

- *Mit welchen sprachlichen Stilmitteln kennzeichnet Eichendorff die Beschreibungen als subjektiv?*

Das markanteste Stilmittel bilden die vielen Vergleiche in den beiden Passagen. Die Rosen erscheinen ihm „wie ihr Mund", die Winden „wie ihre Augen", die Lilie „wie Sie" (S. 21, Z. 34 ff.).

Die Kronleuchter drehen sich „wie Kränze von Sternen" (S. 22, Z. 40), die Leute im Schloss bewegen sich „wie in einem Schattenspiele" (S. 23, Z. 1), der Garten ist „wie vergoldet" (Z. 6). Später deuten die Bäume und Sträucher „wie mit langen Nasen und Fingern" (S. 25, Z. 1 f.) auf die ältere Gräfin.

Als der „Taugenichts" das Unkraut herauszupft, ist ihm „als zög" (S. 21, Z. 33) er alles Übel mit heraus. Dieser im Konjunktiv gehaltene Vergleich verdeutlicht grammatisch, wie sehr sich der Ich-Erzähler bei seinen Beschreibungen von der Realität entfernt. Er beschreibt die Welt nicht so, wie sie ist, sondern so, wie sie sich für ihn anfühlt bzw. wie sie ihm vorkommt. Exemplarisch deutlich wird das, wenn er ausdrücklich davon spricht, dass Blumen und Vogel um ihn herum aufzuwachen „schienen" (S. 23, Z. 7 f.).

An der Tafel lässt sich das so festhalten:

Schauplätze und Stimmungslage des Ich-Erzählers/„Taugenichts"

Inhaltliche Darstellung
- Umgebung spiegelt Stimmungslage wider.
- Umgebung verändert sich mit Gefühlslage.

→ subjektive Wahrnehmung

Stilmittel
- Vergleiche
- Konjunktiv
- „scheinen"

→ sinnbildliche Sprache

Schauplätze als Sinnbilder der inneren Befindlichkeit des Ich-Erzählers/„Taugenichts"

Eine besondere Bedeutung kommt bei dieser sinnbildlichen Darstellung den Landschafts- und Naturbeschreibungen zu. Beispielhaft hierfür setzen sich die Schülerinnen und Schüler anhand von **Arbeitsblatt 5**, S. 63 mit der Metaphorik des „Gartens" auseinander.

Wahlweise können die Schüler und Schülerinnen zunächst auch mithilfe eines Ideensterns ihre persönlichen Assoziationen zum Begriff „Garten" im Heft sammeln, die dann an der Tafel zu einem gemeinsamen Ideenstern gebündelt werden. Anschließend wenden sie sich dann **Arbeitsblatt 5** zu.

■ *Unterstreichen Sie die zentralen Textstellen in dem auf Arbeitsblatt 5 abgedruckten Lexikonauszug. Fassen Sie die Kernaussagen des Textes in einem Schaubild (z. B. einer Mindmap) zusammen und präsentieren Sie diese in einem mündlichen Vortrag dem Plenum.*

Nachdem sich die Schülerinnen und Schüler auf diese Weise den vielfältigen Deutungsmöglichkeiten der Gartensymbolik angenähert haben, können sie diese im nächsten Schritt auf Eichendorffs Primärtext anwenden.

■ *Lesen Sie den folgenden Auszug aus Eichendorffs „Aus dem Leben eines Taugenichts": S. 15, Z. 1 – Z. 7.*

■ *Erläutern Sie ausgehend von Ihrer Kenntnis des Gesamttextes, wie sich diese Passage auf der Grundlage des auf Arbeitsblatt 5 abgedruckten Lexikonartikels deuten lässt.*

Zwei Gärten werden in diesen beiden Sätzen zueinander in Bezug gesetzt: der herrschaftliche Schlossgarten und das kleine, bunt umzäunte Blumengärtchen des Zollhäuschens. Die beiden Diminutive markieren den Kontrast zwischen dem repräsentativen Schlossgarten der Adelsgesellschaft und dem Gärtchen des Bürgers.

Neben diesem Machtgefälle versinnbildlicht die Verkleinerungsform in Verbindung mit den Blumen und dem bunten Zaun jedoch auch spielerische Lebensfreude, Verletzlichkeit und Freiheit. Letzteres umso mehr, da sich das liebliche Gärtchen „hinter" (Z. 4) der Fassade des „gar saubere[n]" (Z. 3) Zollhäuschens gleichsam versteckt. Möglicherweise steht das Gärtchen damit auch stellvertretend für ein verborgenes Verlangen, eine heimliche Sehnsucht. Allerdings werden dieser Sehnsucht und Lebensfreude durch den Zaun enge, bürgerliche Grenzen gesetzt.

Der umzäunte Garten ist zudem ein in der Literatur häufig verwendetes Sinnbild der Jungfrau Maria. Da der „Taugenichts" die von ihm begehrte „schöne Frau" an mehreren Stellen zu einer engelhaften Mariengestalt überhöht (vgl. 2.3), liegt es nahe, das Blumengärtchen als sinnbildliche Darstellung dieser „schönen Frau" zu verstehen.

Indem der „Taugenichts" die Stelle des Zolleinnehmers antritt und in das Zollhäuschen einzieht, rückt seine Angebetete gewissermaßen in greifbare Nähe. Dies gilt umso mehr, da das Blumengärtchen durch eine „Lücke in der Mauer" (Z. 6) mit dem Schlossgarten und damit der Lebenssphäre der „schönen Frau" verbunden ist.

Diese Mauer repräsentiert die soziale Grenze zwischen Adels- und Bürgerwelt und möglicherweise auch ein sexuelles Tabu. Durch die Lücke in dieser Mauer erscheint sowohl die soziale Grenze als auch das sexuelle Tabu durchlässig und überwindbar. Dass diese Grenzüberschreitung aber dennoch einen Tabubruch bedeutet, lässt sich daran erahnen, dass die Lücke in der Mauer in den „schattigsten und verborgensten Teil" (Z. 7) des Schlossgartens führt.

Auch das Sinnbild von der Jungfrau Maria erhält durch die Lücke in der Mauer Risse. Die Gefühle, die der „Taugenichts" der „schönen Frau" gegenüber empfindet, sind offenbar nicht nur platonisch und quasi religiös, sondern auch von sinnlichem Verlangen durchsetzt.

Möglicherweise also symbolisiert der Blumengarten an dieser Stelle die freiheitsliebende, sehnsuchtsvolle Natur sowie das Liebesverlangen des „Taugenichts", die an soziale Grenzen stoßen, diese aber heimlich überwinden können.

An der Tafel kann das wie folgt notiert werden:

Sinnbildliche Deutung des „Blumengärtchens" (S. 15, Z. 1 – Z. 7)

Sinnbild	Deutung
Schlossgarten	• Adelswelt • Macht, Herrschaft, Ordnung • Lebenssphäre der „schönen Frau"
Blumengärtchen	• Bürgertum, Philister • Lebensfreude, Freiheit • heimliche Sehnsucht, sinnliches Verlangen • Jungfrau Maria • „schöne Frau"
Mauer, Zaun	• Standesgrenze, soziale Grenze • gesellschaftliche (adelige = Mauer und bürgerliche = Zaun) Tabus
Lücke in der Mauer	• Grenzüberschreitung • Tabubruch

Heimliche Liebe & Sehnsucht überschreiten soziale Grenzen.

> ■ *Gärten sind häufige Schauplätze in Eichendorffs „Aus dem Leben eines Taugenichts" (Schlossgarten in Wien, Blumengarten am Zollhäuschen, großer Garten beim alten Schloss, Gärten in Rom).*
> *Suchen Sie in Partner- oder Gruppenarbeit eine Textstelle heraus, in der ein Garten beschrieben wird. Überlegen Sie gemeinsam, welche sinnbildliche Bedeutung die gewählte Passage haben könnte. Präsentieren Sie die Textstelle und Ihre Überlegungen im Plenum.*

Neben der oben gewählten Passage gibt es etliche weitere Textstellen, in denen Gärten Schauplätze des Geschehens bilden (vgl. S. 20 ff., S. 53 ff., S. 63 ff., S. 72 ff., S. 80 ff., S. 97 ff.). Dabei zeigt sich stets, dass sich die Metaphorik des Gartens nicht nur auf eine einzige Weise aufschlüsseln lässt, sondern mehrere Deutungsmöglichkeiten eröffnet.

In Eichendorffs Werk „Aus dem Leben eines Taugenichts" reicht dies von einer sinnbildlichen Darstellung unterbewusster Lüste über ein Reich der Poesie und blühenden Fantasie bis hin zu einem Sinnbild für die heilige Jungfrau Maria und das Reich Gottes oder auch einem Symbol für die Geisterwelt, Tod und Vergänglichkeit (vgl. etwa den Garten in Rom, S. 64 ff.). Oftmals werden diese Deutungsmöglichkeiten miteinander verwoben, sodass sich sexuelles Verlangen, religiöse Hingabe, Träumerei und Todesnähe zu einem diffusen, vielschichtigen Gefühl der Sehnsucht vermischen.

Die bis hierhin erfolgte Analyse der Schauplätze bietet mehrere mögliche Anknüpfungspunkte für die weitere Unterrichtsgestaltung. So lässt sich beispielsweise die symbolische Darstellung zu den Merkmalen der Romantik (vgl. 4.1) und insbesondere der romantischen Metaphorik (vgl. 4.2) in Bezug setzen. Entsprechendes gilt auch für das romantische Konzept der Sehnsucht (vgl. 4.2).

Ebenso kann nach der Symbolik der Schauplätze als Nächstes diejenige der Tageszeiten in den Blick genommen werden.

2.6 Symbolische Tageszeiten

Ähnlich wie die Schauplätze spiegeln auch die Tageszeiten tendenziell die Stimmungslage des Ich-Erzählers wider und erhalten dadurch sinnbildlichen Charakter.

Den Schülerinnen und Schülern lässt sich das an einem Textbeispiel veranschaulichen:

> ■ *Lesen Sie den folgenden Textauszug: S. 63, Z. 1 – S. 71, Z. 33.*
>
> ■ *Analysieren Sie in Gruppenarbeit, wie die darin vorkommenden Tageszeiten jeweils beschrieben werden. Überlegen Sie gemeinsam, welche besondere Bedeutung die einzelnen Tageszeiten haben könnten. Halten Sie die Ergebnisse Ihrer Analyse und Überlegungen in einem Schaubild fest.*

Die vier in dieser Passage aufgeführten Tageszeiten – Nachmittag (S. 63, Z. 8 ff.), Nacht (S. 63, Z. 14 ff.), Morgen (S. 65, Z. 27 ff.), Mittag (S. 71, Z. 16 ff.) – lassen sich vereinfachend zu Nacht, Morgen und Mittag zusammenfassen.

Besonders augenfällig ist der Gegensatz zwischen Nacht und Morgen.

Die Nacht wird charakterisiert durch den Mondschein. Dieser „Schein" des Mondes lässt sich als doppeldeutig interpretieren, versinnbildlicht er doch auch die Täuschungen und Illusionen, die in der Nacht zum Leben erweckt werden. Die in Nebel gehüllte Stadt Rom verwandelt sich scheinbar in einen von Riesen bewachten Löwen (vgl. S. 63, Z. 20 ff.). Der Mond scheint, „als wäre es heller Tag" (S. 64, Z. 6). Und dem „Taugenichts" scheint es, „als wenn es drinnen leise flüsterte" (S. 65, Z. 4) und „als wenn zwei helle Augen zwischen Jalousien im Mondschein hervorfunkelten" (Z. 5 ff.).

Die unwirkliche nächtliche Stimmung ist durchsetzt von Sinnbildern des Todes und der Vergänglichkeit: „einsame Heide" (S. 63, Z. 24), „im Grabe" (Z. 25), „altes, verfallenes Gemäuer" (Z. 26), „Gräbern" (Z. 32), „Engel" (S. 63, 13; S. 64, Z. 1), „Toter" (S. 64, Z. 8), „schlanke weiße Gestalt" (Z. 30). Auch das Tor (Z. 4), die „Marmorschwellen" (Z. 8) und die „Schwelle" (S. 65, Z. 18), auf der der „Taugenichts" einschläft, markieren als Sinnbilder des Übergangs das Zwischenreich von Traum und Wirklichkeit, Leben und Tod.

Diese Todessymbolik erzeugt in der Nacht und im Mondschein auf den „Taugenichts" jedoch keine abschreckende Wirkung. Vielmehr wirkt alles prächtig (vgl. S. 63 f.) und verströmt einen goldenen Glanz (vgl. S. 63).

Die prächtige, goldene, „wunderbar[e]" (S. 63, Z. 27) Verlockung der verführerisch „warm[en]" (S. 65, Z. 20) und „lieblich[en]" (Z. 21) Nacht wird außer mit den sirenenhaften Engeln auch mit einem heidnischen Kult – der „Frau Venus" und den „alten Heiden" (S. 63, Z. 31 f.) – in Verbindung gebracht.

Sinnbildlich lassen sich diese Verlockungen als menschliche Nachtseiten oder im Unterbewusstsein lauernde Wünsche und Sehnsüchte deuten. Auch die „Garten"-Metaphorik (vgl. 2.5) unterstützt eine solche Lesart.

Der Morgen dagegen wird im Atelier des Malers mit den christlichen Motiven der „heilige[n] Jungfrau" (S. 68, Z. 17) und des „Jesuskind[es]" (Z. 20) in Verbindung gebracht. Entsprechend steht der Morgen sinnbildlich für Keuschheit und platonische, mütterliche Liebe. Möglicherweise allerdings hallt die nächtliche Spukerfahrung im „wehmütigen Gesichte" (Z. 19), den „ernsthaften Augen" (Z. 21) und im „zerbrochene[n] Spiegel" (Z. 39) noch nach.

Bei Tageslicht besehen verliert das scheinbar unbewohnte Haus seinen Reiz, und den „Taugenichts" überfällt angesichts der nächtlichen Begegnung ein „ordentliches Grausen" (S. 65, Z. 40).

Der Vormittag wird wiederholt charakterisiert durch „frische Morgenluft" (S. 65 ff.). Die Gespenster der Nacht und mit ihnen die unterbewussten Wunsch- und Todesfantasien werden „beim hellen Tageslicht" (S. 71, Z. 14 f.) sinnbildlich von Verstand und Realitätssinn verscheucht, wenn sich der „Taugenichts" im „klaren Wasser die Augen hell" (S. 66, Z. 15 f.) wäscht oder der Maler die Dunkelheit vertreibt, indem er das Fenster aufreißt (S. 68, Z. 3 ff.). Anders als in der Nacht, in der der „Taugenichts" nur als heimlicher, passiver Beobachter auftritt, erscheint er am Morgen aktiv, springt „voller Freude" (S. 66, Z. 9) auf die Straße und unterhält sich angeregt mit dem Maler.

Das Gespräch mit dem Maler stellt einen sozialen Kontakt her. Im Gegensatz zur Nacht, in der die Innenwelt des „Taugenichts" sinnbildlich zum Leben erwacht, repräsentiert der Morgen damit das Erwachen der Außenwelt und ihrer gesellschaftlichen Normen.

Der Mittag verwandelt die morgendliche Tatkraft und Energie in eine schläfrige Lethargie. Die Mittagsstunden werden charakterisiert durch Tagträume (vgl. S. 63, Z. 8 ff.), Schwüle (vgl. S. 71, Z. 15), „breite[..] Schatten" (Z. 23 f.), Stille (vgl. Z. 24), „Einsamkeit" (Z. 25) und eine „schauerlich[e]" (Z. 26) Atmosphäre.

Ähnlich wie in der Nacht fällt der „Taugenichts" auch am Mittag in den Schlaf und träumt. Die düstere mittägliche Stimmung erinnert an diejenige der Nacht. Allerdings bleibt es anders als in der Nacht bei einem diffusen Gefühl und es kommt zu keiner unheimlichen (und zugleich verführerischen) Begegnung.

Die träge Mittagszeit erscheint insofern als Vorbote der Nacht.

Baustein 2: Figuren, Schauplätze, Handlungszeit

■ *Mit welchen Tageszeiten wird die „schöne Frau" im vorliegenden Textauszug in Verbindung gebracht? Inwiefern spiegeln diese Tageszeiten das Bild wider, das sich der Ich-Erzähler von der „schönen Frau" macht?*

Bemerkenswert ist hier die **Doppelrolle der „schönen gnädigen Frau"** (S. 64, Z. 19f.; S. 70, Z. 10), die in der vorliegenden Passage sowohl mit der Nacht und der Venus (vgl. S. 63f.) als auch mit dem Tag und der heiligen Jungfrau (vgl. S. 68ff.) in Verbindung gebracht wird (vgl. dazu auch Baustein 4). Diese Doppelfunktion entspricht jedoch nicht etwa ihrer wahren Natur, sondern reflektiert die widersprüchliche Wahrnehmung des „Taugenichts", die wiederum Ausdruck seiner ambivalenten Natur ist. Die geheimen Wünsche des Unterbewusstseins und der Verstand, der sich an gesellschaftlichen und sittlichen Normen orientiert, geraten bei ihm in einen inneren Konflikt. Sinnbildlich schlägt sich das in den jeweiligen Tageszeiten nieder.

Vereinfacht lässt sich das an der Tafel so darstellen:

Charakterisierung der Tageszeiten und ihre sinnbildliche Deutung

Morgen	Mittag	Nacht
• frische Morgenluft	• Schwüle	• Mondschein
• helles Tageslicht	• Schatten	• Nebel
• verscheucht nächtliche Spukgestalten	• Stille, Einsamkeit	• Gräber, Engel, Schwellen etc.
• heilige Jungfrau, Jesuskind	• schauerliche Atmosphäre	• Gold, Pracht, Venus
		• Garten
↓	↓	↓
• Realitätssinn, Verstand	• diffuse Bedrohung	• Täuschung, Schein
• Christentum	• Melancholie	• Traum, Unterbewusstsein
• keusche Liebe	• Vorbote der Nacht	• Tod, Verfall, Wandel
• Tatendrang, Aktivität, Freude		• Heidentum
		• sinnliche Verlockungen
		• Verführung

Außenwelt, soziale Normen	↔	Innenwelt, heimliche Wünsche
„Schöne gnädige Frau" erscheint „Taugenichts" als heilige Jungfrau.		„Schöne gnädige Frau" erscheint „Taugenichts" als verführerische Venus/Gespenst.

Tageszeiten spiegeln Stimmung und inneren Konflikt des „Taugenichts" wider.

Der Gegensatz von „Taugnichts" und Philister

Taugenichts und Philister

Die Sprache Eichendorffs im Taugenichts ist weitgehend eine Studenten- und Scholarensprache[1] – in ihrem Gebrauch hat Eichendorff sich an seine glückliche Zeit an der Universität Halle erinnert. 1806 endet dieses unbeschwerte Studentenglück jäh, als Napoleon nach der Schlacht von Jena und Auerstedt die Universität schließen und die Studenten, die als mögliche Widerständler gelten, vertreiben lässt.

In Scharen ziehen sie aus der Stadt, viele von ihnen mit einem Kommissbrot, einem Schinken und einem griechischen Testament im Knappsack, wie Augenzeugen berichten. In dieser Zeit wird der Student stets mit dem Philister, seinem Gegenspieler, in einem Atemzuge genannt.

In einem in Halle erschienenen Studenten-Lexikon liest man: „Philister heißt in der Sprache der Studenten alles, was nicht Student ist; insonderheit werden Bürger, welche Studenten im Hause wohnen haben, so genannt. Sobald der Bursche die Universität verlässt und Kandidat[2] wird, sobald wird er auch Philister."

Der „Taugenichts" als Gegenentwurf zum Spießer

„Philister" ist der bevorzugte Negativausdruck der Zeit – heute würde man das Adjektiv „uncool" benutzen, um einen ähnlichen Charakter zu beschreiben. In Achim von Arnims Sammlung „Des Knaben Wunderhorn" findet sich eine Attacke auf die Philister, die als Repräsentanten der beginnenden Arbeits- und Industriegesellschaft gesehen werden: „Der Nährstand ... wollte tätige Hände, wollte Fabriken, wollte Menschen, die Fabrikate zu tragen; ihm waren die Feste zu lange Ausrufungszeichen und Gedankenstriche; ein Komma, meinte der, hätte es wohl auch getan."

In diesem Zusammenhang nun wird, als Gegenbild, der Taugenichts erwähnt, und es ist wahrscheinlich, dass Eichendorff bei Achim von Arnim die Anregung für seine Erzählung gefunden hat.

---

[1] Scholar: fahrender Schüler oder Student, akademisch gebildeter Kleriker; Scholarensprache: Gelehrtensprache
[2] Kandidat: Anwärter auf einen akademischen Grad; Student, der sich auf eine Abschlussprüfung vorbereitet

Drei Jahre vor dem Taugenichts hat Eichendorff ein „dramatisches Märchen in fünf Abenteuern" mit dem Titel „Krieg den Philistern" verfasst. Und in einem Aufsatz mit dem Titel „Die geistliche Poesie in Deutschland" hat Eichendorff den Philister folgendermaßen definierte „Ein Philister ist, wer mit Nichts geheimnisvoll und wichtig tut, wer die hohen Dinge materialistisch und also gemein ansieht, wer sich selbst als goldenes Kalb in die Mitte der Welt setzt und es ehrfurchtsvoll anbetend umtanzt." Im Philister verkörpern sich Routine und Alltag – wenn möglich, mit Pensionsanspruch.

Von den Forderungen des Alltags verführt

Nicht nur bei den Romantikern spielt der Gegensatz von Taugenichts und Philister eine große Rolle. In der Literatur zeigt sich dieser Gegensatz in vielen Spielarten – von Schillers Konfrontation des Brotgelehrten mit dem philosophischen Kopf bis zum Gegensatz von Künstler und Bürger, der seit den Buddenbrooks und Tonio Kröger das Werk Thomas Manns durchzieht.

Eichendorff selbst musste Philister, d.h. Beamter werden, um Dichter bleiben zu können; er musste sich im Alltag anpassen, um seine dichterische Freiheit zu bewahren. Er kämpfte mit dem Zwiespalt in seiner eigenen Brust.

„Werde niemals ein trauriger, vornehmer, schmunzelnder, bequemer Philister", heißt es in Eichendorffs Roman „Ahnung und Gegenwart" – aber das ist leicht gesagt und schwer getan. Denn den Forderungen des Alltags kann man zuletzt doch nicht entgehen.

Auch im Taugenichts steckt ein Philister, der manches Mal an die Oberfläche drängt: Als der Held in Eichendorffs Novelle Zolleinnehmer auf dem Schloss geworden ist, findet er an Schlafrock und Schlafmütze durchaus Geschmack, und es ist keineswegs ausgemacht, dass er, hat er seine geliebte Doch-nicht-Gräfin erst einmal geheiratet, nicht wieder zu Schlafrock und Schlafmütze zurückfinden wird.

Wolf Lepenies: Eichendorff, der ewig späte Taugenichts. www.welt.de/kultur/article1400183/Eichendorff-der-ewig-spaete-Taugenichts.html; veröffentlicht am 26.11.2007 (21.02.2018)

- Lesen Sie den Textauszug.
- Erklären Sie den Begriff „Philister" in wenigen eigenen Worten.
- Erläutern Sie, in welchem Verhältnis der „Taugenichts" nach Ansicht Lepenies' zum Philister steht. Nehmen Sie begründet dazu Stellung.

Die „schöne Frau"

Der Minnesang

Der Begriff „Minnesang" oder „Minnelyrik" bezeichnet verschiedene mittelhochdeutsche Formen der Liebesdichtung, vom 12. bis maximal ins 14. Jahrhundert. Minnedichter waren dabei immer Komponisten, Dichter und Vortragende zugleich. […]

Das Spezifische dieser Kunstform ist vor allem das besondere und dabei ganz neue Liebesmodell: Im Mittelpunkt steht die Liebe und Verehrung des Sängers zu einer verheirateten adligen Dame (vrouwe), die auch während des Vortragens anwesend war. Diese Liebe wird zwar im Gesang als vornehm und wahr dargestellt, bezeichnete aber kein reales Verhältnis.

Der Sänger warb um eine Dame und beteuerte seine Treue und Dienstbereitschaft. Die Liebe beeinflusste, ja quälte mitunter seinen gesamten Körper und bedeutete ihm dabei alles. Die Liebe selbst und vor allem die sichere Gefahr, dass sie nicht erfüllt werden würde, wird teilweise so mächtig dargestellt, dass der Sänger daran zu zerbrechen drohte. Problematisch war dabei natürlich, dass die Dame verheiratet war und die gesellschaftlichen Zwänge damit die Liebe dazu verdammten, unerfüllt zu bleiben. Die Liebe wurde dabei keineswegs negativ gedeutet. Vielmehr wurde ihre Aufrichtigkeit und Beständigkeit betont, und solange sie unerfüllt blieb, galt sie sogar als richtig und wertvoll.

Pauline Koester, „Grundlegendes zum Minnesang". Auf: http://wikis.fu-berlin.de/display/editionmhd/Grundlegendes+zum+Minnesang (21.02.2018)

- *Lesen Sie den folgenden Textauszug der Textausgabe: S. 13, Z. 4 – S. 14, Z. 27.*
- *Erläutern Sie ausgehend von dieser Passage und im Kontext des Gesamttextes, was den „Taugenichts" mit einem Minnesänger verbindet und was ihn von diesem unterscheidet. Gehen Sie insbesondere auch darauf ein, welche Rolle das (romantische) Gefühl der Sehnsucht in den Liebesvorstellungen eines Minnesängers und des „Taugenichts" jeweils spielt.*

Die Symbolik der „weißen Lilie"

Der weißen Lilie werden zahlreiche Bedeutungen zugeordnet. Die Bedeutung einer jeden Pflanze birgt zumeist einen tieferen Glaubens-Sinn und steht als Symbol zur Zeichensetzung ohne Worte. In der griechischen Mythologie stehen weiße Lilien zum Beispiel für den Tod. Man sieht sie deshalb häufig bei Trauerfeiern und Beerdigungen. Gläubige Menschen legen den Toten oft auch eine weiße Lilie in das Grab, in der Hoffnung, den Toten auf seinem Weg in „das Licht" von seinen Sünden befreiend zu begleiten.

Auch dem christlichen Glauben dienlich, wird ein Altar mit weißen Lilien geschmückt, um so die heilige Muttergottes Maria zu ehren. Aber diese Blumen werden natürlich nicht nur [bei] Beerdigungen symbolisch [verwendet], sondern [...] genauso [auch bei] einem freudigen Ereignis, wie beispielsweise bei einer Hochzeit [...], als Symbolträger für aufrichtige Liebe mit reinem Herzen. Neben der ausdrucksstarken Rose, die als Symbol der Liebe steht, wird die ebenso ausdrucksstarke weiße Lilie zum Symbolträger von Schönheit, Jungfräulichkeit, Keuschheit und der Vergebung. [...]

Von der weißen Lilie inspiriert, verwendeten bereits zahlreiche Lyriker, Dichter und Denker, wie beispielsweise Brentano oder Heinrich Heine, das Symbol als Träger ihrer Dichtungen. In der romantischen Epoche wurde eine weiße Lilie als Geschenk überreicht und als bildhaftes Erkennungszeichen für Liebesbekenntnisse oder Avancen gedeutet.

Anatoli Bauer, „Die Bedeutung von weißen Lilien – leicht erklärt". Auf: https://uni-24.de/die-bedeutung-von-weissen-lilien-leicht-erklaert/ (21.02.2018)

Die „weiße Frau"

Die „weiße Frau" ist eine ab dem 15. Jahrhundert verbreitete Sagengestalt, die als Gespenst in europäischen Adelsschlössern gespukt haben soll. Der Legende nach kündigte das Erscheinen der „weißen Frau" bevorstehende Todesfälle an.

- *Lesen Sie folgenden Textauszug der Textausgabe: S. 25, Z. 7 – S. 26, Z. 4.*
- *Deuten Sie die darin verwendete Symbolik der Farbe Weiß und der Lilie im Kontext des Gesamttextes.*
- *Noch an mehreren weiteren Stellen wird die „schöne Frau" mit der Farbe Weiß in Verbindung gebracht, etwa wenn sie in einem „schneeweißen Kleide" (S. 10, Z. 39) ans offene Fenster tritt.*
Überlegen Sie in Partner- oder Gruppenarbeit, inwiefern die Farbe Weiß die „schöne Frau" und das, was der „Taugenichts" in ihr sieht bzw. an ihr liebt, sinnbildlich charakterisiert. Die beiden Texte „Die Symbolik der ‚weißen Lilie'" und „Die ‚weiße Frau'" können Ihnen dabei als Grundlage dienen. Sie dürfen sich für zusätzliche symbolische Deutungsmöglichkeiten jedoch auch davon lösen.

Der Garten als Sinnbild

Garten/Park

Symbol des weiblichen Körpers, der Weltordnung, des glücklichen Jenseits, der Verwandlung und der Poesie. [...]

1. Symbol des weiblichen Körpers, der Liebeslust und der Jungfrau Maria.

Der Garten [...] als ein abgegrenzter und geschützter Raum gehört zu dem ursprünglichen Arsenal der europäischen Folklore[1]. Dabei handelt es sich vorwiegend um den Typ des Nutz- bzw. Hausgartens, deren Erzeugnisse die aus der Agrikultur gewonnene Hauptnahrung ergänzen. In seiner Bedeutung als ein fruchtbringender Körper der Frau zählt der Garten zu den Symbolen des mythologischen Mutterarchetypen. Im Lied tritt der Garten als Ganzes und/oder Pars pro Toto seine Pflanzen als Symbol für die heranwachsenden Mädchen in der Erwartung der Liebeserfüllung auf. In der Erzählliteratur der griechischen Antike [...] werden die weiblichen Geliebten als Gartenpflanzen personifiziert. Die Symbolik des Gartens als eines Frauenkörpers – „liebe braut, du bist ein verschlossen garten" – verdichtet sich jedoch im *Hohelied Salomons*[2] und wird somit zum festen Bestandteil der abendländischen Liebesliteratur [...]. Vor dem Hintergrund der zunehmenden Verbreitung der Gärten der höfischen Gesellschaft, die weniger der Nahrungsbeschaffung als dem Vergnügen und der Repräsentation dienen, wird der literarische Garten zum Ort des Lustspiels und der Liebeserfüllung [...].
Infolge der Herausbildung einer neuen Gefühlskultur [...] wird die Liebessemantik[3] des geschlossenen Gartens in die offene Gartenlandschaft bzw. Natur überhaupt verlagert [...]. Der sich in seine Umgebung öffnende Garten wird zum Symbol der freien Gefühlsentfaltung.
Als kontinuierlich erweist sich dagegen die symbolische Bedeutung des geschlossenen Gartens als Jungfrau Maria [...]. In diesem Bild werden die Vorstellungen von Unschuld [...], Erotik und Fruchtbarkeit vereint und ins Sakrale überführt. [...]

2. Symbol der Weltordnung, des Wissens und der Erziehung.

Die mythische Symbolik des Gartens als Mutterleib im Sinne des Lebensursprungs findet ihre Weiterentwicklung in der biblischen Schöpfungsgeschichte (*Genesis 2*). Der alttestamentarische Gottesgarten verweist auf die Urgeschichte; in Verbindung mit dem Vorstellungskreis des Goldenen Zeitalters wird „Eden, erster garte" [...] zum Symbol der harmonischen Weltordnung [...].
Auf die epistemische[4] Tragweite des Gartens verweist eine um 1700 in England begonnene Kontroverse um die politische Ordnung der regierenden Eliten, die im Verlauf des Jahrhunderts zur Umgestaltung der Gartenanlagen in dem gesamten europäischen Kulturraum führt [...]. Der Absolutismus und sein Symbol – geometrisch gestalteter und axial auf das Schloss ausgerichteter Garten – werden infrage gestellt und verworfen, das alternative Konzept des freien Landschaftsgartens in der Auseinandersetzung über die schöne Natur entwickelt und verbreitet. Neben der politischen und ästhetischen Dimension der „Gartenrevolution" [...] wird der Landschaftsgarten für die zeitgenössische Diskussion ein Symbol der Verbesserung des Menschen [...]. Den gepflegten Garten als Sinnbild der Wissensaneignung und der Erziehung transportieren die Emblemata-Bücher[5] noch bis ins 18. Jahrhundert hinein. [...]

3. Symbol des glücklichen Jenseits, des verlorenen Paradieses, der kultivierten Natur und der Kindheit.

Die verbotene Aneignung des Wissens im Garten steht am Anfang der biblischen Erzählung der Vertreibung der Ureltern Adam und Eva (*Genesis 2*). Damit beginnt die spätere [...] Interpretation des Gartens als eines jenseitigen Ortes, an dem das urzeitliche Dasein bei Gott den Frommen wieder zuteilwerden kann. [...]
In der zweiten Hälfte des 18. Jahrhunderts [...] symbolisieren die Gartenanlagen nicht mehr die Natur, sie sind „verschönerte natürliche Landschaft" [...]. Die Korrespondenz der äußeren Gestalt des Gartens mit der inneren Welt des Besuchers steht von da an im Mittelpunkt einer individualisierten Symbolbildung [...].

---

[1] Folklore: hier im Sinne von: Brauchtum, volkstümliche Kultur
[2] Hohelied Salomons: Sammlung sinnlicher und sehnsuchtsvoller Liebeslieder aus dem Alten Testament
[3] Semantik (hier): Bedeutung, Deutung
[4] epistemisch: erkenntnistheoretische; hier auch im Sinne von: symbolische
[5] Emblemata-Bücher: Werke, in denen Text und Bilddarstellungen auf symbolische Weise miteinander verbunden wurden

4. Symbol der Verwandlung, des Grenzganges zwischen Leben und Tod, der Vergänglichkeit.

Ausschlaggebend für die Symbolbildung der Verwandlung des Gartens ist neben den natürlichen Veränderungen der Pflanzenwelt während des Jahres die Tatsache, dass bereits die frühe Gartenkunst sich darin verstand, die gegebenen Bedingungen nicht nur auszunutzen, sondern diese der Zauberei gleich zu überwinden. [...]

Die durch die räumliche Abgrenzung des Gartens angelegte Trennung in alternierende[1] Bereiche (außen/innen; fremd/eigen; wild/kultiviert; profan/sakral[2] usw.) und die Möglichkeiten der Grenzüberschreitungen erweisen sich als besonders attraktiv für die literarische Symbolbildung. [...] Der [...] Wandlungsfähigkeit des Gartens schenken die Autoren der Romantik besondere Aufmerksamkeit (E. T. A. Hoffmann, *Der goldene Topf*; Eichendorff, *Das Marmorbild*). [...]

5. Symbol der Poesie.

Als literarisches Symbol bedeutet der Garten die selbst geschaffene Welt der Dichter und die Quelle poetischer Inspiration [...]. Die besondere Zeitstruktur des Gartenerlebnisses, das in seiner Gegenwart die Vergangenheit (durch die Erinnerung an den urzeitigen Garten) und die Zukunft (im Wunsch nach Wiedergewinnung des harmonischen Zustandes) vereint, steht im Zentrum der romantischen Poetik (Eichendorff, *Dichter und ihre Gesellen*). Dem Garten kommt darin die symbolische Bedeutung der Poesie zu, da beide als Ganzes das Verhältnis des Subjekts zur äußeren Welt zum Ausdruck bringen. [...]

Anna Ananieva: Garten. In: Metzler Lexikon literarischer Symbole, herausgegeben von Günter Butzer und Joachim Jacob. Stuttgart: Metzler 2008. S. 120 ff.

---

[1] alternierend: alternativ
[2] profan: weltlich; sakral: heilig, religiös

- *Unterstreichen Sie die zentralen Textstellen im vorliegenden Lexikonauszug. Fassen Sie die Kernaussagen des Textes in einem Schaubild (z. B. einer Mindmap) zusammen und präsentieren Sie diese in einem mündlichen Vortrag dem Plenum.*

- *Lesen Sie den folgenden Auszug aus Joseph von Eichendorffs Werk „Aus dem Leben eines Taugenichts": S. 15, Z. 1 – Z. 7.*
  Erläutern Sie ausgehend von Ihrer Kenntnis des Gesamttextes, wie sich diese Passage auf der Grundlage des Lexikonartikels deuten lässt.

- *Gärten sind häufige Schauplätze in Eichendorffs Werk „Aus dem Leben eines Taugenichts" (Schlossgarten in Wien, Blumengarten am Zollhäuschen, großer Garten beim alten Schloss, Gärten in Rom).*
  Suchen Sie in Partner- oder Gruppenarbeit eine Textstelle heraus, in der ein Garten beschrieben wird. Überlegen Sie gemeinsam, welche sinnbildliche Bedeutung die gewählte Passage haben könnte. Präsentieren Sie die Textstelle und Ihre Überlegungen im Plenum.

Baustein 3

Erzählaufbau, Erzähltechnik und die Frage der Gattung

Dieser Baustein beschäftigt sich mit der formalen Gestaltung von Eichendorffs Werk „Aus dem Leben eines Taugenichts". Neben dem kreisförmigen Erzählaufbau und der Erzähltechnik werden exemplarisch auch die in den Text eingebauten Lieder und deren erzählerische Funktion beleuchtet. Außerdem setzt sich der Baustein mit der schwierigen und in der Sekundärliteratur oftmals strittigen Gattungsbestimmung des Textes auseinander.

3.1 Gliederung und Handlungsverlauf

Mithilfe eines Wörterreservoirs können sich die Schüler und Schülerinnen dem formalen Erzählaufbau des Textes annähern.

> ■ *Wählen Sie aus den folgenden Adjektiven diejenigen aus, die den Erzählaufbau von Eichendorffs „Aus dem Leben eines Taugenichts" zutreffend beschreiben: kompakt – chronologisch – zweigeteilt – eingerahmt – episodisch – unchronologisch. Begründen Sie Ihre Auswahl.*

Die Handlung wird **chronologisch** dargestellt. Sie erscheint jedoch weder kompakt noch zweigeteilt[1]. Vielmehr wird die Reise des „Taugenichts" durch Aufenthalte an wechselnden Schauplätzen strukturiert. Mit diesen Schauplätzen sind auch jeweils unterschiedliche Protagonisten und Handlungsstränge verknüpft. Dadurch erhält der Erzählaufbau einen **episodischen** Charakter.

Ausgehend von den Schauplätzen lassen sich die insgesamt zehn Kapitel zu fünf (Reise-)Abschnitten zusammenfassen:

> ■ *Teilen Sie die Reise des „Taugenichts" in Partnerarbeit in fünf Abschnitte auf. Ordnen Sie die einzelnen Kapitel diesen Abschnitten zu und benennen Sie jeweils stichwortartig die (wichtigsten) dazugehörigen Schauplätze.*

Als mögliches Tafelbild ergibt sich daraus folgende Tabelle:

Die fünf Reiseabschnitte des „Taugenichts"

Abschnitt	1	2	3	4	5
Kapitel	1/2	3/4	5/6	7/8	9/10
Schauplatz	Schloss in Wien	Reise nach Italien	altes Schloss in den Bergen	Rom	Rückreise/ Wiener Schloss

---

[1] Zwingend falsch ist eine Charakterisierung des Aufbaus als „zweigeteilt" nicht. So lässt sich der Text beispielsweise ausgehend vom Brief Aurelies in ein Davor und Danach aufteilen. Eine solche Zweiteilung hat jedoch eher hermeneutischen Charakter und beschreibt kein strukturell hervorstechendes Element des Aufbaus.

Mithilfe von **Arbeitsblatt 6**, S. 78 können die fünf Reiseabschnitte analog zum Erzählaufbau eines Fünfaktschemas fünf Erzählphasen bzw. Erzählabschnitten zugeordnet werden.
Die auf **Arbeitsblatt 6** abgebildete Erzählpyramide basiert auf Gustav Freytags Abhandlung „Die Technik des Dramas" (1863). Da der Aufbau von Eichendorffs Text demjenigen einer Novelle zumindest ähnelt (zur Gattungsbestimmung vgl. 3.4) und dieser wiederum eng mit demjenigen eines Dramas verwandt ist, kann der pyramidale Aufbau entsprechend auf Eichendorffs Text übertragen werden.

- *Ergänzen Sie in der auf Arbeitsblatt 6 abgedruckten Erzählpyramide die Kapitelangaben zu den einzelnen Erzählphasen bzw. Handlungsabschnitten.*

- *Notieren Sie stichwortartig, was in den einzelnen Abschnitten jeweils geschieht.*

Ein Lösungsvorschlag hierfür findet sich im Anschluss an **Arbeitsblatt 6**, S. 79.

Bei der Zuordnung der Reiseabschnitte zu den einzelnen Erzählphasen ergibt sich eine mögliche Schwierigkeit, auf die bei Bedarf im gelenkten Unterrichtsgespräch hingewiesen werden kann.
Durch ihren episodischen Charakter erhalten die einzelnen Reiseabschnitte gewissermaßen ein narratives Eigenleben und lassen sich entsprechend nur bedingt in einen übergeordneten Handlungsverlauf einfügen.
Über ihren episodischen Erzählwert hinaus erfüllen die einzelnen Abschnitte jedoch auch eine Handlungsfunktion für den Gesamttext, die sich mithilfe des gewählten Fünfphasenschemas darstellen lässt.

Am Ende der Handlung scheint sich der Kreis gleich auf mehrfache Weise zu schließen.

- *Überlegen Sie in Partnerarbeit, inwiefern die Handlung insgesamt einen kreisförmigen Verlauf nimmt. Inwiefern spiegelt der Schluss der Geschichte deren Anfang bzw. Exposition wider? Lassen Sie in Ihre Überlegungen auch die Frage einfließen, inwieweit es sich bei dem Schluss um ein „Happy End" handelt.*

Am Ende seiner von Missverständnissen und Verwechslungen geleiteten Odyssee kehrt der „Taugenichts" zurück ins Wiener Schloss und zu seiner geliebten Aurelie. Es scheint, als ob er mit seiner Rückkehr auch den ursprünglichen Zweck seiner Reise erfüllt und sein Glück gemacht habe.
Diese auf den ersten Blick harmonische Kreisstruktur weist beim genaueren Hinsehen jedoch auch negative, desillusionierende Züge auf (vgl. dazu auch 2.3, 2.4 und 5.2).
Aurelie ist nach der Rückkehr des „Taugenichts" nicht mehr die „schöne gnädige Frau", in die er sich zu Beginn verliebt, die er verehrt und begehrt hat, sondern entpuppt sich als einfache Bürgerliche und zudem als Nichte des Portiers und damit eines typischen Philisters.
Der Kreis – so lässt sich das Ende auch deuten – schließt sich auf ernüchternde Weise. Der „Taugenichts" ist wieder dort angelangt, wo er ganz zu Anfang war: in der Lebenswirklichkeit der Philister. Ähnlich wie der Vater den „Taugenichts" zu Beginn aufgefordert hat, endlich selbst für seinen Lebensunterhalt zu sorgen (vgl. S. 5, Z. 13f.), drängt ihn Aurelie nun, auf ihren Onkel und Ersatzvater, den Portier, zu hören, sich anzupassen und einzufügen (vgl. S. 105, Z. 2ff.).
Und ähnlich wie zu Beginn, als der „Taugenichts" aufbricht, um sein Glück zu machen und zugleich der väterlichen Lebenswelt, den väterlichen Erwartungen und Ansprüchen zu entkommen, zieht es ihn auch am Ende in Gedanken schon wieder in die Welt hinaus (vgl. Z. 7ff.). Es scheint, als habe er sein Glück vielleicht doch noch nicht gefunden.

3.2 Erzähltechnik

Bevor sich die Schülerinnen und Schüler mit der Erzähltechnik im Werk „Aus dem Leben eines Taugenichts" beschäftigen, erhalten sie durch **Arbeitsblatt 7**, S. 80 zunächst in Partnerarbeit und anschließend im Klassen- bzw. Kursplenum die Gelegenheit, sich wesentliche Grundbegriffe der Erzähltechnik anzueignen bzw. in Erinnerung zu rufen.
Danach können sie ihre Kenntnisse auf Eichendorffs Text anwenden.
Dies kann zunächst auf kreative Weise geschehen, indem sich die Schülerinnen und Schüler mit der subjektiven, einseitigen und mitunter naiv anmutenden Erzählperspektive in Eichendorffs Text produktiv auseinandersetzen.

> ■ *Lesen Sie den Anfang des Buches (S. 5).*
>
> ■ *Schildern Sie das darin beschriebene Geschehen aus der Sichtweise einer der im Buch auftretenden Figuren (jedoch nicht des „Taugenichts") oder einer zusätzlichen, unabhängigen Erzählerfigur. Erzählform, Erzählperspektive und Erzählhaltung sowie die Textsorte können Sie frei wählen.*
> *Wahlweise können Sie auch einen Dialog zwischen mehreren Personen verfassen.*

Die Schülerinnen und Schüler lesen ihre Texte anschließend im Plenum vor und tauschen sich über die veränderte Wirkung, die durch den jeweiligen Perspektivwechsel erzielt wird, untereinander aus.

Die Erkenntnisse aus ihrer Diskussion können die Schüler und Schülerinnen dann auf den Gesamttext übertragen.

> ■ *Erläutern Sie, inwiefern die von Eichendorff gewählte Erzählform die Darstellung des Textes wesentlich prägt. Berücksichtigen Sie bei Ihren Ausführungen auch die Unterscheidung zwischen erlebendem und erzählendem Ich.*

Die Handlung des Werkes „Aus dem Leben eines Taugenichts" basiert zu einem erheblichen Teil auf Missverständnissen und Verwechslungen. Erst im letzten Kapitel erfährt der „Taugenichts" die wahren Hintergründe des Geschehens.
Dadurch, dass Eichendorff sich für einen Ich-Erzähler entscheidet, kann er den Leser und die Leserin an den Fehldeutungen des „Taugenichts" teilhaben lassen. Auch für die Leserinnen und Leser lösen sich die vielen Rätsel und mitunter bedrohlich oder unheimlich anmutenden Ungereimtheiten erst ganz am Ende auf, selbst wenn man bei der Lektüre an einigen Stellen ahnt, dass der „Taugenichts" eine Situation falsch einschätzt, sich etwas vormacht oder einbildet.
Entscheidend ist, dass der Wissenshorizont der Leserinnen und Leser denjenigen des Ich-Erzählers nicht wesentlich überschreitet. Das unterscheidet Eichendorffs Buch von einer typischen Verwechslungskomödie, die darauf abzielt, dass sich das wissende Publikum über die nichtsahnenden Protagonisten amüsiert.
Wichtig ist hierbei, zwischen erzählendem und erlebendem Ich zu unterscheiden. Das erzählende Ich ist sich selbstverständlich über die zahlreichen Missverständnisse im Klaren, da es die Geschehnisse rückblickend wiedergibt, nachdem es bereits über die wahren Sachverhalte aufgeklärt wurde. Der Ich-Erzähler wählt für seine Darstellung jedoch den Erzählerstandort und die Erzählperspektive des erlebenden Ichs. Das heißt, er gibt die Dinge so wieder, wie er sie damals selbst erlebt und wahrgenommen hat. Dadurch werden auch Leserinnen und Leser bis zum erhellenden Schlusskapitel über wesentliche Zusammenhänge im Unklaren gelassen.

Wie sich die von Eichendorff gewählte Erzähltechnik im Einzelnen auswirkt, kann den Schülerinnen und Schülern an einem konkreten Textbeispiel vor Augen geführt werden.

- *Lesen Sie den folgenden Textauszug: S. 52, Z. 10 – Z. 29.*
- *Bestimmen Sie zunächst auf der Grundlage von Arbeitsblatt 7 die Erzähltechnik dieser Passage.*

An der Tafel lässt sich die Erzähltechnik des Textauszugs so zusammenfassen:

Erzähltechnik: S. 52, Z. 10 – Z. 29

Erzählform	Ich-Erzählung
Erzählperspektive	Mix aus Innen- und Außenperspektive
Erzählerstandort	innerhalb
Erzählverhalten	personal
Erzählhaltung	neutral (mit wertenden Elementen)
Zeitstruktur	weitgehend zeitdeckend, leicht raffend
Darbietungsform	Erzählerbericht, Personenrede

- *Erläutern Sie anschließend, welche Verwechslung dem Aufeinandertreffen des „Taugenichts" und der Magd in dieser Passage zugrunde liegt und wie sich diese auf das Verhalten bzw. die Reaktionen der beiden auswirkt.*

Die Magd glaubt, dass es sich beim „Taugenichts" um die als Mann getarnte junge Gräfin Flora handelt. Entsprechend neugierig betrachtet die Magd ihn „von der Seite" (S. 44, Z. 5). Unschlüssig verharrt sie am Bett. Möglicherweise um der vermeintlichen Gräfin beim Auskleiden behilflich zu sein, falls diese ihr Versteckspiel aufgäbe. Oder aber erneut aus reiner Neugier. Auch amüsiert die Magd sich über das – wie sie annehmen muss – „gespielt" männliche Verhalten der vermeintlichen Gräfin, die ein „großes Glas Wein" (Z. 22) in einem Zug leer trinkt (vgl. Z. 22 ff.).

Der „Taugenichts" wiederum ahnt nichts von dieser Verwechslung und wundert sich über das seltsame, unangebrachte Verhalten der Magd.

- *Mithilfe welcher Erzähltechnik erreicht Eichendorff in dieser Passage, dass auch der Leser und die Leserin die Verwechslung nicht durchschauen?*

Der Ich-Erzähler erzählt diese Passage – wie den gesamten Text – aus der subjektiven und begrenzten Wahrnehmungs- und Wissensperspektive des erlebenden Ichs. Erzähltechnisch entscheidend hierfür sind Erzählform, Erzählerstandort und Erzählverhalten.

- *Schildern Sie die gewählte Passage mit einer veränderten Erzähltechnik so, dass zwar die Magd und der „Taugenichts" nach wie vor nichts von der Verwechslung ahnen, die Leserinnen und Leser aber über die tatsächlichen Hintergründe aufgeklärt werden.*
- *Lesen Sie Ihre Texte anschließend im Plenum vor.*

Formuliert man die Passage beispielsweise im Stile eines auktorialen allwissenden Erzählers, wird das Missverständnis für die Leserschaft ausgeräumt.

Dies kann jedoch auch durch einen Ich-Erzähler geschehen, der vom Standort des erzählenden Ichs aus erklärend und erläuternd in die Darstellung eingreift; etwa durch Wendungen wie „was ich damals jedoch nicht ahnte, war ..." oder Ähnliches.

Entscheidend ist, dass der Erzähler dem Leser oder der Leserin ein Wissen vermittelt, das den Wissenshorizont der handelnden Figur zum Zeitpunkt des Geschehens überschreitet.

Nachdem die Schülerinnen und Schüler auf diese Weise ihren Blick für die Darstellungsweise des Ich-Erzählers in Eichendorffs Text geschärft haben, lernen sie anhand weiterer Textauszüge einige markante Stilmittel dieser subjektiven Erzähltechnik kennen.

- *Lesen Sie die beiden folgenden Textauszüge:*
  - *S. 44, Z. 3 – Z. 25,*
  - *S. 91, Z. 14 – Z. 24.*

- *Arbeiten Sie in Gruppenarbeit die Stilmittel und Erzähltechniken heraus, anhand derer die subjektive Erzählweise in diesen Passagen deutlich wird.*

Zunächst ist hier für beide Passagen natürlich die Ich-Erzählform zu nennen.

Darüber hinaus lassen sich für die einzelnen Auszüge an der Tafel folgende Stilmittel und Erzähltechniken stichwortartig zusammentragen:

Subjektive Wahrnehmung und Erzählweise: S. 44, Z. 3 – Z. 25 + S. 91, Z. 14 – Z. 24

Stilmittel, Erzähltechnik	Textbeispiel
Umgangssprache, Plauderton (erinnert an mündliche Rede)	anglotzen (vgl. S. 44, Z. 4 f.), „Herrlein" (S. 44, Z. 7), „Wunder, wie gut" (S. 44, Z. 24 f.), „wuscht" (S. 44, Z. 13)
Partikel (wie in mündlicher Rede)	„recht" (S. 44, Z. 6), „so" (S. 44, Z. 13; S. 91, Z. 16), „ganz" (S. 44, Z. 23)
Vergleiche	„wie junge Herrlein" (S. 44, Z. 6 f.), „wie eine Spinne" (S. 44, Z. 16), „als wenn der Sturmwind durchgefahren wäre" (S. 44, Z. 20 f.)
Metaphern, bildliche Sprache	„fortflog" (S. 91, Z. 17), „blaue Ferne" (S. 91, Z. 18), „hervorkam, wuchs und wuchs [...] verschwand" (S. 91, Z. 19 – Z. 21)
Personenrede, Gedanken, Innensicht	„Da bist du [...] und Bildern" (S. 44, Z. 7 – Z. 11), „Wenn ich nur [...] dachte ich" (S. 91, Z. 21)
Erlebte Rede, Innensicht	„Was der Mensch [...] hervormacht!" (S. 44, Z. 11 f.)
Szenisches Präsens (wie in mündlicher Rede)	„Wie ich noch eben [...] auf mich los." (S. 44, Z. 13)
Personales Erzählverhalten	S. 44, Z. 23; „unter mir rauschten" (S. 91, Z. 17), „blickte [...] verschwand" (S. 91, Z. 16 – 21), „meine liebe Violine" (S. 91, Z. 22)
Wertende Erzählhaltung, Innensicht	„grauslichen Kopf" (S. 44, Z. 17 f.), „schönen Frau" (S. 91, Z. 24)

3.3 Lieder

Außer im fünften und achten Kapitel fügt Eichendorff in jedem anderen Kapitel mindestens ein Lied ein. Insgesamt wird der Erzählfluss vierzehnmal durch Liedvorträge unterbrochen. Gesungen werden die Lieder innerhalb der Handlung sowohl vom „Taugenichts" als auch von anderen Figuren.
Volkstümliche Neudichtungen Eichendorffs kommen ebenso vor wie eine Umdichtung aus dem „Freischütz"-Libretto von Johann Friedrich Kind (vgl. S. 98, Z. 29 – Z. 34).
An dieser Stelle soll es nun jedoch nicht darum gehen, die einzelnen Lieder im Kontext des Gesamttextes zu analysieren. Stattdessen soll die erzählerische Funktion der Lieder in ihrer Gesamtheit in den Blick genommen werden.

- *Beschreiben Sie, welche Wirkung die eingestreuten Lieder auf Sie ausüben.*
- *Wie verändert sich durch die Lieder Ihre Wahrnehmung des Handlungsgeschehens?*
- *Wie würde der Text umgekehrt auf Sie wirken, wenn er keine Lieder enthielte?*

Die Lieder unterbrechen den Handlungsverlauf. Mit ihren gereimten Versen markieren sie zudem einen stilistischen Bruch. Dadurch verliert das geschilderte Geschehen seine unmittelbare Wirkung.
Die Lieder erzeugen Distanz und heben die formale – künstlerische und künstliche bzw. fiktive – Gestaltung des Textes hervor. Sie gleichen in diesem Sinne den Gesangseinlagen eines Musicals.
Durch die Lieder wirkt das geschilderte Geschehen weniger realistisch und erhält eher einen beispielhaften, allegorischen oder auch märchenhaften Charakter.
Umgekehrt würde der Text ohne Lieder realistischer wirken. Der „Taugenichts" würde möglicherweise weniger als Kunstfigur und eher als individuelle Persönlichkeit wahrgenommen. Dies könnte jedoch auch dazu führen, dass die Handlungsabläufe anders bewertet und stärker an der Realität gemessen würden. Möglicherweise würde das Geschehen dadurch unglaubwürdiger wirken.

Als möglicher Tafelaufschrieb ergibt sich daraus:

Gesamtwirkung der Lieder

- unterbrechen Handlungsverlauf
- Stilbruch
- distanzierend
→ **Geschehen wirkt weniger realistisch.**
→ **erscheint fiktiv, märchenhaft**

Die Inhalte der Lieder spielen für diese erste Einschätzung noch keine Rolle.

Am Beispiel des Eingangsliedes aus dem ersten Kapitel kann sich jedoch eine inhaltliche Einzelanalyse anschließen.

„Wem Gott will rechte Gunst erweisen" ist das erste und zugleich bis heute bekannteste Lied aus Eichendorffs Werk „Aus dem Leben eines Taugenichts". Es entstand als Gedicht unter dem Titel „Der frohe Wandersmann" bereits 1817 und wurde 1823 mit den Anfangskapiteln des Werkes „Aus dem Leben eines Taugenichts" in einer Zeitschrift veröffentlicht. 1833 wurde es von Friedrich Theodor Fröhlich vertont.

- *Lesen Sie das Lied „Wem Gott will rechte Gunst erweisen" (S. 6). Joseph von Eichendorff verfasste den Liedtext bereits 1817 unter dem Titel „Der frohe Wandersmann" als Gedicht.*

- *Untersuchen Sie den inhaltlichen Aufbau sowie die formale Gestaltung des Gedichts. Erläutern Sie die jeweilige Funktion für eine mögliche Deutung.*

- *Überlegen Sie gemeinsam, welche Bedeutung dem Wandern in der Darstellung des Gedichts zukommt. Wie wird das lyrische Ich charakterisiert und von welchem Lebensentwurf distanziert es sich?*
  Überlegen Sie anschließend, welche Funktion das Lied innerhalb des Handlungsgeschehens und für eine mögliche Deutung des Gesamttextes haben könnte.
  Berücksichtigen Sie bei Ihren Überlegungen auch den Kontext, in dem das Lied vorgetragen wird.

- *Erläutern Sie das Ergebnis Ihrer Überlegungen im Plenum.*

Auf der Basis der in Gruppen- oder Partnerarbeiten erzielten Ergebnisse kann im gelenkten Unterrichtsgespräch die nachfolgende Analyse erarbeitet werden:

Auffällig ist zunächst der ungewöhnliche Satzbau in der ersten Strophe, durch den der menschliche Protagonist, der Wanderer, zum grammatischen Objekt wird, während Gott als Subjekt fungiert. Das Gedicht beginnt mit Gott, dem sich auch im Folgenden alles andere unterordnet. Gott ist es, der den Wanderer „schickt" (S. 6, Z. 2). Mit diesem Signalwort verknüpft sich das menschliche Schicksal mit der göttlichen Sendung. Der Wanderer ist gleichsam im Auftrag Gottes unterwegs. Das Wandern erscheint entsprechend als Gottesdienst. Der Natur wiederum kommt in diesem Sinnbild die Rolle der Kirche zu. Es ist jedoch kein Ort der Zwänge. Die „weite Welt" (Z. 2) symbolisiert vielmehr eine Freiheit, die im Kontrast zu den bürgerlichen Zwängen steht, die in der zweiten Strophe thematisiert werden. Die freie Natur ist der Ort, an

Postkarte aus dem Jahr 1917

dem Gott dem Menschen seine „Wunder" (Z. 3) offenbart (vgl. Z. 4). Die klangliche Nähe zwischen „Wunder" und „Wanderer" mag Zufall sein. Sie entspricht jedoch dem im Gedicht hergestellten inhaltlichen Zusammenhang. Der gläubige Mensch durchwandert die göttlichen Wunder. Im Hinblick auf ein Leben im Jenseits kann der Mensch aus dieser religiösen Perspektive heraus grundsätzlich als Wanderer auf Erden verstanden werden.

Die zweite Strophe stellt diesem religiösen Menschen die „Trägen" (Z. 5) gegenüber, die „zu Hause" (Z. 5) bleiben. Die göttliche Botschaft, der göttliche Segen, den das „Morgenrot" (Z. 6) symbolisiert, bleibt diesen Daheimgebliebenen verborgen. Nur der Wanderer wird davon seelisch „erquicket" (Z. 6). Dieses Sinnbild des Morgens als christliche Tageszeit und Labsal für die Seele wird in Eichendorffs Werk „Aus dem Leben des Taugenichts" noch häufig aufgegriffen (vgl. 2.6). Im Gegensatz zum gläubigen Wanderer werden die Philister, die sich offenbar hinter den „Trägen" verbergen und nicht über ihren eigenen Tellerrand hinausblicken können (vgl. Z. 7 f.), von den beengenden Umständen ihres Alltages niedergedrückt. Dies spiegelt sich auch im lautlichen Gegensatz zwischen den hellen Vokalen in „erquicket" (Z. 6) und den tiefen Vokalen im vierten Vers der zweiten Strophe (vgl. Z. 8) wider. Träge aber, das zeigt auch der Kontext, in den das Lied eingebettet ist, sind die Philister nicht im körperlichen oder materiellen Sinne. Mit „Kinderwiegen" (Z. 7), „Sorgen, Last und Not um Brot" (Z. 8) haben sie wie der Vater des „Taugenichts", der „schon seit Tagesanbruch in der Mühle rumort" (S. 5, Z. 7 f.), alle Hände voll zu tun. Sie sind jedoch so geschäftig und mit ihren Alltagsnöten beschäftigt, dass sie keinen Sinn für das Höhere, die göttliche Schöpfung und die Wunder der Natur haben. Aus Sicht der Philister erscheint dagegen der Ich-Erzähler träge, weshalb ihn sein Vater auch als einen „Taugenichts" bezeichnet. Aus der Perspektive des Müllers vergeudet der „Taugenichts" wertvolle Zeit damit, den Sonnenaufgang zu betrachten (vgl. S. 5, Z. 4 ff.). Deutlich zeigt sich hier ein Gegensatz zwischen der körperlichen, materiellen Sphäre der Philister und der geistigen, seelischen, religiösen und ideellen Sphäre des gläubigen Romantikers. Träge erscheinen die Philister vor allem im Herz und in der Seele.

In der dritten Strophe spiegelt sich die geistige, seelische Beweglichkeit des Wanderers, der im dritten Vers erstmals als lyrisches Ich in Erscheinung tritt (vgl. S. 6, Z. 11), in der Natur wider. Die Natur erhält durch das Stilmittel der Personifikation (die „Bächlein [...] springen", Z. 9, die Lerchen fliegen nicht einfach nur, sondern tanzen gleichsam „vor Lust", Z. 10) ein Eigenleben. Sie erscheint beseelt, von Gott durchdrungen. Das ist eine für die Epoche der Romantik charakteristische Naturvorstellung (vgl. Baustein 4). Durch den Gesang – der in diesem Kontext auch ein religiöses Loblied darstellt – will das lyrische Ich eins mit der Natur werden und indirekt auch mit Gott. Bemerkenswert sind die Leichtigkeit und Unbeschwertheit, die vermittelt werden. Klanglich schlägt sich das in dieser Strophe in den vielen hohen Vokalen nieder. Nachdem die ersten beiden Strophen einen Gegensatz zwischen Romantikern und Philistern, Gläubigen und Handwerkern etabliert haben, positioniert sich das lyrische Ich in der dritten Strophe klar auf der Seite der religiösen Romantiker.

Die vierte Strophe beginnt ähnlich wie die erste Strophe mit einem Verweis auf „Gott" (Z. 13). Gott bildet damit eine formale Klammer um das Gedicht. Der Kreis schließt sich gewissermaßen. Allerdings ist „Gott" grammatisch in der vierten Strophe zunächst noch nicht Subjekt des Satzes, sondern (Akkusativ-)Objekt (vgl. Z. 13). Das Subjekt bildet das lyrische Ich, das jedoch freiwillig hinter Gott zurücktritt („lass ich nur walten", Z. 13), der dann im zweiten Vers das Subjekt bildet (vgl. Z. 14 ff.). Diese formale Veränderung signalisiert eine inhaltliche Entwicklung. Die erste Strophe formuliert den göttlichen Auftrag, das religiöse Angebot. Die zweite Strophe beschreibt die Philister, die in ihrer kleinbürgerlichen Beschränktheit nicht in der Lage sind, diesen Auftrag zu erkennen. In der dritten Strophe meldet sich im Kontrast zu diesen Philistern das lyrische Ich zu Wort und erklärt frohgemut seine Bereitschaft, diesen Auftrag zu erfüllen: „Was sollt ich nicht ..." (Z. 11). In der vierten Strophe führt das lyrische Ich diesen Auftrag nun gewissermaßen aus, indem es sich in die Hände bzw. die Obhut Gottes begibt. Die vierte Strophe ist somit Ausdruck eines tiefen Gottvertrauens und einer damit einhergehenden optimistischen Grundhaltung (vgl. Z. 16).

Eine weitere Möglichkeit, den Schülern und Schülerinnen eine Deutung des Liedes und die romantisch-religiöse Dimension des Wanderns nahezubringen, besteht darin, ihnen den folgenden Radiobeitrag vorzuspielen:

„Wem Gott will rechte Gunst erweisen", Sendung des SWR2 vom 19.08.2011 aus der Reihe „Volkslieder".

www.ardmediathek.de/radio/SWR2-Volkslieder/Wem-Gott-will-rechte-Gunst-erweisen/SWR2/Audio-Podcast?bcastId=7995620&documentId=19754532 (09.02.2018)

Zusammengefasst erfüllt das Lied innerhalb des Gesamttextes die Funktion, den „Taugenichts", sein romantisches Welt- und Naturbild und das damit einhergehende Gottvertrauen zu charakterisieren. Zudem formuliert es bereits den für den Gesamttext wesentlichen Gegensatz zwischen der Lebenswelt der Philister und der Lebenswelt des „Taugenichts", eines (gut-)gläubigen Romantikers.

Im Kontext des Gesamttextes wirkt das Gottvertrauen des „Taugenichts" zwiespältig. Zwar führt es ihn zu seiner Geliebten zurück aufs Schloss. Dies aber ist die Folge einer Verkettung zahlreicher Missverständnisse und Fehldeutungen. Der „Taugenichts" ist offenbar nicht in der Lage, die Wirklichkeit wahrzunehmen, wie sie ist. Insofern scheint sein Gottvertrauen ein blindes Gottvertrauen zu sein. Als er am Ende dann mit der Wahrheit konfrontiert wird, geht damit möglicherweise auch eine Desillusionierung einher, die sein Gottvertrauen als eine Einbildung, eine naive Fantasie erscheinen lassen kann.

Die Naivität der Weltsicht des „Taugenichts" wird beispielsweise auch im Vergleich seines Wanderliedes mit dem Lied der Studenten im neunten Kapitel (vgl. S. 94 f.) deutlich.

■ *Vergleichen Sie das Lied „Wem Gott will rechte Gunst erweisen" (S. 6) mit dem Lied der Studenten (S. 94 f.). Inwiefern lässt das Studentenlied das Gottvertrauen, das der „Taugenichts" im ersten Lied formuliert, naiv erscheinen? Berücksichtigen Sie bei Ihrer Antwort auch den Gesamtkontext.*

Das Lied der Studenten (zur Analyse des Liedes vgl. auch 2.2) beginnt ähnlich fröhlich und optimistisch wie das Lied, das der „Taugenichts" im ersten Kapitel anstimmt, als er die väterliche Mühle verlässt. Die daheimgebliebenen Philister scheinen in der ersten Strophe des Studentenliedes noch bedauernswert, weil sie sich selbst die Freiheit der Wanderer versagen.

Der Optimismus der Studenten hält der Realität, wie sie in den beiden folgenden Strophen beschrieben wird, jedoch nicht stand. Nachts (vgl. 2. Strophe) und im Winter (vgl. 3. Strophe) sieht die Welt anders aus als morgens und im Frühling (vgl. S. 5, Z. 12 ff.). Diese desillusionierende Erkenntnis bleibt dem „Taugenichts" verborgen, weil sie teilweise in Latein formuliert ist und er das nicht versteht. Die mangelnde Lateinkenntnis wird hier zum Sinnbild seiner Naivität. Fröhlich „jauchzend" (S. 95, Z. 15) singt er das Lied mit, ohne überhaupt zu wissen, worum es darin geht.

Dieser Gegensatz von Schein und Sein, der die Erlebnisse des „Taugenichts" derart prägt, dass am Ende der Eindruck entstehen muss, er habe die meiste Zeit über in einer Scheinwelt, einem „Roman" (vgl. S. 101, Z. 24 ff.) gelebt, lässt sich auch noch am Beispiel des Liedes **„Wenn ich ein Vöglein wär"** (S. 66) thematisieren.

■ *Lesen Sie das Lied „Wenn ich ein Vöglein wär" (S. 66).*

■ *Erläutern Sie kurz, „wovon" der „Taugenichts" gerne singen und „wohin" er sich gerne schwingen würde.*

■ *Beantworten Sie anschließend die Frage, wie sich der Konjunktiv, in dem das Lied geschrieben wurde, deuten lässt. Berücksichtigen Sie bei Ihrer Antwort auch den Kontext des Gesamttextes.*

Der „Taugenichts" singt das Lied nach jener spukhaften Nacht, in der er glaubt, seine „schöne gnädige Frau" in einem Garten in Rom gesehen zu haben. Es bleibt jedoch bei einer flüchtigen Erscheinung und die Angebetete erweist sich einmal mehr als unerreichbar. Unmittelbar bevor er zu singen beginnt, verweist der „Taugenichts" darauf, dass ihm diese „konfuse Nacht" (S. 66, Z. 11) und die „schöne[..] gnädige[..] Frau" (Z. 12) „im Kopfe hin und her" (Z. 13) gegangen sind.
Man darf also annehmen, dass er von der Liebe zu der „schönen gnädigen Frau" singen und sich zu ihr schwingen möchte, um ihr seine Liebe zu gestehen.
Da seine Geliebte für ihn aber (noch) unerreichbar ist, bleibt ihm nur die im Konjunktiv formulierte romantische Sehnsucht.
Dieser Konjunktiv entspricht zugleich der Lebenshaltung und Liebesvorstellung des „Taugenichts" über weite Strecken des Gesamttextes. Er führt gewissermaßen ein Leben im Konjunktiv, bis er am Ende vom Indikativ und der Realität eingeholt wird. Seine Träume freilich werden bestenfalls teilweise wahr.
Dieses romantische Sehnen, das sich im Konjunktiv des Liedes widerspiegelt, können die Schülerinnen und Schüler nun zum anfänglich geplanten Titel der Geschichte in Bezug setzen.

- *„Der neue Troubadour" wollte Eichendorff seinen Text ursprünglich nennen. Recherchieren Sie zunächst den Begriff „Troubadour" und erklären Sie anschließend, ob die Bezeichnung „neuer Troubadour" den „Taugenichts" Ihrer Ansicht nach treffend charakterisiert. Begründen Sie Ihre Meinung.*

Bei einem Troubadour handelt es sich um einen Dichter und fahrenden (Minne-)Sänger im mittelalterlichen Frankreich.
Nicht nur weil er nach Italien reist, trifft diese Bezeichnung auf den „Taugenichts" nur teilweise zu. Anders als für den Troubadour sind Geigenspiel und Gesang für den „Taugenichts" keine Profession, sondern dienen ihm vielmehr als Ventil, um seinen Gefühlen spontan Ausdruck zu verleihen. Besonders deutlich wird diese Haltung in der Begegnung mit dem Maler Eckbrecht in Rom (vgl. 2.2).
Charakteristisch für den „Taugenichts" allerdings ist die sehnsuchtsvolle Hingabe des Minnesängers, die dadurch, dass die Geliebte unerreichbar bleibt, zum Selbstzweck wird.
Der „Taugenichts" träumt sich in eine Liebe hinein, die ihm zugleich unmöglich scheint. Dieses Träumen und Sehnen ist der Wesenskern seiner romantisch-poetischen Existenz, die sich im Geigenspiel und Gesang sinnbildlich ausdrückt.

3.4 Gattungsbestimmung: Märchen, Novelle, Roman?

In der Sekundärliteratur herrscht Uneinigkeit darüber, welcher Gattung sich Eichendorffs Text am ehesten zuordnen lässt. Zwar erschien die 1826 gemeinsam mit „Das Marmorbild" veröffentlichte Erstausgabe von „Aus dem Leben eines Taugenichts" in der Berliner Vereinsbuchhandlung mit dem Hinweis auf „Zwei Novellen", jedoch weicht der Text in einigen Punkten von einer typischen Novelle ab.
Im zehnten Kapitel klärt Herr Leonhard den Ich-Erzähler darüber auf, dass dieser in einem Roman „mitgespielt" (S. 101, Z. 26) habe. Doch auch die Gattungsmerkmale eines Romans erfüllt der Text nur teilweise.
Aufgrund seiner märchenhaften Züge wurde der Text verschiedentlich in die Nähe eines Glücksmärchens gerückt. Doch auch hier weicht der Text „Aus dem Leben eines Taugenichts" an wesentlichen Punkten von der Gattung ab.

Mithilfe von **Arbeitsblatt 8a**, S. 82 können die Schülerinnen und Schüler Eichendorffs Text zu literaturwissenschaftlichen Definitionen der drei Gattungen Märchen, Novelle und Roman in Bezug setzen.

- *Lesen Sie in Gruppen jeweils einen der auf Arbeitsblatt 8a abgedruckten Lexikoneinträge.*
- *Unterstreichen Sie die zentralen Stellen des Textes und fassen Sie dessen Kernaussagen mit eigenen Worten kurz zusammen.*
- *Notieren Sie stichwortartig, worin Eichendorffs Text den jeweiligen Gattungen entspricht und worin er sich von ihnen unterscheidet.*

Märchen

Eichendorffs Ich-Erzähler schildert mehrere Begebenheiten, die einen fantastisch-wunderbaren Eindruck erwecken. Letztlich aber entpuppen sich diese als natürlich erklärbar. Zugleich sind sie Ausdruck der Poetisierung der Wirklichkeit durch den Erzähler.
Anders als im Märchen ist bei Eichendorffs Text eine ungefähre räumlich-zeitliche Einordnung möglich. Diese bleibt jedoch so vage, dass eher von einer Gemeinsamkeit als von einem Unterschied gesprochen werden kann.

Novelle

Für eine Novelle mag Eichendorffs Text etwas lang erscheinen, dennoch kommt er vom Umfang her dieser Gattung am nächsten.
Der Konflikt, um den sich – zumindest auf der Handlungsebene – alles dreht, ist die unglückliche Liebe des Ich-Erzählers zur „schönen gnädigen Frau", die im Sinne von Paul Heyses Falkentheorie, auf die im gelenkten Unterrichtsgespräch bei Bedarf eingegangen werden kann, auch als Falke bzw. Dingsymbol (vgl. Anhang der Textausgabe, S. 132 ff.) für die unerfüllbare Sehnsucht des romantischen Ich-Erzählers fungiert. Grundsätzlich ist die symbolische Deutungsebene ein gemeinsames Charakteristikum der Novelle und Eichendorffs Text. Ähnlich einem Drama, mit dem auch die Novelle formal verwandt ist, kann das Werk „Aus dem Leben eines Taugenichts" in fünf Akte unterteilt werden. Und weder die Hauptfigur noch andere Charaktere vollziehen eine psychologische Entwicklung.
Formal sprengt Eichendorffs Text jedoch die für die Novelle typische kompakte Form. Die subjektive Darstellung des Ich-Erzählers wird anders als in einer Novelle üblich nicht an einen Rahmenerzähler oder ein anderes scheinbar objektives Erzählelement gekoppelt. Auch findet sich in Eichendorffs Text kein einzelner, besonders herausgearbeiteter, unerwarteter Wendepunkt, der handlungslogisch als Dreh- und Angelpunkt fungiert. Vielmehr mäandriert die Geschichte an mehreren Wendepunkten entlang. Erst im Schlusskapitel wird das überraschende Element mit der Auflösung der Missverständnisse gewissermaßen nachgeliefert.

Roman

Für einen Roman gerät Eichendorffs Text zu kurz. Auch werden die Geschehnisse nicht differenziert und komplex genug dargestellt. Zudem entwickelt sich der „Taugenichts" charakterlich nicht weiter.
Wie im Roman geraten jedoch auch in Eichendorffs Text innere und äußere Welt mehrfach in Widerspruch, was sich in den vielen am Ende aufgelösten Verwechslungen und Missverständnissen niederschlägt. So entspricht das Ideal der „schönen gnädigen Frau" nicht der Wirklichkeit.
Auch durch seine stilistische und erzählerische Vielfalt rückt Eichendorffs Text in die Nähe eines Romans.

An der Tafel lässt sich das so zusammenfassen:

Versuch einer Gattungsbestimmung

	Märchen	Novelle	Roman
Unterschiede zu „Aus dem Leben eines Taugenichts"	kurz; fantastisch-wunderbare Begebenheiten, widerspricht Naturgesetzen; schwarz-weiße Weltordnung: gut und böse	gedrängte, geradlinige, geschlossene Form; objektiver Berichtstil; unerwarteter Wendepunkt, „unerhörte Begebenheit"	Großform; umfassende, komplexe, differenzierte Zusammenhänge; innere Entwicklung des Protagonisten
Gemeinsamkeiten mit „Aus dem Leben eines Taugenichts"	fantastisch-wunderbare Atmosphäre; keine klare zeitlich-räumliche Einordnung; Wunschwelt; Poetisierung der Wirklichkeit	nicht allzu lang; ein einziger Konflikt; formaler Aufbau ähnelt Drama; symbolisch; psychologisch bruchlose Charaktere	Diskrepanz von Ideal und Wirklichkeit, innerer und äußerer Welt; geringe Formstrenge, stilistische und erzählerische Vielfalt

→ Eichendorffs „Aus dem Leben eines Taugenichts" lässt sich keiner Gattung eindeutig zuordnen.

■ *Überlegen Sie gemeinsam, welcher Gattung das Werk „Aus dem Leben eines Taugenichts" am ehesten entspricht. Begründen Sie Ihre Wahl.*

Obwohl Eichendorffs Text über weite Strecken märchenhafte Züge trägt und auch das scheinbare „Happy End" mit der Schlussformulierung „und es war alles, alles gut" (S. 105, Z. 14) an das formelhafte Ende eines Märchens erinnert, fehlt „Aus dem Leben eines Taugenichts" mit der fantastisch-wunderbaren Handlungsebene das für ein Märchen entscheidende Merkmal. Um ein Märchen handelt es sich demnach eindeutig nicht, auch wenn dem „Taugenichts" bis zum Schluss vieles so erscheint, als befände er sich in einem Märchen.

Ähnlich wie mit den Elementen eines Märchens spielt Eichendorff auch mit denjenigen eines Bildungsromans (vgl. 5.1), die er letztlich jedoch ad absurdum führt. Für einen Roman und einen Bildungsroman im Besonderen fehlt es an innerer Entwicklung der Hauptfigur. Aber auch die Merkmale einer Novelle erfüllt der Text nur zum Teil.

Es lassen sich daher sowohl Argumente dafür finden, den Text der Novellengattung als auch der Romangattung zuzuordnen. Dass er in der Sekundärliteratur überwiegend als Novelle bezeichnet wird, dürfte vor allem daran liegen, dass er in seiner Erstausgabe unter dieser Bezeichnung erschien. Zudem spricht auch die Länge bzw. Kürze des Textes für die Einordnung in die Gattung der Novelle.

Die formale Offenheit und erzählerische Vielfalt jedoch, mit der Eichendorff Merkmale unterschiedlicher Gattungen aufgreift und in seinem Text verarbeitet, entspricht weitgehend den romantischen Vorstellungen eines Romans, wie sie in dem auf **Arbeitsblatt 8b**, S. 83 abgedruckten Textauszug wiedergegeben werden.

■ *Fassen Sie mit eigenen Worten kurz zusammen, was den Roman als „romantisches Buch" kennzeichnet.*

In der Romantik wird der Roman nicht als klassische Gattung mit eigenständigen Merkmalen begriffen, sondern als Sammelbecken für all das, was die klassischen Gattungsgrenzen überschreitet. Der Roman greift nach diesem Verständnis Elemente verschiedener Gattungen auf und vereint diese in einem „romantischen Buch". Er unterliegt damit keinen Formvorgaben. Charakteristisch für den romantischen Roman ist neben der Formoffenheit der fragmentarische Charakter seiner Handlung und Handlungsstränge. Er erzählt keine abgeschlossene Geschichte.

■ *Handelt es sich bei Eichendorffs „Aus dem Leben eines Taugenichts" um ein solches „romantisches Buch"? Begründen Sie Ihre Antwort.*

Die formale Gestaltung, die Elemente des Märchens, der Novelle, eines Bildungsromans sowie zahlreiche Lieder miteinander vereint, entspricht dem Wesen eines „romantischen Buches". Zudem vermittelt der episodische Charakter des Geschehens über weite Strecken einen fragmentarischen Eindruck.

Dem widerspricht das scheinbare „Happy End", bei dem alle Handlungsfäden zusammengeführt werden. Wie an anderen Stellen ausführlich dargelegt (vgl. 2.3, 2.4, 3.1, 5.2), bestehen bei genauerer Analyse jedoch berechtigte Zweifel an diesem „Happy End" und die Zukunft des „Taugenichts" erscheint zumindest offen.

Insgesamt also spricht vieles dafür, Eichendorffs Text als „romantisches Buch" und in diesem Sinne auch als Roman zu klassifizieren.

Darüber hinaus lässt sich „Aus dem Leben eines Taugenichts" möglicherweise aber auch als selbstironische Parodie des romantischen Erzählens und damit des „romantischen Buches" deuten (vgl. 5.2).

Handlungsverlauf

■ *Ergänzen Sie in der unteren Erzählpyramide[1] die Kapitelangaben zu den einzelnen Erzählphasen bzw. Handlungsabschnitten. Notieren Sie stichwortartig, was in den einzelnen Abschnitten jeweils geschieht.*

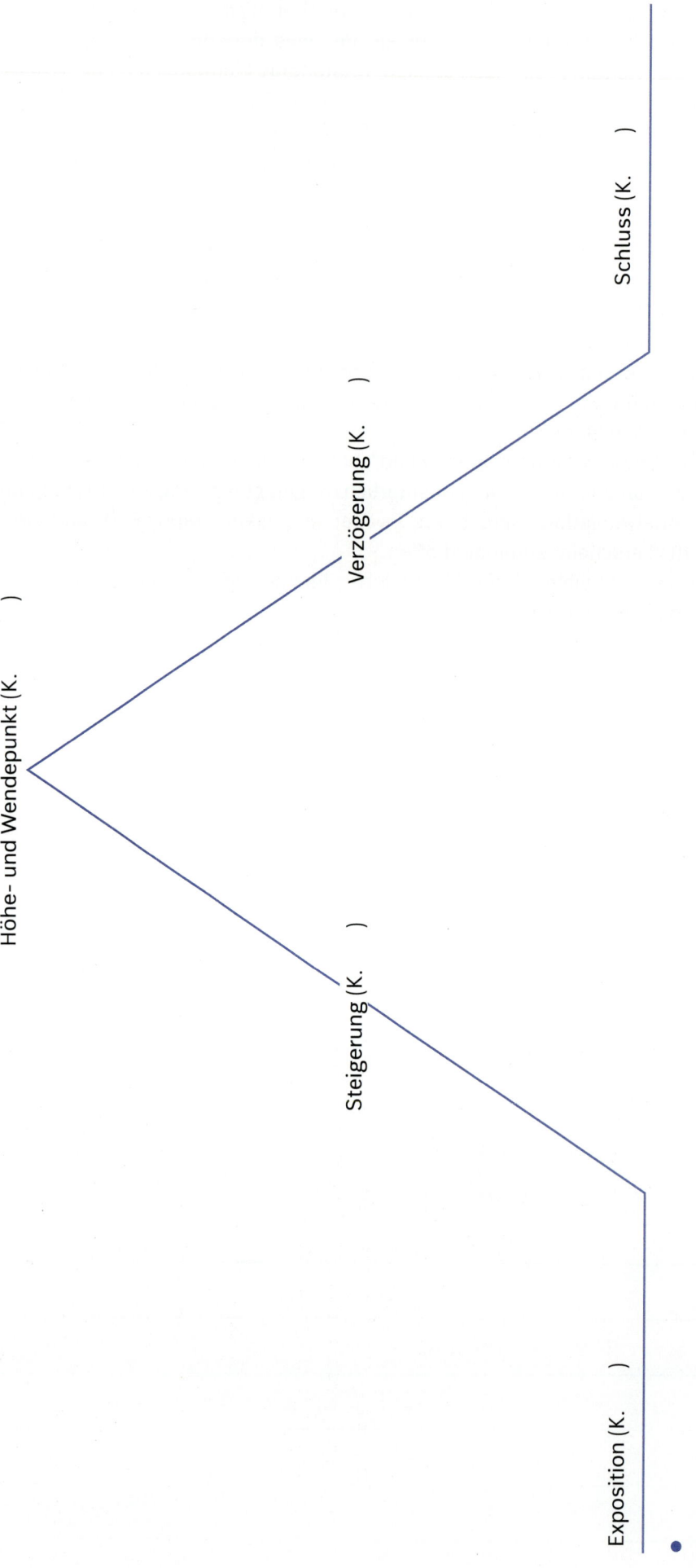

[1] Die Pyramide orientiert sich an Gustav Freytags Abhandlung „Die Technik des Dramas" (1863). Da Eichendorffs Text in der Sekundärliteratur häufig als Novelle gehandelt wird und diese eine ähnliche Struktur aufweist wie ein Drama, kann die Pyramide versuchsweise auf das Werk „Aus dem Leben eines Taugenichts" angewendet werden.

Handlungsverlauf (Lösungsvorschlag)

Höhe- und Wendepunkt (K. 5/6)

Brief von Aurelie (K. 6; S. 57)

Kutscher der „Maler" bringt „T." zu altem Bergschloss. Merkwürdige, bedrohliche Vorgänge (Verwechslungen). Brief von Aurelie mit scheinbarer Liebesbotschaft an „T.": „Kommen, eilen Sie zurück". Überstürzte Flucht aus Angst vor Mord.

Verzögerung (K. 7/8)

Flucht führt „T." nach Rom. „T." glaubt, dort seine „schöne Frau" in einem Garten zu sehen. Trifft jungen Maler und Maler Eckbrecht. Weiteres Missverständnis: Kammerzofe aus Wiener Schloss arrangiert Treffen, bei dem aber statt Aurelie eine römische Gräfin erscheint.

Steigerung (K. 3/4)

„T." verlässt Schloss aus Liebeskummer. Unterwegs begegnet er einem reichen Dorfmädchen, lässt die Gelegenheit, mit ihr sein Glück zu machen, ungenutzt. Reise/Flucht nach Italien im Gefolge der beiden vermeintlichen Maler Leonhard und Guido (Gräfin Flora).

Schluss (K. 9/10)

Rückreise nach Wien, Begegnung mit Prager Studenten. Zurück im Schloss klären sich die Verwechslungen auf. Aurelie ist Nichte des Portiers und in „T." verliebt. Doppelte Hochzeit kündigt sich an: zwischen Leonhard und Flora sowie zwischen „T." und Aurelie.

Exposition (K. 1/2)

„Taugenichts" verlässt väterliche Mühle, bricht am Frühlingsanfang auf, um sein Glück zu machen, folgt Damen zum Wiener Schloss. „T." verliebt sich in „schöne gnädige Frau", arbeitet als Gärtnergehilfe und Zolleinnehmer. (Scheinbar) unglückliche Liebe.

Grundbegriffe der Erzähltechnik

Autor und Erzähler	Autor eines Textes ist der Schriftsteller oder die Schriftstellerin, die den Text verfasst hat. In epischen Texten (Romanen, Erzählungen, Novellen etc.) richtet sich der Autor nie (!) unmittelbar an den Leser, sondern er tut dies stets (!) mittelbar über den Umweg einer fiktiven erzählenden Instanz: den Erzähler. (Ein fiktiver Erzähler erzählt einem fiktiven Zuhörer eine Geschichte. Erzähler und Zuhörer können im Text erkennbar sein oder im Verborgenen bleiben.) Dies gilt auch bei (scheinbar) autobiografischen Schilderungen. Der Autor kann in epischen Texten nicht selbst in Erscheinung treten! Selbst wenn eine Romanfigur unter dem Namen des Autors auftritt und erklärt, ihre eigene Geschichte zu erzählen, handelt es sich dabei nicht um den Autor, sondern den Erzähler.
Erzählform	Der Erzähler kann zwischen zwei Erzählformen wählen: der Ich-Erzählung und der Er-/Sie-Erzählung. Der Ich-Erzähler tritt ausdrücklich als Erzähler in Erscheinung und verwendet dazu das Personalpronomen 1. Person Singular. In der Ich-Erzählung unterscheidet man zudem zwischen erlebendem und erzählendem Ich als zwei Erscheinungsformen derselben Person. Das erzählende Ich meint das „Ich", das die Geschichte erzählt. Das erlebende Ich meint das „Ich", das in der Geschichte vorkommt. In der Er-/Sie-Erzählung tritt der Erzähler nicht selbst in Erscheinung, sondern bleibt hinter der Geschichte, die er von anderen erzählt, im Verborgenen.
Erzählperspektive	Zur Wahl stehen hier Innen- und Außenperspektive bzw. Innen- und Außensicht. Die Innenperspektive/Innensicht eröffnet Einblicke in das Innenleben der Figuren, ihre Gefühle, Gedanken und Wahrnehmungen. Die Außenperspektive/Außensicht richtet den Blick von außen auf die Figuren, ohne ihr Innenleben offenzulegen. Im Laufe eines Erzähltextes kann die Erzählperspektive mehrfach wechseln.
Erzählerstandort	Der Standort des Erzählers kann *außerhalb* oder *innerhalb* der erzählten Welt liegen. Liegt der Erzählerstandort außerhalb, wahrt der Erzähler die Distanz zum Geschehen und behält den Überblick. Er verfügt über ein umfassendes Wissen über Handlung und Figuren. Man spricht hier auch vom allwissenden bzw. olympischen Erzähler. Liegt der Erzählerstandort innerhalb, rückt der Erzähler näher an das Geschehen und verfügt meist nur noch über eine eingeschränkte Perspektive auf Handlung und Figuren. Auch der Erzählerstandort kann innerhalb eines Erzähltextes mehrfach wechseln.
Erzählverhalten	Hier unterscheidet man zwischen auktorialem, personalem und neutralem Erzählverhalten. Beim auktorialen Erzählverhalten tritt der Erzähler deutlich in Erscheinung, indem er beispielsweise Handlung oder Figuren kommentiert, den weiteren Verlauf des Geschehens andeutet oder vorwegnimmt, erklärende Hinweise liefert oder zwischen unterschiedlichen Handlungsorten bzw. in der Zeit hin und her springt. Beim auktorialen handelt es sich daher meist auch um einen allwissenden Erzähler. Beim personalen Erzählverhalten erzählt der Erzähler aus der eingeschränkten Perspektive einer oder mehrerer Figuren, an deren Erleben er scheinbar unmittelbar teilhat. Der personale Erzähler selbst verbirgt sich weitgehend hinter der Figur bzw. den Figuren.

	Beim neutralen Erzählverhalten vermittelt der Erzähler den Eindruck eines objektiven, neutralen Erzählens. Der neutrale Erzähler verbirgt sich hinter dem Geschehen, das er überwiegend aus der Außensicht schildert. Das Erzählverhalten kann in einem Erzähltext mehrfach wechseln.
Erzählhaltung	Die Haltung, die der Erzähler dem von ihm erzählten Geschehen gegenüber einnimmt, kann neutral oder wertend (kritisch, ironisch, zustimmend, zweifelnd etc.) sein.
Zeitstruktur	Wesentlich ist hier, zwischen Erzählzeit und erzählter Zeit zu unterscheiden. Erzählzeit bezeichnet die Zeit, in der das Geschehen erzählt (bzw. gelesen) wird. Die Erzählzeit entspricht also der Zeit, die man braucht, um den Text zu lesen (bzw. zu erzählen). Die erzählte Zeit bezeichnet die Zeit, in der das Geschehen stattfindet. Die erzählte Zeit entspricht also der Zeitdauer des Geschehens. Das Verhältnis der Erzählzeit zur erzählten Zeit kann zeitdeckend (die Erzählzeit entspricht der erzählten Zeit; die Schilderung des Geschehens dauert genauso lange wie das Geschehen selbst), zeitraffend (die Erzählzeit ist kürzer als die erzählte Zeit; das Geschehen wird schneller erzählt, als es tatsächlich dauerte) oder zeitdehnend (die Erzählzeit ist länger als die erzählte Zeit) sein. Außer in seiner chronologischen Abfolge (also in der Reihenfolge, in der es stattgefunden hat) kann der Erzähler das Geschehen zudem auch in Rückblicken bzw. Rückwendungen und Vorausdeutungen schildern, die den chronologischen Ablauf durchbrechen.
Darbietungsformen	Außer im Erzählerbericht, in dem der Erzähler mit eigenen Worten berichtet, beschreibt, kommentiert oder erörtert, kann der Erzähler das Geschehen auch in Form der Personenrede wiedergeben. Die Personenrede umfasst alle Äußerungen, Gedanken und Empfindungen einer Figur. Sie kann als wörtliche oder direkte Rede oder in Form der indirekten Rede wiedergegeben werden. Gedanken einer Figur können außerdem die Form eines inneren Monologs annehmen. Der innere Monolog gibt in der 1. Person Singular (meist im Präsens) die Gedanken, Empfindungen, Eindrücke, Erwägungen und Assoziationen einer Figur ohne Anführungszeichen scheinbar unmittelbar wieder. Eine weitere Darbietungsform ist die erlebte Rede, bei der die Gedanken, Äußerungen oder Empfindungen einer Figur in der 3. Person Indikativ (meist im Imperfekt) scheinbar unmittelbar aus der Perspektive der erlebenden Figur wiedergegeben werden. Die Darbietungsformen können innerhalb eines Erzähltextes mehrfach wechseln und sind nicht immer klar voneinander zu unterscheiden.

Martin Zurwehme: P.A.U.L. D. Oberstufe. Herausgegeben von Johannes Diekhans und Michael Fuchs. Bildungshaus Schulbuchverlage, Paderborn 2013, S. 536 ff.

- *Unterstreichen Sie in Partnerarbeit die wichtigsten erzähltechnischen Begriffe und erläutern Sie diese mit eigenen Worten.*

- *Erfinden Sie Textbeispiele, in denen die einzelnen Erzähltechniken jeweils Anwendung finden.*

- *Unterstreichen Sie in einer anderen Farbe Stellen, die Ihnen unklar sind, und diskutieren Sie diese mit Ihrem Partner.*

- *Präsentieren Sie die Ergebnisse (und offenen Fragen), die sich aus Ihrer Partnerarbeit ergeben haben, dem Kurs bzw. der Klasse.*

© Westermann Gruppe
Best.-Nr. 022697

Gattungsbestimmung

Märchen

Kürzere volksläufig-unterhaltende Prosaerzählung von fantastisch-wunderbaren Begebenheiten und Zuständen aus freier Erfindung ohne zeitlich-räumliche Festlegung: Eingreifen übernatürlicher Gewalten ins Alltagsleben, redende und Menschengestalt annehmende Tiere und Tier- oder Pflanzengestalt annehmende, verwunschene Menschen [...], Riesen, Zwerge, Drachen, Feen, Hexen, Zauberer u. a. den Naturgesetzen widersprechende und an sich unglaubwürdige Erscheinungen, die jedoch aus dem Geist des Märchens heraus glaubwürdig werden [...]. Der ethische Grund ist eine denkbar einfache schwarz-weiße Weltordnung: Abenteuer und Prüfung der Helden durch gute oder böse Mächte, Belohnung des Guten, Bestrafung des Bösen [...].
[Das Kunstmärchen] wird [...] oft zu einem aus Not und Sehnsucht gespeisten utopischen Gegenbild zum Alltag: rückblickende Flucht in eine Idylle, gegenwärtige progressive Satire oder vorausblickende Wunschwelt. [...]
[Auf] der Höhe der Romantik erfolgt der Umschlag zum Märchen als „bewusste Poetisierung der Welt" mit Durchbrechung der Wirklichkeit, Erfahrung und Kausalität, Loslösung von Zeit und Raum [...].

Novelle

Kürzere Vers- oder meist Prosaerzählung einer neuen, unerhörten, doch im Gegensatz zum Märchen tatsächlichen oder möglichen Einzelbegebenheit mit einem einzigen Konflikt in gedrängter, geradliniger auf ein Ziel hinführender und in sich geschlossener Form und nahezu objektivem Berichtstil ohne Einmischung des Erzählers, epische Breite und Charakterausmalung des Romans, dagegen häufig in Gestalt der Rahmen- oder chronikalischen Erzählung, die dem Dichter eine eigene Stellungnahme oder die Spiegelung des Erzählten bei den Aufnehmenden ermöglicht und den streng tektonischen[1] Aufbau der Novelle, den sie mit dem Drama gemeinsam hat, betont. [...] Beide Formen verlangen [eine] geraffte Exposition, [eine] konzentriert herausgebildete Peripetie[2] und ein Abklingen, das die Zukunft der Figuren mehr ahnungsvoll andeuten als gestalten kann. [...]
Von den wesentlichen Theoretikern der Novelle zeigt Friedrich Schlegel[3] [...] den symbolischen Charakter [der Novelle] auf; August Wilhelm Schlegel und besonders Tieck[4] betonen bei aller stofflicher Vielseitigkeit neben dem Symbolcharakter das Auftreten eines völlig unerwarteten, doch natürlich entwickelten und scharf herausgearbeiteten Wendepunktes in der psychologisch bruchlos gestalteten Charakterentwicklung; Goethe definiert die Novelle [...] als „eine sich ereignete unerhörte Begebenheit". Er betont [...] den Wert des Neuen, Ungewöhnlichen, Interessanten [...].

Roman

Epische Großform in Prosa [...]. [Der Roman] bringt [...] einen umfassend angelegten und weit ausgesponnenen Zusammenhang zur Darstellung und unterscheidet sich dadurch von der Novelle und anderen epischen Kleinformen [...]. [Er] richtet [...] den Blick auf die einmalig geprägte Einzelpersönlichkeit oder eine Gruppe von Individuen mit ihren Sonderschicksalen in einer [...] Welt, in der nach Verlust der alten Ordnungen und Geborgenheiten die Problematik, Zwiespältigkeit, Gefahr und die ständigen Entscheidungsfragen des Daseins an sie herantreten und die ewige Diskrepanz von Ideal und Wirklichkeit, innerer und äußerer Welt, bewusst machen. [...] Bei aller Gebundenheit an die Außenwelt bestimmen letztlich nicht äußere Taten, sondern innere Entwicklungen den Gang des Romans [...].
Die geringe Formstrenge, die unterschiedlichen Zielsetzungen und Lesererwartungen, Themen und Stoffe, Stilarten und Erzählstrukturen bedingen die außerordentliche Vielfalt der Romanliteratur als der am weitesten gefassten Gattung [...].

Gero von Wilpert: Sachwörterbuch der Literatur, 7. Auflage 1989, Alfred Kröner Verlag, Stuttgart

---

[1] Tektonik (hier): strenger, kunstvoller Aufbau einer Dichtung
[2] Peripetie: Wendepunkt, Umschwung
[3] Friedrich Schlegel (1772–1829): dt. Dichter und Literaturwissenschaftler
[4] August Wilhelm Schlegel (1767–1845): dt. Dichter, Bruder von Friedrich Schlegel; Ludwig Tieck (1773–1853): dt. Dichter

- *Lesen Sie in Gruppen jeweils einen der drei Lexikoneinträge.*
- *Unterstreichen Sie die zentralen Stellen des Textes und fassen Sie dessen Kernaussagen mit eigenen Worten kurz zusammen.*
- *Notieren Sie stichwortartig, worin Eichendorffs Text „Aus dem Leben eines Taugenichts" den jeweiligen Gattungen entspricht und worin er sich von ihnen unterscheidet.*
- *Überlegen Sie gemeinsam, welcher Gattung der Text am ehesten entspricht. Begründen Sie Ihre Wahl.*

Gattungsbestimmung

■ *Lesen Sie den nachfolgenden Textauszug.*

Das romantische Buch

Anders als die Klassiker betrachten die Romantiker den Roman [...] nicht als abgeschlossene, gesonderte Gattung, sondern als „romantisches Buch", in dem alle Gattungen, alle Formen, alle Stile, alle Bewusst-
5 seinsäußerungen sich vermengen.
Da er „als unendliche, offene Summenbildung [...] prinzipiell alle diskursiven und poetischen Formen integrieren kann" (Kremer), kommt er, wie keine andere Textsorte sonst, der Unendlichkeit des Seins und
10 Erkennens am nächsten. Für Schelling[1] ist dieses Verwischen und Auflösen der Gattungsgrenzen die Grundbedingung des Romanhaften schlechthin: „Ja ich kann mir einen Roman kaum anders denken, als gemischt aus Erzählung, Gesang und anderen For-
15 men", schreibt er in seinem Gespräch über die Poesie. [...]
Nicht minder konstitutiv als das Postulat der Gattungsvermischung ist darüber hinaus das im Roman eingelöste Prinzip des Fragmentarischen. Da die Welt
20 unendlich ist, bleibt sie unerzählbar. Kein Roman, wie lang auch immer und wie vermischt auch immer, kann alles erzählen, kein Roman kann die Gesamtheit aller Erscheinungen einfangen. Der Roman als „romantisches Buch" bildet diese Grundannahme
25 strukturell durch eine potenziell unendliche Verschachtelung immer wieder neuer Geschichten und Erzählstränge ab. Diese Vielstimmigkeit, diese Polyfonie[2] der Möglichkeiten öffnet stets neue Perspektiven und symbolisiert zugleich die Unabschließbar-
30 keit des Erzählens, das im Nebeneinander erzählender, reflektierender Abschnitte, eingestreuter Lieder, Märchen, Gedichte, Briefe und dialogischer Sequenzen schon per se einen fragmentarischen Charakter trägt. Im Sinne der Universalpoesie[3] wird das romantische Buch zum Abbild der unendlichen und damit
35 nie erreichbaren, nie abschließbaren [...] Annäherung an die Wirklichkeit des Absoluten. So bleibt jeder romantische Text ein offenes Projekt, ein offener Prozess und damit selbst ein Fragment der Idee des Romantischen. Damit eignet sich der Roman zum be-
40 vorzugten Experimentierfeld eines völlig freien, absolut autonomen Autors, der laut Schlegel[4] „an kein Gesetz, keine Regeln, keine Vorgaben gebunden und völlig frei von jeder poetologischen Konvention" agiert. So bleibt als einziges Gesetz, das die romanti-
45 sche Poesie anerkennt, jenes, „dass die Willkür des Dichters kein Gesetz über sich leide".

Textauszug aus Das romantische Buch, veröffentlicht am 11.02.2015 auf: www.br.de/radio/bayern2/sendungen/radiowissen/deutsch-und-literatur/novalis-das-romantische-buch100.html (12.02.2018)

---

[1] Friedrich Wilhelm Joseph Schelling (1775–1854): dt. Philosoph

[2] Polyfonie: Mehrstimmigkeit, (hier auch) Vielfalt; Polyfonie (Literatur): Figuren sprechen für sich selbst und vertreten nicht unbedingt die Meinung des Autors

[3] Universalpoesie: von Friedrich Schlegel entwickelte Theorie der romantischen Literatur, die sich zum Ziel setzt, sämtliche literarische Gattungen sowie Philosophie, Kunst und Wissenschaft in sich zu vereinen und Traum und Wirklichkeit miteinander zu verbinden

[4] Friedrich Schlegel (1772–1829): dt. Dichter und Literaturwissenschaftler

■ *Fassen Sie mit eigenen Worten kurz zusammen, was den Roman als „romantisches Buch" kennzeichnet.*

■ *Handelt es sich bei Eichendorffs „Aus dem Leben eines Taugenichts" um ein solches „romantisches Buch"? Begründen Sie Ihre Antwort.*

Baustein 4

Romantik

Für das Verständnis von Eichendorffs Text ist es unumgänglich, sich auch mit der Epoche der Romantik zu befassen, in der dieser entstanden ist. Zahlreiche Elemente romantischer Literatur lassen sich im Werk „Aus dem Leben eines Taugenichts" nachweisen. Da das Werk zeitlich der Spätromantik (1815–1848) zuzuordnen ist, stellt es möglicherweise bereits eine kritisch-ironische Auseinandersetzung mit der Epoche und ihrer Literatur dar (vgl. 5.2). In diesem Baustein gilt es zunächst jedoch, wesentliche Grundmerkmale romantischer Literatur zu erarbeiten und zu Eichendorffs Buch in Bezug zu setzen.

4.1 Merkmale der Romantik

Anhand des im Anhang der Textausgabe abgedruckten Epochenüberblicks, S. 116 ff. können die Schülerinnen und Schüler wesentliche Merkmale romantischer Literatur herausarbeiten.

- *Lesen Sie den im Anhang der Textausgabe, S. 116–118, abgedruckten „Epochenüberblick: Romantik".*
- *Fassen Sie stichwortartig die Merkmale romantischer Literatur zusammen, die darin beschrieben werden.*
- *Welche dieser Merkmale erscheinen Ihnen auf Grundlage des Textes besonders wesentlich?*

Folgende Stichworte können an der Tafel notiert werden:

Merkmale romantischer Literatur

- Gefühl
- Welt wird poetisiert, romantisiert.
- Hang zum Wunderbaren
- Realitätsflucht
- idyllische, verklärte Natur
- Außenseiterdasein, Abkehr von bürgerlicher Gesellschaft
- Sehnsucht
- Vorliebe für Lyrik + volkstümliche Literatur (Volkslieder, Märchen, fantastische Literatur)
- idealisiertes Mittelalter (Minnesang)

Sehnsucht → Poetisierung der Welt/Natur

Die einzelnen Merkmale lassen sich nun in einem nächsten Schritt mit Eichendorffs Buch abgleichen.

> ■ *Erläutern Sie, inwieweit die an der Tafel aufgeführten Merkmal auch Eichendorffs „Aus dem Leben eines Taugenichts" kennzeichnen.*

Das Gefühl der Sehnsucht bildet nicht nur ein zentrales Merkmal romantischer Literatur im Allgemeinen, sondern auch von Eichendorffs „Aus dem Leben eines Taugenichts" im Besonderen. Die Sehnsucht nach der „schönen gnädigen Frau" ist Ausgangs- und Zielpunkt des Handlungsgeschehens (vgl. 2.3).

Gleichzeitig rückt damit das Gefühlsleben des „Taugenichts" in den Mittelpunkt, der aus seiner Wahrnehmung als „Ich-Erzähler" die Welt poetisiert (vgl. 2.1). Insbesondere die Natur erscheint als Ausdruck seiner Stimmung bzw. inneren Gefühlswelt und wird symbolisch überhöht und verklärt (vgl. 2.5, 2.6).

Die Realitätsflucht beschreibt gewissermaßen das Motiv für den Aufbruch des „Taugenichts" von der väterlichen Mühle. Zugleich schlägt sie sich in den märchenhaften Zügen der Geschichte nieder.

Zumindest in seiner Fantasie gibt der Ich-Erzähler als romantischer Held seinem Hang zum Wunderbaren nach, welches sich am Ende jedoch als Illusion entpuppt.

Bis zu diesem möglicherweise eher unromantischen Ende (vgl. u. a. 5.2) erscheint der „Taugenichts" als romantischer Außenseiter, der sein Glück sucht, indem er sich von der bürgerlichen Gesellschaft abkehrt und einer sehnsuchtsvollen Liebe zuwendet.

Die Art und Weise, mit der er diese Liebe ausdrückt und die „schöne gnädige Frau" idealisiert, ist spürbar vom Minnesang beeinflusst.

Zuletzt schlägt sich die romantische Vorliebe für Lyrik und Volkstümlichkeit in den zahlreichen Volksliedern nieder, die in „Aus dem Leben eines Taugenichts" in das Handlungsgeschehen eingewoben werden.

Nachdem die Schüler und Schülerinnen auf diese Weise zentrale romantische Elemente mit dem Text Eichendorffs in Verbindung gebracht haben, lohnt es sich, den Aspekt der Poetisierung noch einmal etwas genauer zu beleuchten.

> ■ *Lesen Sie folgenden Auszug aus dem im Anhang der Textausgabe abgedruckten Text „Die Poetisierung der Wirklichkeit": S. 123.*

> ■ *Vergleichen Sie Gerhard Kluges Ausführungen zur Poetisierung mit der entsprechenden Darstellung im „Epochenüberblick", S. 116 f. Arbeiten Sie zunächst die wesentlichen Unterschiede heraus.*

> ■ *Überlegen Sie anschließend, wie sich die beiden Definitionen miteinander vereinbaren lassen. Gehen Sie dabei auch auf die Frage ein, inwiefern die Poetisierung eine religiöse Funktion erfüllt.*

Im Text zum „Epochenüberblick" erscheint das Poetisieren bzw. Romantisieren als ein subjektives Fantasieren. Der romantische Dichter gibt dem „Gewöhnlichen" (S. 117, Z. 3) kraft seiner Vorstellungskraft einen außergewöhnlichen „Schein" (Z. 5). Die Wirklichkeit wird überhöht bzw. „verklärt" (Z. 27).

Kluge dagegen hebt hervor, dass die Natur aus religiös-romantischer Sicht nicht erst beseelt werden muss, sondern bereits beseelt ist (vgl. S. 123, Z. 19 ff.). Poetisieren bzw. Romantisieren heißt demnach, den romantischen, poetischen Kern der Natur offenzulegen und damit das göttliche Wesen der Natur zu „offenbaren" (Z. 29).

Auf den ersten Blick erscheint dies widersprüchlich. Im ersten Text wird das Poetisieren als ein Erfinden beschrieben, während es im zweiten Text als ein Finden dargestellt wird.

Baustein 4: Romantik

Aus romantisch-literarischer Perspektive muss dies jedoch kein Gegensatz sein. Das literarische Prinzip des „Verklärens", das u. a. von Fontane auch im poetischen Realismus aufgegriffen wird, lässt sich nämlich auch als eine poetische Methode des Erklärens bzw. Aufklärens begreifen. Anders gesagt: Das Erfinden trägt zum Finden bei. Dadurch, dass der romantische Dichter die Natur mithilfe seiner poetischen Fantasie überhöht, offenbart er ihren wahren, verborgenen Kern. Die Poesie ist aus dieser romantischen Perspektive ein Mittel der Erkenntnis.

Als Schaubild lässt sich das so skizzieren:

Das Poetisieren/Romantisieren der Natur/Wirklichkeit

innerer, göttlicher/ideeller Kern der Natur/Wirklichkeit
(ideelle Natur)

↑

Poetisierung bzw. Romantisierung
(überhöht äußere Gestalt & offenbart inneres Wesen)

|

äußere, materielle Gestalt der Natur/Wirklichkeit

→ **Offenbarung durch Poesie**

Ehe die Schülerinnen und Schüler abermals den Bezug zu „Aus dem Leben eines Taugenichts" herstellen, kann ihnen das Prinzip des Poetisierens noch einmal auf der Grundlage des berühmten Gedichtes „Wünschelrute" veranschaulicht werden, in dem Joseph von Eichendorff eben dieses Prinzip thematisiert. Das im Anhang der Textausgabe, S. 109 abgedruckte Gedicht entstand 1835 und wurde 1838 im Deutschen Musenalmanach erstmals veröffentlicht.

■ *Lesen Sie Joseph von Eichendorffs Gedicht „Wünschelrute", Anhang, S. 109, Z. 6–9.*

■ *Deuten Sie das Gedicht im Hinblick auf das romantische Prinzip des Poetisierens.*

Es liegt nahe, das „Zauberwort" (Z. 9) aus dem Vierzeiler als Sinnbild für das literarische Wort, Literatur und Poesie zu deuten. Im weiteren Sinne repräsentiert es die Kunst im Allgemeinen. Mithilfe der Poesie verwandelt sich die Welt selbst in Poesie, indem sie zu singen anhebt (vgl. Z. 8).

Das lyrische „Zauberwort" erweckt jedoch nicht etwa kraft der Fantasie und Einbildungskraft die toten Dinge zu einem imaginären, eingebildeten Leben, sondern es bringt nur jenes verborgene Leben, jenen verborgenen Zauber, jenes verborgene „Lied" (Z. 6) an die Oberfläche, das ohnehin „in allen Dingen" „schläft" (Z. 6). Das „Zauberwort" ist entsprechend nicht beliebig, sondern man muss es treffen (Z. 9). Es ist also bereits vorgegeben. Die Poesie bzw. die lyrische Darstellung der Welt muss dem lyrischen Charakter entsprechen, der der Welt bzw. der Natur innewohnt. Die „Dinge" (Z. 6) müssen nicht erst durch den Dichter belebt und beseelt werden, sondern sie sind es bereits. Sie „träumen fort und fort" (Z. 7). Mithilfe des Zauberworts bzw. der Poesie offenbart der Dichter die verborgene poetische bzw. göttliche Gestalt der Welt.

Das Lied, das in den Dingen „schläft" (Z. 6), wird hörbar und die Welt beginnt zu „singen"

(Z. 8). Es scheint, als habe der Dichter die Welt aus ihrem Dornröschenschlaf erweckt. Gleichzeitig jedoch können nur jene das Lied hören, die das „Zauberwort" treffen und damit ihre Wahrnehmung der Welt verändern bzw. richtig hinsehen und hinhören. Die Welt erwacht für den Dichter bzw. Romantiker möglicherweise erst dadurch, dass er selbst sich in sie hineinträumt. Das schlafende Lied erklingt, indem der Dichter an den Träumen der Dinge teilnimmt. Das „Zauberwort" fungiert in diesem Sinne als Codewort bzw. Losung, die dem Dichter den Zugang zu jener verborgenen Dimension öffnet.

Nach dieser Analyse können sich die Schülerinnen und Schüler nun wieder Eichendorffs Werk „Aus dem Leben eines Taugenichts" zuwenden:

> ■ *Lesen Sie das Lied „Wem Gott will rechte Gunst erweisen" aus dem ersten Kapitel (S. 6).*
>
> ■ *Erläutern Sie, welche Rolle die Poetisierung der Natur in dem Lied spielt. Welche Funktion kommt dabei dem Wandern zu?*

Das Lied wird unter 3.3 ausführlich analysiert.
In diesem Zusammenhang genügt es, darauf hinzuweisen, dass das Lied zwei gegensätzliche Wahrnehmungen der Natur unterscheidet: diejenige der „Trägen" (S. 6, Z. 5) bzw. Philister und diejenige der Reisenden/Wandernden bzw. Romantiker.
Nur die Romantiker nehmen die poetische Schönheit der Natur wahr, nur ihnen offenbaren sich die göttlichen „Wunder" (Z. 3), die in ihr verborgen sind.
Das Wandern entspricht in diesem Zusammenhang dem Poetisieren. Es ist ein aus rein ökonomischer, materieller Philisterperspektive nutzloser Vorgang. Aus romantischer Sichtweise jedoch ein poetischer Akt.
Sinnbildlich lässt sich das körperliche Wandern als ein geistiges Wandern, ein Fantasieren, Erfinden und Dichten deuten.
In dieser Lesart beschreibt das Lied die romantisch-religiöse Offenbarung durch Poesie.

Doch auch wenn Eichendorff das Prinzip des Romantisierens gleich zu Beginn des ersten Kapitels im Lied des „Taugenichts" thematisiert, stellt sich mit Blick auf den Gesamttext die Frage, inwieweit sich dieses Prinzip mit der Kette aus Missverständnissen vereinbaren lässt, zu denen das Romantisieren bzw. Poetisieren beim „Taugenichts" führt.

> ■ *Diskutieren Sie in Gruppen darüber, ob sich dem „Taugenichts" durch sein Poetisieren der Wesenskern der Natur bzw. der Wirklichkeit offenbart. Berücksichtigen Sie bei Ihren Überlegungen insbesondere auch die vielen Missverständnisse und Verwechslungen, zu denen es im Laufe des Geschehens kommt.*
>
> ■ *Präsentieren Sie die Ergebnisse Ihrer Diskussion im Plenum.*

An zahlreichen Stellen der Handlung kommt es zu Verwechslungen und Missverständnissen, weil der „Taugenichts" Zeichen falsch deutet. Dies beginnt bereits bei seiner Überzeugung, die „schöne Frau" sei eine Adelige. Auch im Folgenden erweist sich der „Taugenichts" als naiver Träumer, der immer wieder falsche Schlüsse zieht. Etwa, wenn er glaubt, bei der „gnädigen Frau", die ihn im Garten zu einem Stelldichein lädt, müsse es sich um Aurelie handeln (vgl. 2. Kapitel), und er daraufhin seinen Garten zu ihrem Abbild verwandelt bzw. romantisiert (vgl. S. 21, Z. 29 ff.). Oder wenn ihm eine ganz ähnliche Verwechslung in Rom erneut passiert (vgl. 8. Kapitel).
Wie sehr ihm seine Fantasie mitunter Streiche spielt, wird besonders deutlich, wenn er davon überzeugt ist, in einer schemenhaften „weiße[n] Gestalt" (S. 64, Z. 30), die er in einem

Garten in Rom erblickt, seine Geliebte wiederzuerkennen. Exemplarisch verkehrt sich hier die Wirkung des Romantisierens: Anstatt einen verborgenen Wesenskern zu offenbaren, führt es zu einem Missverständnis.

Dies lässt sich als eine Parodie romantischer Literatur deuten. Das Poetisieren scheitert, wirkt albern und komisch.

Dem kann entgegengehalten werden, dass der „Taugenichts" auf den von Missverständnissen und Verwechslungen abgesteckten Umwegen am Ende doch sein Glück findet. Aurelie ist nach dieser Lesart zwar keine Adelige im sozialen Sinne. Die Fehldeutung des „Taugenichts" offenbart jedoch ihre innere, adelige Natur.

Voraussetzung für eine solche Interpretation ist, dass man den Schluss als „Happy End" deutet. Aber auch dann bleibt das (erfolgreiche) Romantisieren eines auf komischen Umwegen, die dem Text zumindest einen selbstironischen Unterton verleihen.

Ironisch lässt sich auch die Bemerkung Leonhards von der Liebe als „Poetenmantel" (S. 99, Z. 18f.) interpretieren.

- *Lesen Sie den folgenden Textauszug: S. 99, Z. 14 – Z. 37.*

- *Überlegen Sie im Partner- oder Gruppengespräch, inwiefern sich das Sprachbild vom „Poetenmantel" (Z. 18f.) in dieser Passage auch als Sinnbild des Romantisierens bzw. Poetisierens deuten lässt.*

Beim „Poetenmantel" handelt es sich um einen rein ideellen Mantel, der nur für den Dichter und Romantiker Gestalt annimmt. Es ist erst die Poesie, welche die Liebe in einen solchen schützenden, wärmenden Mantel verwandelt. Erst die Poesie bzw. das Romantisieren also verleiht der Liebe ihre Kraft und Bedeutung. Der „Poetenmantel" wird so zum Ausdruck der romantischen bzw. romantisierten Liebe und in einem allgemeineren Sinne des Romantisierens bzw. Poetisierens selbst.

- *Vergleichen Sie das Sinnbild des „Poetenmantels" in der gewählten Passage mit der Darstellung des Poetisierens in Eichendorffs Gedicht „Wünschelrute".*
  Achten Sie insbesondere darauf, welche Funktion das Poetisieren jeweils erfüllt.

Der Poetenmantel schützt und wärmt „in der kalten Welt" (S. 99, Z. 19). In diesem Sinnbild entfaltet sich ein Kontrast zwischen dem Poeten bzw. Romantiker und der Welt, vor der dieser durch seinen Mantel geschützt wird. Der Poetenmantel bzw. das Poetisieren offenbart dem Romantiker anders als im Gedicht „Wünschelrute" keinen geheimen Zugang zum Wesenskern der Welt, sondern es hält dem Romantiker die Welt auf Abstand. Entsprechend geht die „ganze andere Welt rings" um die Liebenden „unter" (Z. 36), wenn diese ihren Mantel umlegen (vgl. Z. 35ff.).

Das Poetisieren hat im Sinnbild des „Poetenmantels" keine offenbarende, sondern eine eskapistische Wirkung. Es öffnet keinen Zugang zur Welt, sondern eine Fluchttür aus der Welt heraus. Anstatt wie im Vierzeiler „Wünschelrute" Verborgenes zu enthüllen, erfüllt das Romantisieren im Sinnbild des „Poetenmantels" die gegenteilige Funktion: Es verhüllt, verschleiert die nackte Wirklichkeit und damit zugleich auch das wahre, profane Wesen der Liebe. Diese wahre Natur der Liebe scheint für Leonhard vor allem im Liebes- bzw. Geschlechtsakt zum Ausdruck zu kommen. Seine Aufforderung „liebt euch wie die Kaninchen" (Z. 37) entkleidet die Liebe aller Romantik.

Zu dieser materialistischen, aufgeklärten Sichtweise passt, dass Leonhard Dichter und Romantiker mit „Fantast[en]" (Z. 19), also wirklichkeitsfremden Schwärmern und Träumern, gleichsetzt. Das Pathos, mit dem Leonhard in dieser Passage die Liebe als Poetenmantel preist, lässt sich daher durchaus ironisch verstehen (vgl. auch 5.2).

4.2 Sehnsucht und romantische Metaphorik

Eines der Hauptmotive romantischer Literatur, das auch in Eichendorffs Text „Aus dem Leben eines Taugenichts" eine zentrale Rolle spielt, ist die „Sehnsucht". Auf der Grundlage von Eichendorffs gleichnamigem Gedicht, Anhang, S. 140 lernen die Schüler und Schülerinnen wesentliche romantische Motive und Sinnbilder kennen.
Vor der Lektüre des Gedichtes empfiehlt es sich jedoch zuerst ihre eigenen Assoziationen zum Begriff der „Sehnsucht" abzufragen.

■ *Wonach sehnen Sie sich? Was löst in Ihnen Sehnsucht aus?*

■ *Beschreiben Sie in wenigen eigenen Worten das Gefühl der „Sehnsucht".*

Ein wesentliches Element der Sehnsucht, das von den Schülerinnen und Schülern genannt werden dürfte, ist das Verlangen bzw. der Wunsch nach etwas. Wer Sehnsucht verspürt, möchte etwas. Konkretisieren lässt sich dieses Gefühl des Wollens zunächst quantitativ: Man möchte es dringend. Der Wunsch, der dem Gefühl der Sehnsucht zugrunde liegt, ist ein besonders starker.
Damit allein aber ist das (romantische) Gefühl der Sehnsucht noch nicht ausreichend definiert. Der Wunsch hat auch eine besondere Qualität.
Möglicherweise findet sich diese bereits in den Beschreibungen der Schüler und Schülerinnen wieder. Es ist ein quälender Wunsch, ein schmerzhaftes Verlangen. Und es ist auch ein – zumindest im Moment des Sehnens – unstillbarer Wunsch, ein unerfüllbares Verlangen.

■ *Wieso ist Sehnsucht ein widersprüchliches bzw. zwiespältiges Gefühl?*

Dem Verlangen nach etwas – im Moment – Unerreichbarem liegen zwei gegenläufige Bewegungen zugrunde. Einerseits diejenige hin zum Objekt der Begierde bzw. der Sehnsucht. Andererseits die Gegenbewegung, die verhindert, dass der Sehnende dieses Objekt erreicht. Im Gefühl der Sehnsucht vereinen sich Lust und Schmerz.

An der Tafel lässt sich diese ambivalente Dynamik so skizzieren:

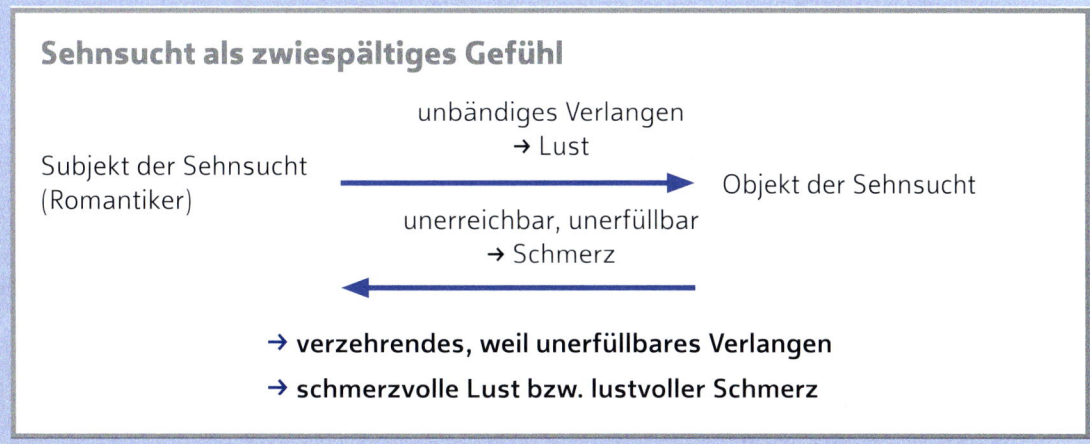

Nachdem die Schüler und Schülerinnen den Begriff der „Sehnsucht" auf diese Weise genauer bestimmt haben, können sie sich nun Eichendorffs Gedicht zuwenden.

■ *Lesen Sie Eichendorffs im Anhang der Textausgabe, S. 140 abgedrucktes Gedicht „Sehnsucht".*

■ *Beantworten Sie anschließend folgende Fragen:*
• *Was löst beim lyrischen Ich das Gefühl der Sehnsucht aus?*

Das lyrische Ich fühlt sich „einsam" (S. 140, Z. 2). Der Blick aus dem Fenster, in den Himmel (vgl. Z. 1), sowie das Posthorn, das in der „Ferne" (Z. 3) ertönt, wecken in ihm die Sehnsucht nach einem anderen, glücklicheren Leben. Diese Sehnsucht kann als Fernweh, Reise- und Abenteuerlust, aber auch als religiöse Sehnsucht nach dem Jenseits (Blick in den Himmel) und damit als eine Art Todessehnsucht gedeutet werden.

• *Wie verändert sich der Blickwinkel des lyrischen Ichs im Verlaufe des Gedichtes? Worauf richtet sich seine Sehnsucht jeweils?*

In der Realität bleibt sein Blickwinkel unverändert: Es steht am Fenster und schaut nach draußen. In der Fantasie aber weitet sich die Perspektive. Der Gesang, der beiden Gesellen, den es hört – oder zu hören glaubt –, löst in ihm Bilder von einer abenteuerlichen Reise voller Gefahren aus. Diese führt die Gesellen in deren Vorstellung bzw. in ihrem Gesang schließlich zu „Palästen im Mondschein" (Z. 20) und den darin wartenden Mädchen. Die wilden „Gärten" (Z. 18 f.) und der „Mondschein" stehen symbolisch für eine verborgene Leidenschaft und die Nachtseiten der menschlichen Natur. In der Symbolik der „Marmorbilder" schwingt abermals eine Todessehnsucht mit.
Während das lyrische Ich in den ersten beiden Strophen ausdrücklich genannt wird (vgl. Z. 2, Z. 11), wird es in der dritten Strophe nicht mehr erwähnt. Es hat sich weitgehend in seiner Sehnsucht und Fantasie aufgelöst.

• *Welche Rolle spielen dabei die „Gesellen" und die „Mädchen"?*

Das lyrische Ich blickt und hört den beiden Gesellen, die es durch sein Fenster sieht, sehnsuchtsvoll hinterher. Es wäre gerne an ihrer Stelle („Ach, wer da mitreisen könnte", Z. 8). Die beiden Gesellen bilden einerseits also für das lyrische Ich ein Objekt der Sehnsucht. Zugleich scheinen sie die Sehnsucht des lyrischen Ichs stellvertretend zu erfüllen. Sie erscheinen mit Beginn der zweiten Strophe (vgl. Z. 9) direkt, nachdem das lyrische Ich am Ende der ersten Strophe seiner Fernweh Ausdruck verliehen hat (vgl. Z. 8).
Im weiteren Verlauf der zweiten Strophe verleihen die Gesellen mit ihrem Gesang ihren eigenen Sehnsüchten Ausdruck. Sie werden scheinbar also selbst zu Subjekten der Sehnsucht, die sich auf eine abenteuerliche Reise zu „schwindelnden Felsenklüften" etc. (Z. 13 ff.) richtet. Der Wald (vgl. Z. 11, Z. 16) symbolisiert mit seinem sachten Rauschen neben der Gefahr auch verborgene Lust und Sinnlichkeit. Diese Sehnsucht der Gesellen wird anfangs auch in der dritten Strophe beschrieben. Vermittelt wird sie jedoch stets über das lyrische Ich, das ihren Gesang angeblich hört. Dadurch, dass das lyrische Ich diesen Gesang wiedergibt, macht es sich dessen Inhalt zu eigen. Die Gesellen transportieren die Sehnsucht des lyrischen Ichs weiter. Sie dienen als Projektionsfläche für die Sehnsüchte des lyrischen Ichs und fungieren somit als dessen Alter Ego.
In der dritten Strophe wiederholt sich dieser Vorgang der Projektion. Die Gesellen fantasieren nämlich von Mädchen, die ihrerseits sehnsüchtig „am Fenster lauschen" (Z. 21). Damit verwandeln sich diese Mädchen wie die Gesellen zuvor scheinbar von Objekten der Sehnsucht zu Subjekten derselben (vgl. Z. 21 f.). Die Mädchen sehnen sich nach der „Lauten Klang" (Z. 22). Die Laute kann beispielsweise als Symbol für Harmonie, Glück oder auch eine romantische Liebe verstanden werden. In der Sehnsucht der Mädchen, die wie das lyrische Ich am Fenster nach draußen hören, spiegelt sich letztlich auch die Sehnsucht des lyrischen Ichs wider.

Vereinfacht lässt sich das an der Tafel so skizzieren:

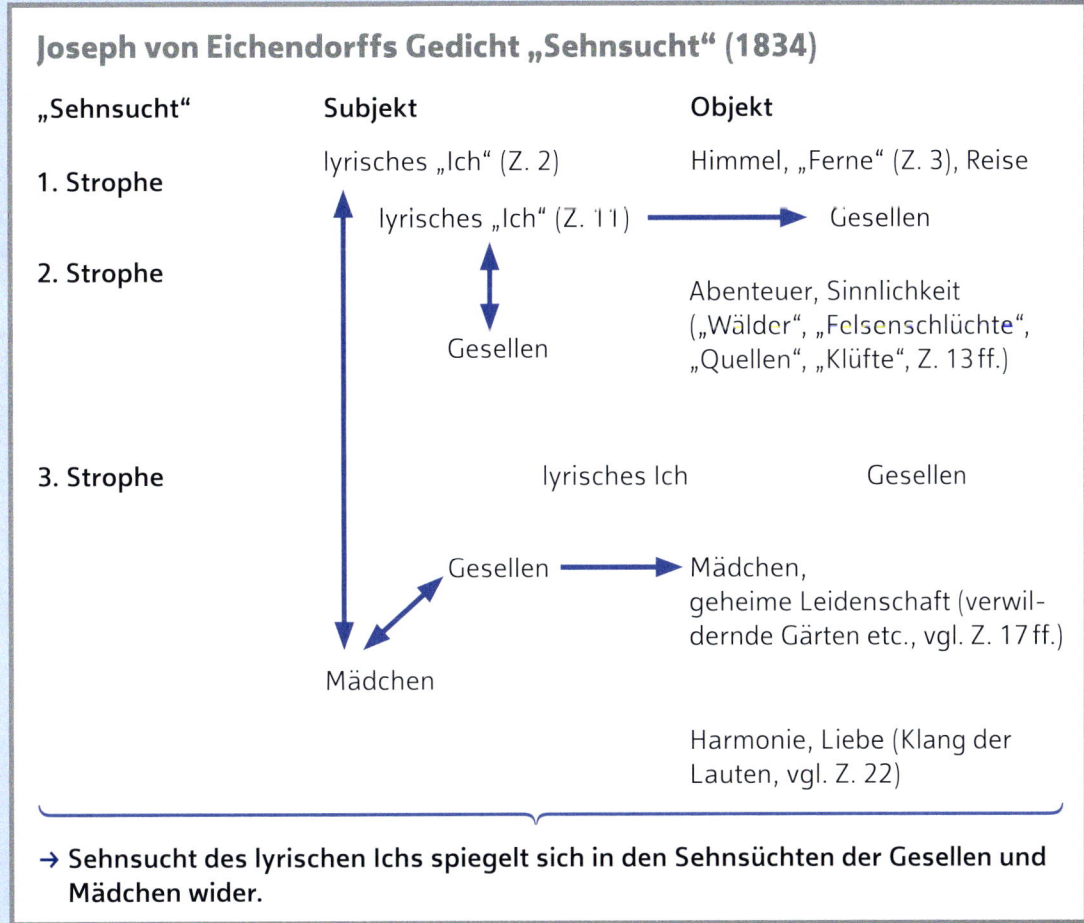

Im Anschluss an diese erste Analyse des Gedichtes können die Schüler und Schülerinnen nun dessen romantische Metaphorik näher in den Blick nehmen.
In Eichendorffs Gedicht reiht sich ein romantisches Signalwort an das nächste.
Die Sehnsucht wird lyrisch derart verdichtet, dass sie sich beinahe in jedem Wort, jeder Formulierung widerspiegelt.
Daher erscheint es sinnvoll, zwischen Sinnbildern für das sehnsüchtige Empfinden und Sinnbildern für die Objekte dieser Sehnsucht zu unterscheiden.

- *Unterstreichen Sie zunächst all jene Begriffe oder Formulierungen, die Ihrer Ansicht nach das Gefühl der Sehnsucht versinnbildlichen.*

- *Unterstreichen Sie anschließend in einer anderen Farbe diejenigen Sinnbilder, die Objekte der Sehnsucht darstellen.*

Ihre Ergebnisse können die Schüler und Schülerinnen anschließend mit den Einträgen in der linken Spalte von **Arbeitsblatt 9**, S. 100 abgleichen.

- *Überlegen Sie in Partner- oder Gruppenarbeit, wofür die auf Arbeitsblatt 9 aufgelisteten Motive aus Eichendorffs Gedicht „Sehnsucht" jeweils stehen könnten. Notieren Sie Ihre Deutung anschließend stichwortartig in der rechten Spalte.*

Ein Lösungsvorschlag findet sich im Anschluss an **Arbeitsblatt 9**, S. 101.

Dabei zeigt sich, dass sich die Widersprüchlichkeit des Sehnsuchtsbegriffes in der doppel- und mehrdeutigen Metaphorik fortsetzt. Verführung und Bedrohung erweisen sich oftmals als zwei Seiten derselben Medaille.

Auch dass einige Sinnbilder sowohl das Sehnsuchtsempfinden als auch das Sehnsuchtsobjekt repräsentieren können, ist eine Auswirkung dieser Ambivalenz, bei der das unerreichbare Objekt auf das Empfinden zurückwirkt.

Diese Doppeldeutigkeit akzentuiert Eichendorff in seinem Gedicht noch zusätzlich, indem er die Sehnsucht der jungen „Gesellen" (Z. 9) in der Sehnsucht der „Mädchen" (Z. 21) spiegelt, von denen die Gesellen träumen bzw. singen. Denn auch diese Mädchen horchen sehnsuchtsvoll durchs Fenster nach draußen (vgl. Z. 21 ff.).

Nachdem die Schülerinnen und Schüler auf der Basis von Eichendorffs Gedicht einen ganzen Katalog romantischer Symbole zusammengetragen haben, werden sie aufgefordert, diese Sinnbilder zu Eichendorffs „Aus dem Leben eines Taugenichts" in Bezug zu setzen.

- *Suchen Sie in Partner- oder Gruppenarbeit jeweils eine Passage aus Eichendorffs „Aus dem Leben eines Taugenichts" heraus, in der mindestens eines der Sinnbilder aus Eichendorffs Gedicht „Sehnsucht" vorkommt.*

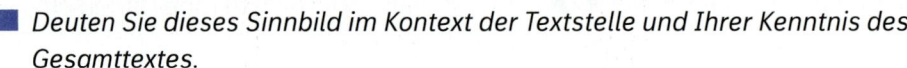

- *Deuten Sie dieses Sinnbild im Kontext der Textstelle und Ihrer Kenntnis des Gesamttextes.*

- *Präsentieren Sie Ihre Interpretation im Plenum.*

Da Eichendorff bereits im Werk „Aus dem Leben eines Taugenichts" das metaphorische Inventar anwendet, das er später in seinem Gedicht „Sehnsucht" aufgreift, lassen sich die meisten Sinnbilder aus dem Gedicht auch in der Novelle bzw. dem Roman (vgl. 3.4) belegen. Auch die Deutungen ähneln einander, variieren jedoch je nach konkretem Kontext.

Im gelenkten Unterrichtsgespräch empfiehlt es sich, auf die **Ambivalenz der romantischen Metaphorik** hinzuweisen, die dazu führt, dass einzelne Sinnbilder sowohl in einem positiven, sittlich-moralischen als auch in einem negativen, bedrohlichen, unmoralischen Zusammenhang verwendet werden können.

Dies liegt daran, dass die Sehnsucht als narrativer Motor auch sinnbildlich in ein Zwischenreich von Tag und Nacht, Vernunft und Fantasie, Anpassung und Freiheit, Religiosität und Sinnlichkeit führt.

Exemplarisch für diese Ambivalenz lassen sich etwa die Sinnbilder der **„weißen Lilie"** sowie der **„weißen Frau"** (S. 25, Z. 7 – S. 26, Z. 4) anführen (vgl. dazu 2.3).

Auch auf die Doppelrolle der **„schönen gnädigen Frau"** kann an dieser Stelle hingewiesen werden. In der Vorstellung des „Taugenichts" ruft diese „schöne Frau" widersprüchliche Assoziationen wach (vgl. S. 63, Z. 1 – S. 71, Z. 33). Einerseits verkörpert sie für ihn die Rolle der heiligen Jungfrau Maria und stellt ein Sinnbild von Mütterlichkeit, Unschuld und Christentum dar. Andererseits verknüpft er sie in seiner Fantasie mit Venus, der Göttin der Liebe und Erotik, und damit mit Heidentum, Verführung, Sexualität und Sinnlichkeit (vgl. 2.6).

Ein weiteres, anschauliches Beispiel für die metaphorische Ambivalenz ist die symbolische Verwendung des Mondlichtes, das je nach Kontext und Stimmungslage des „Taugenichts" eine unterschiedliche Atmosphäre erzeugt.

- *Lesen Sie die beiden folgenden Textstellen:*
  - *S. 10, Z. 8 – Z. 15,*
  - *S. 53, Z. 1 – Z. 7.*

- *Vergleichen Sie die sinnbildliche Funktion, die der Mondschein in den beiden Textstellen jeweils erfüllt.*

In der ersten Textstelle heißt es, Mond und Sterne beleuchteten „eine gute schöne Nacht" (S. 10, Z. 15). Der **Mondschein** hat eine beglückende Wirkung und versinnbildlicht Geborgenheit, Schönheit und Harmonie.

In der zweiten Textstelle wird der Mondschein mit einer dämonischen Atmosphäre, konkret „einer alten Hexe und ihrem blassen Töchterlein" (S. 53, Z. 6 f.), verknüpft. Das fahle Mondlicht spiegelt sich im blassen Teint der Tochter wider. Beides symbolisiert eine gespenstische Todesnähe. Das Zwielicht des Mondes wirkt bedrohlich und fällt sinnbildlich auf ein Zwischenreich von Leben und Tod.

- *Wie lässt sich diese gegensätzliche Symbolik vor dem Hintergrund des Gesamttextes erklären?*

Wie der Mondschein so reflektiert auch die Natur das Innenleben des „Taugenichts". Zurückführen lässt sich das auf die subjektive Ich-Perspektive, aus der heraus die Welt nicht so beschrieben wird, wie sie ist, sondern so, wie der „Taugenichts" sie wahrnimmt bzw. sie ihm erscheint.

In der ersten Passage ist der „Taugenichts" bester Dinge und fühlt sich glücklich.
In der zweiten Passage erwacht er verwirrt und desorientiert und steht scheinbar noch immer unter dem Eindruck eines Albtraumes.
Die sinnbildliche Funktion des Mondlichtes passt sich jeweils dieser Stimmungslage an. Voraussetzung hierfür ist jedoch, dass die verwendeten Sinnbilder entsprechend deutungsoffen sind.

Diese Ambivalenz ist, wie bereits erwähnt, ein wesentliches Charakteristikum romantischer Metaphorik.

Ähnlich wie bei der Ich-Perspektive des „Taugenichts" dient die romantische Metaphorik häufig dazu, subjektive Innenwelten, Traumwelten und Unterbewusstes zu umschreiben. Im Unbewussten spiegelt sich jedoch das Bewusstsein wider. Verdrängte Wünsche gehen mit entsprechenden Ängsten einher. Nicht zuletzt dieses Nebeneinander von Unterbewusstem und Bewusstem, Traum und Realität, Verbotenem und Gebotenem begründet die Ambivalenz der romantischen Sinnbilder.

Doppelungen und Spiegelungen sind beliebte Stilmittel romantischer Literatur, auf die auch Eichendorff in „Aus dem Leben eines Taugenichts" mehrfach zurückgreift. So etwa bei der **Fenster-Symbolik**.

- *Lesen Sie die folgende Textstelle: S. 10, Z. 32 – S. 11, Z. 17.*
- *Erläutern Sie, inwiefern sich in dieser Passage die Sehnsucht des „Taugenichts" in der Sehnsucht der „schönen Frau" widerspiegelt und welche sinnbildliche Funktion das „Fenster" dabei erfüllt.*

Der „Taugenichts" sehnt sich nach der „schönen Frau", die selbst wiederum voller Sehnsucht ans Fenster tritt.

Diese Situation erinnert an Eichendorffs Gedicht „Sehnsucht", in dem sich die Sehnsucht der Gesellen in der Sehnsucht des Mädchens widerspiegelt.

In der vorliegenden Textstelle fungiert das Fenster als Verbindung zwischen den getrennten Welten des „Taugenichts" und der „schönen Frau". Der „Taugenichts" wünscht sich zur „schönen Frau" hinein, während diese sich nach draußen sehnt, möglicherweise eben zu jenem „Taugenichts".

Das Fenster steht bildlich für diese wechselseitigen Sehnsüchte. Dass die beiden Liebenden sich jedoch nur auf symbolischer Ebene begegnen, wird deutlich, als die „schöne Frau" den „Taugenichts" vor dem Fenster entdeckt und danach nicht mehr dort erscheint. In der Realität vermag das Fenster die zwei nicht miteinander zu vereinen. Nur ihre Sehnsüchte gelangen hindurch. Nachdem das Fenster aber als Sinnbild gewissermaßen enttarnt wurde, kann es auch diese symbolische Funktion nicht mehr erfüllen.

Dies zeigt abermals den ambivalenten Charakter der Sehnsucht. Trotz der räumlichen Nähe bleibt die Geliebte hinter dem offenen Fenster für den „Taugenichts" unerreichbar. Auch die subjektive Natur der Sehnsucht wird hier deutlich. Denn wohin sich die Sehnsucht richtet, ob nach drinnen oder draußen, ist jeweils eine Frage des eigenen Standortes. Sie zielt stets auf das Entfernte, Unerreichbare, das Jenseitige – und damit sinnbildlich auf das, was sich jenseits des Fensters befindet.

Auf einen weiteren, allgemeineren Aspekt der Fenstermetaphorik kann bei Gelegenheit im Unterrichtsgespräch hingewiesen werden: Wenn der Zielpunkt der Sehnsucht das ist, was sich außerhalb der eigenen Sphäre befindet, so erhält diese Sehnsucht nach dem Jenseits möglicherweise auch eine religiöse Dimension und lässt sich als Gottes- oder auch Todessehnsucht interpretieren.

Weitere bedeutende Sinnbilder, auf die an anderen Stellen dieses Unterrichtsmodells bereits eingegangen wurde, können nun wahlweise eingeführt oder rekapituliert werden.

Insbesondere sind dies:

- **die Mühle** (vgl. 2.1)
- **Garten, Landschaft, Natur** (vgl. 2.5)
- **Tageszeiten** (vgl. 2.6)
- **das Wandern, Reisen** (vgl. 3.3)

Im Zusammenhang mit dem Reisen sollten die Schüler und Schülerinnen auf die besondere Bedeutung **Italiens** als Sehnsuchtsland der Deutschen im 18. und 19. Jahrhundert hingewiesen werden. Exemplarisch schlägt sich diese Italiensehnsucht in Goethes Italienreisen (vgl. „Italienische Reise", 1816) nieder.

Berühmt ist auch das als **Zusatzmaterial 4**, S. 133 abgedruckte Gedicht „Kennst du das Land, wo die Zitronen blühn" aus „Wilhelm Meisters Lehrjahre" (1795/96), in dem Goethe die Italiensehnsucht sinnbildlich aufgreift. Italien erscheint in Goethes Roman als Chiffre für einen Sehnsuchtsort. Dass das Italien, nach dem sich Mignon sehnt, nicht das reale Italien ist, wird deutlich, als das Kind auf Wilhelms Nachfrage, ob es dort schon einmal gewesen sei, beharrlich schweigt. Italien symbolisiert für Mignon ein Paradies auf Erden. Hinter ihrer Italiensehnsucht kommt damit zugleich eine transzendentale Sehnsucht nach einem himmlischen Paradies zum Vorschein.

Diese transzendentale bzw. religiöse, zum Himmel und Jenseits hin ausgerichtete Sehnsucht schwingt auch in der Metaphorik Eichendorffs im Werk „Aus dem Leben eines Taugenichts" mit. So zum Beispiel im Symbolfeld des **„Vogels"** und **„Fliegens"**.

Anhand ausgewählter Textstellen können sich die Schülerinnen und Schüler diesem Symbolfeld ebenso annähern wie dem Sinnbild der **„Geige"**.

■ *Lesen Sie die folgenden Textstellen:*
- *S. 5, Z. 16 – Z. 26,*
- *S. 22, Z. 1 – Z. 35,*
- *S. 27, Z. 9 – Z. 32.*

> *Erläutern Sie, wie der „Taugenichts" an diesen Stellen durch das Motiv des Vogels bzw. Fliegens sinnbildlich charakterisiert wird.*

In der ersten Passage vergleicht sich der Ich-Erzähler indirekt mit der Goldammer, die im Frühjahr ihre Freiheit zu genießen scheint. Wie die Goldammer zieht es auch den „Taugenichts" hinaus in die Welt. Dieser implizite Vergleich offenbart die subjektive, romantisierende Naturwahrnehmung des „Taugenichts", der den Gesang der Goldammer je nach Jahreszeit und eigener Stimmungslage unterschiedlich deutet. Offenbar projiziert der „Taugenichts" sein eigenes Befinden auf den Vogel.

Auch in der zweiten Passage finden sich Parallelen zwischen der Vogelwelt und dem „Taugenichts". Zu Beginn werden die vielen Vögel erwähnt, die „in den hohen Bäumen" (S. 22, Z. 5) „lustig" (Z. 6) singen. Die fröhlichen Vögel stehen symbolisch für die Glücksgefühle des „Taugenichts". In der Nacht jedoch, auf dem Boden, zwischen den „Lauben und Lusthäusern" ist diese Stimmung gleichsam verflogen. Mit den Vögeln ist auch die gute Laune verschwunden. Betrübt klettert der „Taugenichts" auf einen Baum, um „im Freien Luft zu schöpfen" (Z. 34). Wie zuvor die Vögel sitzt nun der Ich-Erzähler im Baum. Wieder erscheinen die Vögel als Sinnbilder des „Taugenichts" und dessen Freiheitsdrang. Umgeben von Symbolen menschlicher Zivilisation fühlt er sich beengt und bedrängt, erst in der Natur fühlt er sich frei.

Die Freiheit des „Taugenichts" wird durch das Auf-den-Baum-Klettern symbolisch mit einem Emporstreben verbunden, das sich transzendental bzw. religiös auch so deuten lässt, dass der „Taugenichts" zum Himmel bzw. Jenseits strebt. Abermals kann seine Natur- bzw. Vogelsehnsucht als Gottessehnsucht gedeutet werden.

Eine solche Lesart legt insbesondere auch die dritte Passage nahe. Eingeleitet von dem Bibelzitat „Unser Reich ist nicht von dieser Welt" (S. 27, Z. 17 f.) bricht der „Taugenichts" auf. Diesmal vergleicht er sich ausdrücklich mit einem Vogel, „der aus seinem Käfig ausreißt" (Z. 26). Wieder verkörpert der Vogel den Freiheitsdrang des „Taugenichts". Diese Freiheit erscheint gleichzeitig jedoch als ein Gottesgeschenk. Indem er den dritten Vers des Eingangsliedes aufgreift (vgl. Z. 29–32), begibt sich der „Taugenichts" wie die „Lerchen" (Z. 30) in Gottes Obhut (vgl. 3.3).

Der Lerche kommt in diesem Zusammenhang eine besondere symbolische Bedeutung zu. Da sie beim Singen oftmals steil in die Luft fliegt, versinnbildlicht sie in der Literatur die Hinwendung zum Himmel bzw. zu Gott.

> *Wie lässt sich die Geige bzw. das Geigenspiel des „Taugenichts" in der ersten und dritten Passage deuten?*

Bringt man die Geige in diesen Passagen mit dem Vogelmotiv in Verbindung, liegt es nahe, das Instrument als Sinnbild für die Stimme des freiheitsliebenden Vogels zu deuten. Wie der Gesang der Goldammer reflektiert das Geigenspiel des „Taugenichts" zugleich auch dessen Stimmung. Stimme und Stimmung werden sinnbildlich miteinander verknüpft.

Der symbolische Zusammenhang von „Geige" und „Vogel" zeigt sich in der dritten Passage in der Parallele zwischen der verstaubten, fast vergessenen Geige (vgl. Z. 12 f.) und dem Vogelkäfig. Der „Taugenichts" hat sich bereits so sehr mit einem Leben als Philister arrangiert, dass er seine Freiheit aufgegeben und damit gegen seine innere Natur gehandelt hat. Damit gleicht er einem eingesperrten, verstummten Vogel. Mit seiner Freiheit erobert er auch seine Stimme zurück. Er nimmt die Geige von der Wand (vgl. Z. 19) und spielt darauf (vgl. Z. 28); wohlbemerkt: „im Freien" (Z. 28).

Die transzendentale Bedeutung seines Spiels und Gesangs wird explizit hervorgehoben. Der „Taugenichts" spricht die Geige mit dem abgewandelten Bibelzitat (Johannes 18,36) direkt an: „Unser Reich ist nicht von dieser Welt!" (Z. 17 f.) Das Geigenspiel wird dadurch zum Ausdruck der religiösen bzw. seelischen Gestimmtheit, des Glaubens und Gottvertrauens des „Taugenichts". Die Geige erscheint als Instrument seiner Seele und seines Glaubens.

Es entspricht jedoch der Ambivalenz romantischer Sinnbilder, dass auch das Geigenspiel im „Taugenichts" nicht nur erbauliche Facetten hat.
Zum einen wird es zum verbissenen, kunstversessenen und eitlen Gitarrenspiel des Malers Eckbrecht in Bezug gesetzt (vgl. S. 78; 2.2).
Zum anderen spiegelt es die Ambivalenz der menschlichen Seele wider, die häufig in der romantischen Metaphorik zum Ausdruck kommt.

- *Lesen Sie den folgenden Textauszug: S. 32, Z. 28 – S. 33, Z. 30.*
- *Erläutern Sie, welche Wirkung in dieser Passage vom Geigenspiel des „Taugenichts" ausgeht. Vergleichen Sie diese Wirkung mit der sinnbildlichen Funktion des Geigenspiels in den beiden oberen Passagen (S. 5, Z. 16 – Z. 26 und S. 27, Z. 9 – Z. 32).*

Das Geigenspiel des „Taugenichts" hat in dieser Passage eine unterhaltende Wirkung. Es bringt die Menschen dazu zu lachen und zu tanzen. Dabei handelt es sich um ein sinnliches, erotisches Vergnügen. Die jungen Männer tanzen „um die Mädchen herum" (S. 33, Z. 11 f.). Es wird Wein getrunken, und eine der vom Geigenspiel verführten Tänzerinnen nähert sich dem „Taugenichts" ihrerseits auf verführerische Weise mit „roten Lippen" (Z. 24). Dabei handelt es sich um eben jenes Mädchen, das dem „Taugenichts" kurz darauf möglichen Reichtum und irdisches Glück verheißt (vgl. S. 34 f.).
Diese verführerische, sinnliche Wirkung des Geigenspiels steht in auffälligem Widerspruch zur erbaulichen Wirkung des Geigenspiels in den beiden zuvor untersuchten Passagen. Anders als in diesen Abschnitten verleiht der „Taugenichts" hier nicht seinem seelischen Befinden Ausdruck und stimmt auch kein Loblied auf Gott an. Die Geige fungiert nicht als Medium der Zwiesprache von Gott und Mensch, sondern erfüllt eine irdische, soziale Funktion. Der „Taugenichts" spielt nicht für sich und Gott, sondern für andere.
Vom Ausdrucksmittel verwandelt sich die Geige zum Medium der Unterhaltung und Verführung.

Ergänzend kann im gelenkten Unterrichtsgespräch darauf hingewiesen werden, dass die Geige in der Literatur wiederholt als Begleiterin des Teufels in Erscheinung tritt.

- *Überlegen Sie, inwiefern die mehrdeutige Symbolik der Geige bzw. des Geigenspiels der Ambivalenz der romantischen Sehnsuchtsvorstellungen in Eichendorffs „Aus dem Leben eines Taugenichts" entspricht.*

- *Skizzieren Sie das Ergebnis Ihrer Überlegungen in einem Schaubild.*

Auch im Werben um die „schöne Frau" kommt die Geige des „Taugenichts" zum Einsatz. In der sinnbildlichen Doppeldeutigkeit der „schönen Frau" als Mutter Gottes und/oder Venus schlägt sich die ambivalente Sehnsucht nieder, die der „Taugenichts" mit seinem Geigenspiel ausdrückt.

Vereinfacht lässt sich das an der Tafel so zusammenfassen:

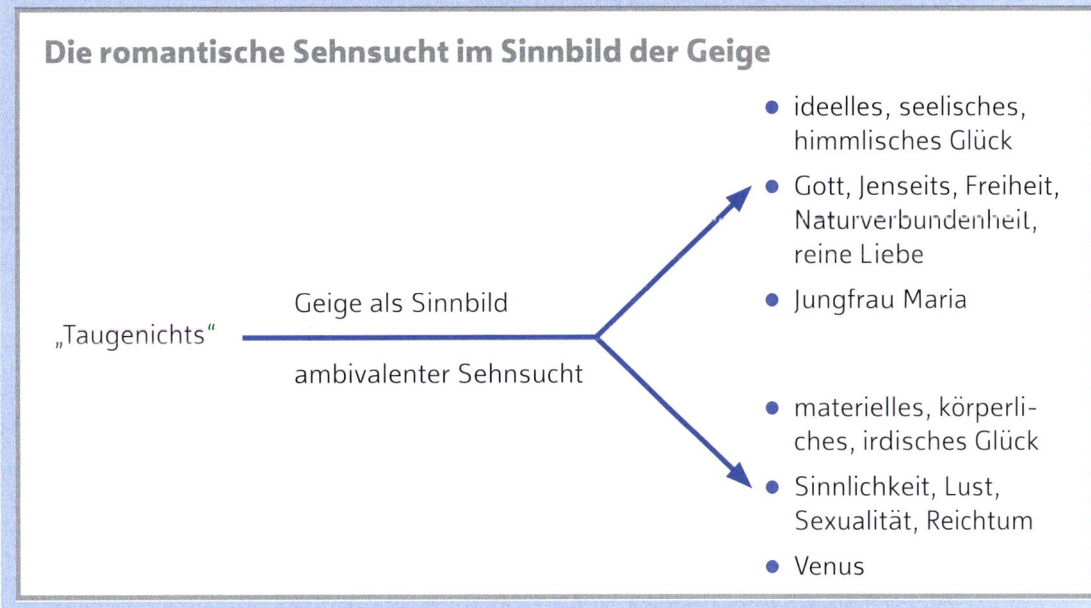

4.3 Traumwelt

Ein erheblicher Teil der Handlung des Werkes „Aus dem Leben eines Taugenichts" spielt nachts bzw. morgens oder abends im Übergang von Nacht und Tag. Immer wieder weist der Ich-Erzähler ausdrücklich darauf hin, dass er aufwacht, einschläft oder träumt.

■ *Lesen Sie die folgenden Textauszüge:*
- *S. 5, Z. 1 – Z. 6,*
- *S. 29, Z. 21 – S. 30, Z. 18,*
- *S. 40, Z. 24 – S. 41, Z. 3,*
- *S. 45, Z. 33 – S. 46, Z. 4,*
- *S. 53, Z. 1 – Z. 7,*
- *S. 56, Z. 14 – Z. 35,*
- *S. 65, Z. 16 – Z. 39.*

■ *Erläutern Sie, wie der „Taugenichts" durch diese Schilderungen charakterisiert wird. In welchem Verhältnis stehen Schlaf, Träume und Realität in der Wahrnehmung des Ich-Erzählers?*

Der Ich-Erzähler erscheint dadurch, dass er häufig vom Einschlafen, Aufwachen und Träumen erzählt, selbst als ein Träumer, ein schläfriger Faulenzer, ja beinahe ein Schlafwandler. Dieser Eindruck wird dadurch verstärkt, dass sich Traum und Realität mehrfach vermischen. Besonders deutlich wird dies an den Textstellen, an denen sich ein Traum des „Taugenichts" in der Realität fortzusetzen bzw. widerzuspiegeln scheint (vgl. S. 30, Z. 4 ff., S. 40 f., S. 46, Z. 1 ff.). Psychologisch lässt sich das dadurch erklären, dass der Träumende unbewusst wahrgenommene Ereignisse aus seiner Umgebung in seine Träume einfließen lässt.
Dennoch entsteht der Eindruck, dass sich Traum und Wirklichkeit aus der Perspektive des Ich-Erzählers zunehmend vermischen (vgl. auch S. 53, Z. 1 – Z. 7).
Diese Unschärfe zwischen Traum und Realität vermittelt der Ich-Erzähler schließlich auch seinen Lesern.

■ *Wie wirken sich die wiederholten Schilderungen von Schlaf und Traum insgesamt auf die Atmosphäre der Geschichte aus?*

Die Geschichte erhält dadurch einen unwirklichen, surrealen Charakter. Das Geschehen erinnert an einen Traum.

■ *Überlegen Sie, wodurch dieser atmosphärische Eindruck noch zusätzlich gestärkt wird. Präsentieren Sie das Ergebnis Ihrer Überlegungen im Plenum.*

Verstärkt wird diese surreale Stimmung dadurch, dass die Handlung oftmals nachts spielt. Auch die vielen Missverständnisse und die unerklärlichen, unglaubwürdigen Zufälle (die Begegnung des „Taugenichts" mit Leonhard und der als Guido verkleideten Flora; das Aufeinandertreffen mit der Wiener Kammerzofe in Rom etc.) tragen zu dem Eindruck bei, dass die Handlung einer unrealistischen Traumlogik folgt.

Den Schülern und Schülerinnen lässt sich das in einem Textauszug beispielhaft veranschaulichen.

■ *Lesen Sie den folgenden Textauszug: S. 81, Z. 3 – Z. 38.*

■ *Erläutern Sie, inwiefern das in diesem Textauszug geschilderte Geschehen aus der Perspektive des Ich-Erzählers einer Traumlogik folgt. Was ereignet sich tatsächlich und wie erlebt es der Ich-Erzähler?*

Tatsächlich ereignet sich an dieser Textstelle eine Verwechslung. Der „Taugenichts" glaubt, aus der Ferne die von ihm verehrte „schöne gnädige Frau" (S. 81, Z. 5) Aurelie zu erkennen. In Wirklichkeit aber handelt es sich um eine ihm „ganz fremde Person" (Z. 36 f.).
Als Ich-Erzähler schildert der „Taugenichts" das aber so, als habe er zunächst die „schöne Frau" erkannt, und diese habe sich anschließend plötzlich in eine fremde Person verwandelt. Mit dieser (scheinbaren) Metamorphose folgt die Ich-Erzählung einer Traumlogik. Dem erlebenden Ich kommt es offenbar so vor, als befände es sich in einem Traum.

Dieses subjektive Traumempfinden zieht sich bis zur Auflösung im letzten Kapitel durch den gesamten Text.

■ *Bevor die Verwechslungen und Missverständnisse im zehnten Kapitel aufgeklärt werden, erscheint das Geschehen dem „Taugenichts" oftmals so rätselhaft und merkwürdig, als befände er sich in einem Traum.*
Käme es nicht zu der Auflösung im zehnten Kapitel, welche anderen Erklärungen böten sich für das rätselhafte Geschehen dann an? Berücksichtigen Sie für Ihre Antworten sowohl den Textanfang (S. 5, Z. 1 – Z. 6) als auch Eichendorffs Gedicht „Wünschelrute" (Anhang, S. 109, Z. 6 – Z. 9).

Zwar könnte man die seltsamen Verstrickungen und Begegnungen als unerklärliche Zufälle und kuriose Begebenheiten abtun. Um sie aber in einen sinnvollen Zusammenhang zu bringen, eröffnet der Textanfang, an dem sich der „Taugenichts" den Schlaf aus den Augen wischt, eine mögliche Lesart, nach welcher der Ich-Erzähler gar nie wirklich aufgewacht ist, sondern alles, was er danach schildert, nur träumt bzw. sich in einem schläfrigen Tagtraum zusammenreimt. Unterstützen lässt sich eine solche Deutung dadurch, dass er auch später beim Gedanken an die väterliche Mühle einschläft (vgl. S. 29, Z. 22 ff.). Mühle und Schlaf bilden bei diesem Deutungsansatz den Ausgangspunkt für die Träumereien des „Taugenichts". Eine andere Interpretation legt ein Vergleich mit Eichendorffs Gedicht „Wünschelrute" nahe (vgl. 4.1). In dieser Lesart gelingt es dem „Taugenichts", das „Zauberwort" zu sagen und den wahren Charakter der Welt zu offenbaren, indem er sich in diese hineinträumt und so das in ihr schlummernde Lied zum Leben erweckt. Die Traumlogik des Textes wäre demnach das Resultat romantischen Poetisierens seitens des Ich-Erzählers.

> ■ *Wie wirkt sich die Auflösung im zehnten Kapitel auf eine solche romantische Lesart des Geschehens aus?*

Die Aufklärung durch Leonhard entzieht einer romantischen Lesart den Boden. Der Romantiker wird desillusioniert. Im übertragenen Sinne setzt sich die Aufklärung gegen die Romantik durch.

An der Tafel lässt sich das skizzieren, indem man das Schaubild „Hochzeit als ‚Happy End'?" (vgl. 2.3, S. 46) entsprechend variiert:

Die Romantik des „Taugenichts" und Leonhards Aufklärung

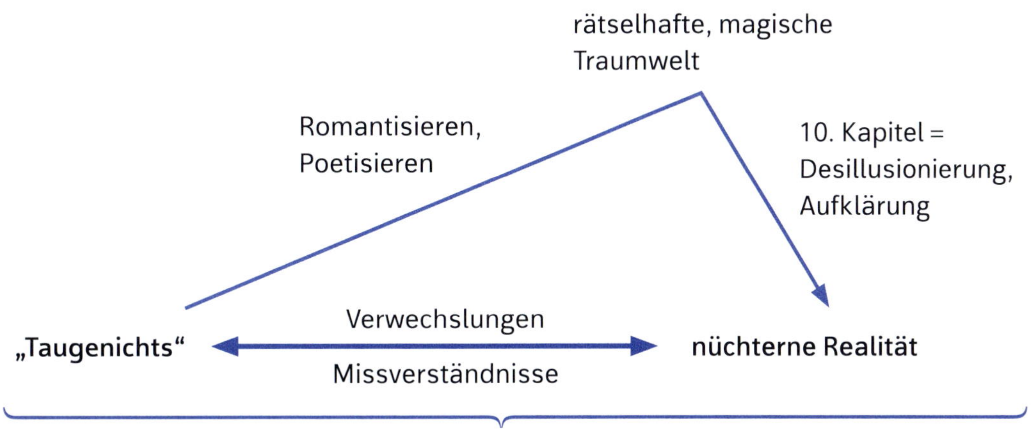

- rätselhafte, magische Traumwelt
- Romantisieren, Poetisieren
- 10. Kapitel = Desillusionierung, Aufklärung
- „Taugenichts" ←Verwechslungen / Missverständnisse→ nüchterne Realität

Aufklärung offenbart Romantik als Illusion bzw. poetisches Missverständnis

Romantische Sehnsuchts-Metaphorik

Romantische Symbole der Sehnsucht

Motiv	Deutung
• Sterne (Z. 1), Mond (Z. 20)	
• Schein, Sternenschein (Z. 1), Mondschein (Z. 20)	
• Am Fenster (Z. 2, Z. 21)	
• Hören (Z. 2 ff.), lauschen (Z. 21 ff.) (durchs Fenster nach draußen)	
• Reise (Z. 7), Wandern (Z. 11)	
• Weite Ferne (Z. 3), Quellen (Z. 15)	
• Posthorn (Z. 4)	
• (brennendes) Herz (Z. 5)	
• Heimliche Gedanken (Z. 6), Schlaf (Z. 23)	
• Gesang (Z. 11, Z. 17), Musik (Z. 22)	
• Rauschen (Z. 14, Z. 23)	
• Marmorbilder (Z. 17)	

Sinnbildliche Objekte der Sehnsucht

Motiv	Deutung
• Nacht (Z. 8, Z. 16, Z. 24; jeweils letztes Wort jeder Strophe!)	
• Reise (Z. 7), Wandern (Z. 11)	
• Wälder (Z. 14, Z. 16), (verwilderte) Gärten	
• Marmorbilder (Z. 17)	
• Mädchen (Z. 21)	

■ *Überlegen Sie in Partner- oder Gruppenarbeit, wofür die in der linken Spalte aufgelisteten Motive aus Eichendorffs Gedicht „Sehnsucht" jeweils stehen könnten. Notieren Sie Ihre Deutung anschließend stichwortartig in der rechten Spalte.*

Romantische Sehnsuchts-Metaphorik (Lösungsvorschlag)

Romantische Symbole der Sehnsucht

Motiv	Deutung
• Sterne (Z. 1), Mond (Z. 20)	• Schön, verführerisch. Sichtbar, aber unerreichbar. Nah und fern. Geschöpfe der Nacht
• Schein, Sternenschein (Z. 1), Mondschein (Z. 20)	• Verlockend schön, aber ungreifbar • Zwischenreich zwischen Tag und Nacht, Wirklichkeit und Illusion (Halbdunkel, Zwielicht, vgl. „dämmernd", Z. 19)
• Am Fenster (Z. 2, Z. 21)	• Öffnet den geschlossenen Raum in Richtung Freiheit. Verbindung zwischen zwei Welten: innen und außen, Gesellschaft und Natur, Wirklichkeit und Wunschtraum, Sehnendem und Objekt der Sehnsucht
• Hören (Z. 2 ff.), lauschen (Z. 21 ff.) (durchs Fenster nach draußen)	• Hörbar, aber unerreichbar. Da und weg, nah und fern. Hörrichtung weist nach draußen, in die Freiheit
• Reise (Z. 7), Wandern (Z. 11)	• (Sinn-)Suche
• Weite Ferne (Z. 3), Quellen (Z. 15)	• Unerreichbar (im Moment)
• Posthorn (Z. 4)	• Signal zum Aufbruch, zur Abreise
• (brennendes) Herz (Z. 5)	• Gefühl, leidenschaftliches Verlangen, Hingabe
• Heimliche Gedanken (Z. 6), Schlaf (Z. 23)	• Verborgene, geheime Wünsche, Träume, Unterbewusstes
• Gesang (Z. 11, Z. 17), Musik (Z. 22)	• Ausdruck der Sehnsucht, aber auch von Freude, Glück. Einklang von Mensch und (göttlicher) Natur
• Rauschen (Z. 14, Z. 23)	• Leidenschaftlich, kraftvoll, diffus, vielstimmig, in Bewegung, unaufhaltsam, ungreifbar
• Marmorbilder (Z. 17)	• Schöne, aber leblose Abbilder

Sinnbildliche Objekte der Sehnsucht

Motiv	Deutung
• Nacht (Z. 8, Z. 16, Z. 24; jeweils letztes Wort jeder Strophe!)	• Unbewusstes, Verborgenes, Geheimes. Reizvoll („prächtig", Z. 8, Z. 24), aber auch gefährlich, bedrohlich („stürzen", Z. 16)
• Reise (Z. 7), Wandern (Z. 11)	• Weg als Ziel, religiöse Erfüllung, Natur- und Gottverbundenheit
• Wälder (Z. 14, Z. 16), (verwilderte) Gärten	• Fantasieraum, Magie, Ursprünglichkeit, Gottesnähe (vgl. Garten Eden), aber auch: verborgene Wünsche, Verbote, Tabus
• Marmorbilder (Z. 17)	• Tod
• Mädchen (Z. 21)	• Liebe, Sexualität

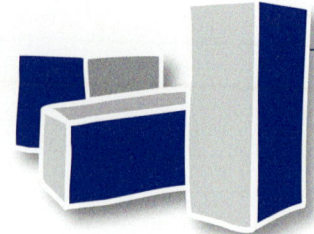

Baustein 5

Parodie und Selbstironie

Die humorvollen, komischen Züge von Eichendorffs Text sind derart unverkennbar, dass dieser in der Sekundärliteratur wiederholt mit einer Komödie verglichen wurde. Der „Taugenichts" erinnert in seinem Auftreten an einen Narren oder Schelm. Hinter dem subjektiven Ich-Erzähler schimmert zudem immer wieder die Ironie des Autors hervor.

In diesem Baustein werden zwei Deutungsmöglichkeiten vorgestellt, die sich durch diese Darstellungsweise eröffnen.

Zum einen kann der Text als Parodie auf den klassischen Bildungsroman verstanden werden, wie ihn Goethe mit seinem „Wilhelm Meister" geprägt hat.

Zum anderen kann Eichendorffs „Aus dem Leben eines Taugenichts" auch als ironischer Abgesang auf die Romantik und deren naive Vorstellungen gelesen werden.

5.1 Antibildungsroman

Um sich ein Urteil darüber bilden zu können, ob Eichendorff mit „Aus dem Leben eines Taugenichts" den klassischen Bildungsroman parodiert, machen sich die Schülerinnen und Schüler mithilfe des auf **Arbeitsblatt 10**, S. 113 abgedruckten Wikipedia-Eintrages zunächst mit wesentlichen Grundlagen dieses Genres vertraut.

An dieser Stelle ist es hilfreich, in einem kurzen Lehrervortrag auf die Gegensätze zwischen der Epoche der Romantik und der Klassik hinzuweisen. Die unter 4.1 herausgearbeiteten Merkmale der Romantik kennzeichnen die Epoche als ein von Gefühl, Fantasie, Glaube und Sehnsucht geprägtes Zeitalter. Damit vollzieht die Romantik eine Abkehr vom klassisch-humanistischen Bildungsideal, das vor allem auf kanonisiertes Wissen abzielt. Den damit verbundenen elitären Anspruch lehnen die Romantiker tendenziell ab, was sich auch in ihrer Hinwendung zur volkstümlichen Kunst und Literatur niederschlägt.

Auf der Grundlage dieser Kenntnisse können die Schülerinnen und Schüler anschließend das Genre des Bildungsromans unter ausgewählten Gesichtspunkten zu Eichendorffs Text in Bezug setzen.

■ *Vergleichen Sie anhand der auf Arbeitsblatt 10 aufgelisteten Kriterien den klassischen Bildungsroman, wie er in dem Wikipedia-Eintrag beschrieben wird, mit Joseph von Eichendorffs „Aus dem Leben eines Taugenichts". Vervollständigen Sie die Tabelle entsprechend.*

Ein Lösungsvorschlag hierfür findet sich im Anschluss an **Arbeitsblatt 10** (S. 115).

„Bildung" meint im Sinne des klassischen Bildungsromans zwar keine Schulbildung oder Wissensaneignung im humanistischen Sinne, sondern die Ausbildung individueller Fähigkeiten und das Heranreifen zu einer Persönlichkeit. Dennoch kann eine humanistische Bildung durchaus als Indiz für einen solchen Reifeprozess gewertet werden.

Umgekehrt deuten die mangelnden Lateinkenntnisse des „Taugenichts" bei der Begegnung mit den Studenten im neunten Kapitel (vgl. S. 95) beispielhaft an, wie wenig dieser Reifeprozess beim „Taugenichts" vorangeschritten ist.

> ■ *Diskutieren Sie ausgehend von Ihren Tabelleneinträgen und Ihrer Kenntnis des Gesamttextes, inwiefern es sich bei Eichendorffs „Aus dem Leben eines Taugenichts" um die Parodie eines Bildungsromans handelt.*
>
> ■ *Erläutern Sie das Ergebnis Ihrer Diskussion im Plenum.*

Wenn der „Taugenichts" als junger, naiver und idealistischer Held zu einer Reise aufbricht, um in der Welt sein Glück zu machen (vgl. S. 5), entspricht diese Ausgangssituation von Eichendorffs Text weitgehend derjenigen eines Bildungsromans.

Wie der Held des klassischen Bildungsromans hat auch der „Taugenichts" ein gestörtes Verhältnis zu seiner Umwelt. Dies schlägt sich im Konflikt mit seinem Vater und der von diesem repräsentierten Philisterwelt nieder.

Am Ende seiner Reise scheint dieser Konflikt auf den ersten Blick ausgeräumt. Der „Taugenichts" könnte seinen Platz in der Gesellschaft gefunden haben. Auch darin gleicht Eichendorffs Text einem Bildungsroman.

Insgesamt sind diese Parallelen derart augenfällig, dass es naheliegt, „Aus dem Leben eines Taugenichts" auch darüber hinaus mit einem Bildungsroman zu vergleichen.

Dabei zeigt sich, dass der für einen Bildungsroman konstitutive innere Reifeprozess des Helden beim „Taugenichts" nicht stattfindet. Dass der „Taugenichts" am Ende sein Glück zu finden scheint, ist nicht Resultat der Ausbildung innerer Charaktereigenschaften, sondern vielmehr das Ergebnis von Zufällen und glücklichen Fügungen.

Anstatt seine Anlagen zu entfalten und sich selbst weiterzuentwickeln, irrlichtert der „Taugenichts" getrieben von fremden Interessen, Missverständnissen und Verwechslungen dem Ende seiner (verhältnismäßig kurzen) Wanderschaft bzw. Reise entgegen.

Verglichen mit dem typischen Helden eines Bildungsromans erscheint der „Taugenichts" als Antiheld bzw. Karikatur. Auch das Ideal der Reise, die eine innere Entwicklung vorantreiben soll, wird ad absurdum geführt.

Hinzu kommt, dass keineswegs ausgemacht ist, dass der „Taugenichts" am Ende wirklich seinen Platz in der Gesellschaft gefunden hat (vgl. 2.3, 2.4, 3.1, 5.2). Vielmehr scheint er allenfalls bereit, sich mit den Umständen zu arrangieren. Von einem anderen, freieren Leben zu träumen hört er deshalb noch lange nicht auf. Die Harmonie zwischen Held und Umwelt erweist sich als trügerisch.

Insgesamt zeigt sich, dass Eichendorff mit „Aus dem Leben eines Taugenichts" oberflächliche Strukturen des Bildungsromans übernimmt, zugleich aber in wesentlichen Punkten von diesem abweicht.

Das klassische Bildungsversprechen wird in Eichendorffs Text nicht eingelöst. Da dem „Taugenichts" auf allerlei komischen Umwegen ohne eigenes Zutun dennoch sein vermeintliches Glück zufällt, kann der Text durchaus als Parodie auf den Bildungsroman gelesen werden.

An der Tafel kann das beispielsweise so skizziert werden:

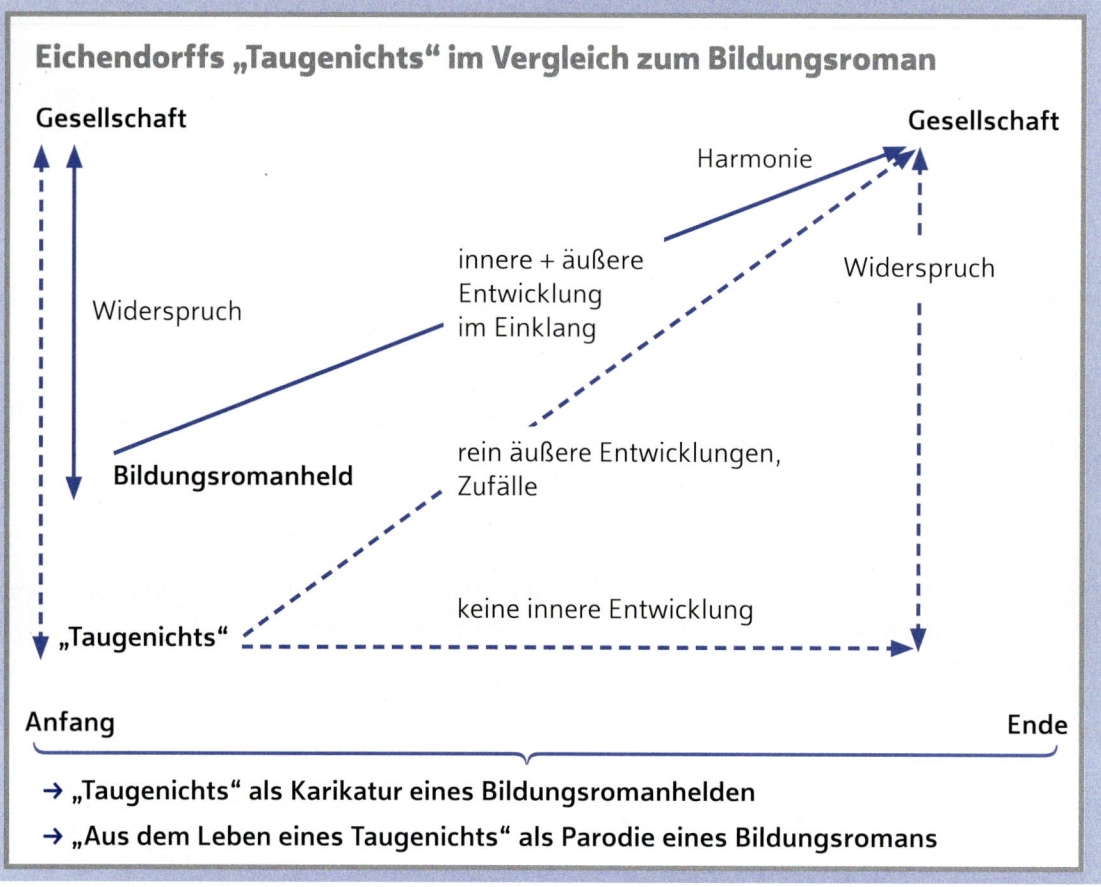

5.2 Romantische Selbstironie

Liest man Eichendorffs Buch als Parodie eines klassischen Bildungsromans (vgl. 5.1), kann dies einerseits als Kritik am Genre des Bildungsromans oder dem damit einhergehenden Bildungsideal verstanden werden. Andererseits aber lässt es sich auch als Kritik am „Taugenichts" und an der von ihm verkörperten romantischen Naivität bzw. naiven Romantik interpretieren.

Aus dieser Perspektive erscheint der Ich-Erzähler durch seine überzeichnete Naivität und Weltfremdheit als Karikatur eines romantischen Helden.

Ein solcher Deutungsansatz kann den Schülern und Schülerinnen zunächst anhand ausgewählter Textstellen nahegelegt werden.

- Lesen Sie die folgenden Textstellen:
  - S. 17, Z. 10 – Z. 37,
  - S. 69, Z. 7 – Z. 32,
  - S. 80, Z. 18 – S. 81, Z. 38,
  - S. 95, Z. 13 – Z. 18.

- Welchen Eindruck vermitteln diese Passagen vom „Taugenichts"? Mit welchen Stichworten lässt er sich auf der Grundlage dieser Textstellen charakterisieren?

Folgende Stichworte können an der Tafel notiert werden:

„Taugenichts"
- naiv
- weltfremd
- verträumt, romantisch
- kindisch, stur, unreif
- närrisch, Narr, komisch, lächerlich   } **Karikatur, Witzfigur**
- ungebildet
- oberflächlich
- angeberisch, prahlerisch
- tollpatschig

Im gelenkten Unterrichtsgespräch kann diese (selbst-)karikierende Darstellung des „Taugenichts" zu einer möglichen Kritik an der Romantik bzw. an der romantischen Literatur in Bezug gesetzt werden.

Dafür ist es hilfreich, Eichendorffs Text literarhistorisch der späten Romantik zuzuordnen. Und zwar nicht nur, weil die für diese Spätphase der Epoche typische schwarze Romantik bzw. Schauerromantik, die sich dem Bösen und Unheimlichen zuwendet, auch in Eichendorffs Text ihre Spuren hinterlassen hat, sondern auch, weil eine Epoche, wenn sie sich ihrem Ende entgegenneigt, bereits kritisch und selbstironisch reflektiert werden kann.

■ *Erläutern Sie, inwiefern der „Taugenichts" in den oben gewählten Passagen als Karikatur eines Romantikers beschrieben wird.*

In der ersten Passage (vgl. S. 17) ärgert sich der Ich-Erzähler über die unromantische Weltsicht des Portiers. Damit positioniert er sich als Romantiker gegen die rationale, nüchterne Weltsicht der Philister (vgl. 2.1). Zugleich kann er jedoch auch als weltfremder Träumer erscheinen, der seine Fantasien mit kindischer Sturheit gegen die Wirklichkeit verteidigt. Für eine solche Auslegung spricht, dass die Einwände des Portiers ihn völlig aus der Fassung bringen. Er reagiert unverhältnismäßig, ein „närrischer Zorn" (Z. 30) befällt ihn. Wie ein trotziges Kind verschließt sich der „Taugenichts" der Realität.

Auch in der zweiten Passage (vgl. S. 69) wirkt er kindisch und unreif. Er verwechselt die beiden (vermeintlichen) Maler Leonhard und Guido mit den historischen Malern Leonardo da Vinci (1452–1519) und Guido Reni (1575–1642). Damit entlarvt er sich als kulturell ungebildet, was er jedoch mit einer Lüge vergeblich zu kaschieren versucht. Einmal mehr verweigert er sich der Realität. Dadurch wirkt er derart lächerlich, dass der Maler in „lautes Gelächter" (Z. 30) ausbricht.

In der dritten Passage (vgl. S. 80f.) tritt der „Taugenichts" abermals als „Narr" (S. 81, Z. 23) in Erscheinung. Seine romantisch übersteigerte Fantasie geht mit ihm durch. Dabei täuscht er sich gleich doppelt. Der meuchlerische Maler entpuppt sich als Kammerjungfer und die „schöne gnädige Frau" als eine Fremde. Sinnbildlich stolpert der „Taugenichts" über seine subjektive, verzerrte Wahrnehmung (vgl. S. 81, Z. 81 ff.). Als kreischender Tollpatsch hinterlässt er den Eindruck einer Witzfigur.

Auch in der vierten Passage (vgl. S. 95) offenbart sich eine Kluft zwischen der Wahrnehmung des „Taugenichts" und der Wirklichkeit. Vergnügt singt er das Lied der Studenten mit, ohne überhaupt zu verstehen, wovon dieses handelt. Die lateinischen Verse, die er nicht versteht, preisen jedoch gerade jenes Philisterleben, das er als Romantiker eigentlich ablehnt. Einmal mehr wirkt der „Taugenichts" naiv, ungebildet und oberflächlich. Dadurch erscheint auch sein romantisches Weltbild unglaubhaft und nicht fundiert.

Insgesamt zeigt sich in diesen Textabschnitten eine deutliche Diskrepanz zwischen dem romantischen Idealbild des Poetisierens (vgl. 4.1) und der naiven, träumerischen Weltsicht des „Taugenichts". Aus dieser Kluft ergibt sich das parodistische bzw. selbstironische Potenzial von Eichendorffs Text.

Verkürzt lässt sich das an der Tafel so skizzieren:

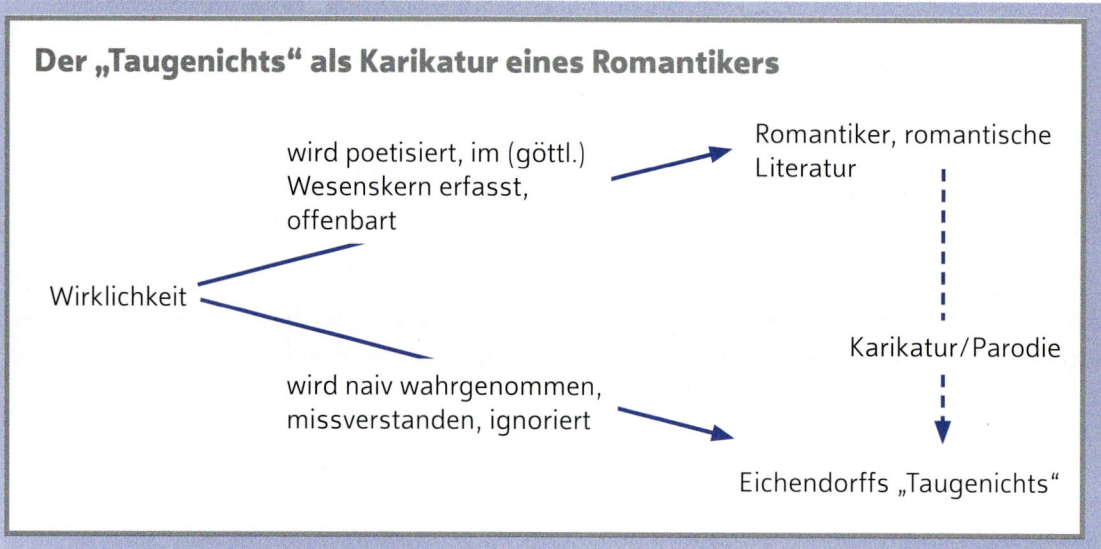

Ähnlich wie beim Bezug zum Bildungsroman (vgl. 5.1) entsteht die parodistische Fallhöhe dadurch, dass der „Taugenichts" oberflächlich als Romantiker in Erscheinung tritt und auch Eichendorffs Text wesentliche Elemente romantischer Literatur aufweist (vgl. Baustein 4). Diese formalen Parallelen gehen jedoch mit inhaltlichen Widersprüchen einher, die sich daraus ergeben, dass sowohl der „Taugenichts" als auch Eichendorffs Text die romantischen Ansprüche nur unzureichend erfüllen bzw. gezielt unterlaufen.

- *Überlegen Sie in Gruppen- oder Partnerarbeit, inwiefern sich das Verhalten des „Taugenichts" und das Handlungsgeschehen auch über die ausgewählten Passagen hinaus als Parodie oder selbstironische Kritik an der Romantik bzw. romantischer Literatur deuten lassen.*

- *Präsentieren Sie die Ergebnisse Ihrer Überlegungen im Plenum.*

Dass der „Taugenichts" die Geschehnisse um sich herum missversteht und fehlinterpretiert, zieht sich als roter Faden durch den gesamten Text. Möglicherweise parodiert der Romantiker Joseph von Eichendorff in seinem spätromantischen Text damit das Prinzip des romantischen Poetisierens. Liest man „Aus dem Leben eines Taugenichts" als eine selbstironische Parodie auf die Romantik, offenbart das Romantisieren bzw. Poetisieren nicht etwa die wahre, göttliche Natur der Dinge, sondern vielmehr die Naivität des Romantikers, dessen Weltsicht das Resultat banaler Missverständnisse ist.

Die Reise und Wanderschaft entpuppt sich entsprechend als Irrfahrt ohne Mehrwert. Weder kommt der „Taugenichts" der göttlichen Natur näher, noch gelingt es ihm, seine eigene Natur zu entfalten (vgl. 5.1). Im übertragenen Sinne erweist sich die Romantik damit nur als weiterer Irrweg; ein einziges großes Missverständnis.

Folgt man dieser Lesart, schlägt sich die Weltfremdheit des Romantikers auch in den vagen und teilweise unrealistischen Schilderungen von Handlungsabläufen und Schauplätzen (vgl.

2.5) nieder. Der „Taugenichts" bewegt sich in einer fiktiven, märchenhaft anmutenden Welt fernab der historischen Realität. Soziale und politische Hintergründe wie die Karlsbader Beschlüsse spielen etwa bei der Begegnung mit den Studenten keine Rolle (vgl. 2.2).
Auch als Parodie auf die schwarze Romantik lassen sich einige Passagen des Textes deuten: etwa die unheimliche Beschreibung des Bergschlosses (vgl. 5. und 6. Kapitel) oder die gespenstischen nächtlichen Beobachtungen in den römischen Gärten (vgl. 8. Kapitel). Denn anstatt die Geheimnisse in einer fantastischen Schwebe zu halten oder gar eine wunderbare, übernatürliche Erklärung nahezulegen, löst Eichendorff sie auf profane Weise als Hirngespinste des „Taugenichts" auf, der die Geschehnisse einmal mehr falsch deutet. Die unheimliche Atmosphäre entlädt sich in einem auf komische Weise überzeichneten, grotesken Höhepunkt (vgl. S. 61 f., S. 80 ff.).
Auch stilistisch untergräbt Eichendorff das Prinzip des Romantisierens auf ironische Weise, indem er in die Ich-Erzählung brachiale, umgangssprachliche Formulierungen einstreut (vgl. z. B. S. 61, Z. 21 – Z. 24).
Auch jenseits der oben ausgewählten Textstellen tritt der „Taugenichts" immer wieder als clowneske Figur in Erscheinung. Beispielsweise, wenn er sich beim Gärtnern das Unkraut über den Kopf wirft (vgl. S. 21, Z. 31 f.), oder auch, wenn er unentwegt in Bäume klettert. In einer selbstironischen Lesart verbirgt sich hinter der vermeintlich tiefgründigen Vogelmetaphorik (vgl. 4.2) ein deutlich profaneres Sinnbild: der „Taugenichts" wäre demnach einfach nur ein „komischer Vogel".

Nachdem die Schülerinnen und Schüler in Gruppen- oder Partnerarbeit und im anschließenden gelenkten Unterrichtsgespräch einige dieser parodistischen, selbstironischen Elemente auf der Ebene des Gesamttextes herausgearbeitet haben, lohnt es sich, einen etwas ausführlicheren Blick auf das Ende von Eichendorffs Text zu werfen, an dem diese parodistischen Tendenzen kumulieren.
Hierfür bietet sich zunächst ein Vergleich mit Eichendorffs auf **Arbeitsblatt 11**, S. 116 abgedrucktem Gedicht „Die zwei Gesellen" an. Die Schüler und Schülerinnen werden aufgefordert, die Lebenswege der beiden Protagonisten des Gedichtes zum Schicksal des „Taugenichts" in Bezug zu setzen.

■ *Welchen Menschentypus verkörpern die beiden Gesellen aus Eichendorffs Gedicht jeweils?*

Bei ihrem Aufbruch sind beide Gesellen in etwa gleich jung. Zum „ersten Mal" verlassen sie ihr Zuhause (vgl. 1. Strophe).
Am Anfang verfolgen beide noch dieselben Ziele (vgl. 2. Strophe). In den ersten beiden Strophen wird nicht zwischen den beiden Gesellen unterschieden.
Erst mit der dritten Strophe trennen sich ihre Wege. Der erste heiratet und führt ein bescheidenes, behagliches Familienleben.
Der zweite Geselle hingegen lässt sich verführen („Sirenen"), verliert sich in seinen Träumen und Sehnsüchten: Seine Sinne vermischen sich in der synästhetischen Wahrnehmung des „farbig klingenden" Abgrundes, in den er stürzt, weil er vom rechten Weg abkommt (vgl. 4. Strophe).
Als er dies bemerkt (vgl. 5. Strophe), ist es für ihn bereits zu spät. Sein Lebens-„Schifflein" ist gesunken. Sein Leben ist zerstört bzw. er scheint am Ende seines Lebens angelangt.
Im Gegensatz zum ersten Gesellen setzt sich der zweite Geselle nicht zur Ruhe, sondern sucht weiter das Abenteuer, strebt auch weiterhin „nach hohen Dingen" und jagt (vergeblich) seinen Sehnsüchten hinterher.
Im Kontrast dieser beiden Lebensweisen spiegelt sich der Gegensatz zwischen dem bodenständigen Philister und dem rastlosen, sehnsüchtigen Romantiker wider.

An der Tafel können diese unterschiedlichen Lebenswege so zusammengefasst werden:

Zwei Gesellen, zwei Lebenswege

5. Strophe		**Zweiter Geselle** erkennt zu spät, dass sein Leben zerstört ist.
4. Strophe		**Zweiter Geselle** kommt vom Weg ab, stürzt ab, verliert sich in seinen Träumen.
3. Strophe	**Erster Geselle** richtet sich behaglich ein, verfolgt Ziele nicht weiter.	
2. Strophe		**gemeinsame** Ziele, Ideale („hohe Dinge", „was Recht's")
1. Strophe		**gemeinsamer** Aufbruch
	bodenständiger Philister	**sehnsüchtiger Romantiker**

■ *Diskutieren Sie in Partner- oder Gruppenarbeit darüber, ob der erste Geselle (im Gegensatz zum zweiten) sein Glück findet. Begründen Sie Ihre Meinung auf der Grundlage des Gedichts.*

Dass der zweite Geselle ein unglückliches Ende nimmt, geht recht unmittelbar aus dem Gedicht hervor. Im Vergleich dazu scheint der erste Geselle sein Glück gefunden zu haben. Er hat eine Frau, einen Sohn, besitzt Haus und Hof und hat es sich dort „behaglich" (3. Strophe, 4. Vers) eingerichtet.

Allerdings erweist sich sein vermeintliches Glück auf den zweiten Blick als trügerisch. Auffällig sind die drei Diminutive in der dritten Strophe, die das Glück gewissermaßen verkleinern. „Liebchen", „Bübchen" und „Stübchen" kennzeichnen die eng begrenzte, kleine Lebenswelt eines typischen Philisters (vgl. 2.1 und 2.4). Der eingeschränkte Horizont des ersten Gesellen zeigt sich auch beim Blick aus dem Fenster, der nicht etwa sehnsüchtig in die Ferne schweift, sondern ausschließlich aufs nahe „Feld" gerichtet ist.

Negativ lässt sich zudem deuten, dass es die Schwiegermutter des ersten Gesellen ist, die Haus und Hof kauft. Der erste Geselle erscheint dadurch unselbstständig und abhängig. Er bestimmt nicht selbst über sein Schicksal. Dadurch wirkt er wie ein Gefangener von Konventionen und Verpflichtungen. Von den „hohen Dingen", nach denen er gestrebt hat, scheint kaum noch etwas übrig zu sein. Seine Träume sind offenbar am Philisteralltag zerplatzt.

In der sechsten Strophe sind es denn auch die Lebensschicksale beider Gesellen, die das lyrische Ich, das sich in dieser letzten Strophe erstmals ausdrücklich zu erkennen gibt, zu Tränen rühren.

Baustein 5: Parodie und Selbstironie

■ *Vergleichen Sie das Schicksal des „Taugenichts" mit demjenigen der beiden Gesellen. Gehen Sie dabei insbesondere auf das Ende (S. 104, Z. 9 – S. 105, Z. 14) von Eichendorffs „Aus dem Leben eines Taugenichts" ein.*

Zumindest vorläufig bleibt dem „Taugenichts" das Schicksal des zweiten Gesellen erspart. Stattdessen droht er jedoch ganz ähnlich zu enden wie der erste Geselle. Denn auch das vermeintliche Glück des „Taugenichts" erweist sich auf den zweiten Blick als keineswegs vollkommen. Die „schönste, gnädigste Gräfin" (S. 104, Z. 27) entpuppt sich als Nichte des Portiers, eines typischen Philisters. Auch wenn der „Taugenichts" zunächst erleichtert reagiert, weil nun einer Ehe mit Aurelie nichts mehr im Wege steht, fällt beim genaueren Hinsehen auf, wie weit die Realität sich von den Wunschfantasien des „Taugenichts" entfernt hat. Den Superlativen (vgl. Z. 27), die er mit der vermeintlichen Gräfin verband, nach der er sich so lange verzehrt hat, stehen auf stilistischer Ebene die Verkleinerungsformen („Köpfchen" Z. 11, „Schlösschen" Z. 19) entgegen, die ähnlich wie im Gedicht „Die zwei Gesellen" die Welt der Philister markieren (vgl. auch 2.4). Ein „Schlösschen" mag zwar mehr hermachen als ein „Stübchen". Es ist aber eben doch kein Schloss. Dass das „weiße Schlösschen" beinahe wie eine Fata Morgana „drüben im Mondschein glänzt" (Z. 19 f.), deutet möglicherweise bereits an, dass die damit verbundenen Sehnsüchte und Erwartungen sich nicht erfüllen werden, wenn der „Taugenichts" und Aurelie erst einmal dort eingezogen sind und das „Drüben" zum Hier geworden ist. Zugleich lässt sich diese Formulierung auch als Parodie des romantischen Sehnens deuten. Die Sehnsucht zielt in dieser Passage nämlich nicht auf höhere geistige oder seelische Dinge, sondern auf materiellen Wohlstand und ein angenehmes, bequemes Leben (vgl. auch 2.3).

Eine weitere auffällige Parallele zwischen dem Schicksal des „Taugenichts" und demjenigen des ersten Gesellen besteht darin, dass auch der „Taugenichts" sein Haus geschenkt bekommt, und zwar vom Grafen (vgl. Z. 21 f.).

Ähnlich wie der erste Geselle begibt sich dadurch auch der „Taugenichts" in Abhängigkeit. Dass er zukünftig womöglich nicht mehr selbst über sein Leben bestimmen kann, zeigt sich beispielhaft daran, dass Aurelie ihm im Namen ihres Philisteronkels bereits jetzt vorschreibt („Du musst", S. 105, Z. 4), sich in Zukunft ordentlicher zu benehmen und zu kleiden (vgl. Z. 2 ff.). Anders als für den ersten Gesellen ist das Philisterschicksal für den „Taugenichts" am Ende jedoch noch nicht besiegelt. Noch hat er nicht aufgehört zu träumen. Nach wie vor strebt er nach den „hohen Dingen". Wenn Aurelie ihn mahnt, sich „eleganter" (Z. 5) zu kleiden, malt er sich einen pompösen, exotischen Kleidungsstil aus (vgl. Z. 5 f.). Und er fantasiert davon, nach Italien aufzubrechen, anstatt im Schlösschen des Grafen zu versauern. Die Konflikte oder Enttäuschungen sind angesichts solch unterschiedlicher Vorstellungen wohl vorprogrammiert. Dass sich die Gegensätze in Wirklichkeit so einfach überwinden lassen, wie der „Taugenichts" es sich wünscht, wenn er in Gedanken die freiheitsliebenden Prager Studenten einerseits und den braven, biederen Philisterportier andererseits gemeinsam mit auf die Hochzeitsreise nimmt, dass sich also Romantik und Philistertum unter einen Hut bringen lassen, scheint dagegen eine Illusion zu sein.

Zusätzlich zu **Arbeitsblatt 11**, S. 116 bietet auch **Zusatzmaterial 5**, S. 135 die Möglichkeit, das Ende von Eichendorffs Werk „Aus dem Leben eines Taugenichts" mithilfe eines Textvergleiches zu analysieren.

■ *Vergleichen Sie das Zitat aus dem Lied der Brautjungfern in Eichendorffs Text (S. 98, Z. 29 ff.) mit der auf Zusatzmaterial 5 abgedruckten Originalstrophe. Welche Unterschiede fallen Ihnen auf?*

Das „Freischütz"-Zitat der singenden Dorfmädchen weicht an mehreren Stellen vom Original ab. Inhaltlich fällt auf, dass der Kranz bereits fertiggestellt ist („bringen" statt „winden" im 1.

Vers). Im zweiten Vers ersetzt „Lust" das „Spiel". Am weitreichendsten ist die Änderung im dritten Vers, der nahezu vollständig umgestaltet wird. Neue „Hochzeitsfreude" ersetzt „Glück und Liebesfreude".

- *Wie wirkt sich das „Freischütz"-Zitat auf eine mögliche Deutung des Endes von Eichendorffs „Aus dem Leben eines Taugenichts" aus? Berücksichtigen Sie bei Ihren Überlegungen auch den Kontext des Liedes in Webers Oper.*

Besonders wichtig erscheint in diesem Zusammenhang, dass bei Eichendorff, anders als im „Freischütz", nicht mehr von „Glück" die Rede ist. Dies ist umso bemerkenswerter, da der „Taugenichts" im ersten Kapitel ausdrücklich auszieht, sein „Glück" zu machen (vgl. S. 5, Z. 15 f.). Hätte Eichendorff die erste Strophe des Liedes nun unverändert aus der Oper übernommen, hätte sich der Kreis gewissermaßen geschlossen. Es wäre der Eindruck erweckt worden, der „Taugenichts" habe das Glück, das er gesucht hat, endlich gefunden. Statt von „Glück" und „Liebe" singen die Mädchen aus dem Dorf jedoch lediglich von der „Hochzeit". Das klingt deutlich weniger romantisch.

Irritierend ist zudem, dass die Hochzeit mit dem Attribut „neu" (S. 98, Z. 32) versehen wird. Indirekt wird die Hochzeitsfreude dadurch zu anderen, älteren Hochzeitsfreuden in Bezug gesetzt. Sie verliert ihren einzigartigen, einmaligen Charakter.

Dass im dritten Vers von der sinnlichen „Lust" statt vom unschuldigen „Spiel" die Rede ist, trägt zusätzlich dazu bei, die Zeremonie zu entweihen. Die romantische Glücksvorstellung von der Vermählung zweier liebender Seelen wird geerdet zu einem irdischen, fleischlichen Bund (vgl. auch S. 99, Z. 37).

Diese Veränderungen deuten an, dass die bevorstehende Hochzeit zwischen dem „Taugenichts" und Aurelie nicht unbedingt eine glückliche gemeinsame Zukunft verheißen muss. Von Liebe ist keine Rede. Viel eher scheint es, als hätten die beiden sich miteinander arrangiert. Dadurch erinnert die Zukunft, die den „Taugenichts" nun erwartet, weniger an die Zukunft, die er sich an der Seite einer schönen Adligen erträumt hat, als an das Zukunftsmodell, das er sich auf seiner Reise noch hat entgehen lassen, als er dem reichen Dorfmädchen begegnet ist (vgl. S. 34 ff.).

Dass das Lied der Brautjungfern aus dem „Freischütz" nicht unbedingt ein gutes Omen darstellt, ergibt sich auch aus dem Kontext, in dem es in der Oper gesungen wird. Direkt im Anschluss an das Lied entdecken die Brautjungfern anstatt des Brautkranzes eine Totenkrone.

Nachdem die Schülerinnen und Schüler nun zunächst anhand ausgewählter Textstellen das „Happy End" infrage gestellt haben, können sie abschließend das Ende umfassender untersuchen. Je nachdem, welche Bausteine bereits zuvor erarbeitet wurden, lassen sich in diesem Zusammenhang einzelne Deutungsaspekte abermals aufgreifen.

- *Lesen Sie noch einmal das Ende von Eichendorffs „Aus dem Leben eines Taugenichts" (10. Kapitel, S. 98 – S. 105).*

- *Sammeln Sie anschließend in Gruppenarbeit weitere Hinweise darauf, dass Eichendorff das vermeintlich glückliche, romantische Ende mit seiner Darstellung parodiert und infrage stellt.*

Zu Beginn dieses Textauszuges trägt Eichendorff derart dick mit romantischen Motiven auf, dass es beinahe schwülstig und kitschig wirkt. Das Idyll der beiden „vom Abendrot beschienenen" (S. 98, Z. 5) Frauen und der kreisenden Schwäne (vgl. Z. 15 f.) lässt sich entsprechend als selbstironische Parodie einer romantischen Szene lesen. Diese Parodie wird durch die folgende Inszenierung, in der die singenden Dorfmädchen nun wie die Schwäne um den „Taugenichts" kreisen, noch weiter gesteigert. Die Szenerie wirkt unwirklich und theatralisch.

Dieser Eindruck des Unwirklichen parodiert die romantische Wahrnehmung bzw. die Romantisierung der Welt. Ähnlich verhält es sich, wenn Leonhard die Erlebnisse des „Taugenichts" ausdrücklich mit einem „Roman" vergleicht (S. 101, Z. 25 f.). Der „Taugenichts" wird damit als Romanfigur karikiert. Nimmt man Leonhards Hinweis wörtlich, wäre der „Taugenichts" nichts anderes als die Ausgeburt romantischer Fantasie.

Auch mit dem Hinweis auf den „Poetenmantel" (S. 99, Z. 18 f.) macht sich Leonhard – möglicherweise stellvertretend für den Autor Joseph von Eichendorff – über den romantischen „Fantast[en]" (Z. 19) lustig, der im „Taugenichts" steckt. Leonhard entromantisiert das Geschehen, indem er den „Poetenmantel" entfernt, in den der „Taugenichts" seine Erlebnisse gehüllt hat. Glück und Liebe beruhen für Leonhard auf sexueller Vereinigung: „liebt Euch wie die Kaninchen und seid glücklich!" (S. 99, Z. 37). Anstatt die Menschen in göttliche Höhen zu romantisieren, reduziert Leonhard sie auf ihre animalischen („Kaninchen"-)Triebe. Der Poetenmantel der Romantik dient aus dieser Perspektive lediglich dazu, diese Triebe zu kaschieren (vgl. 4.1).

Auch weil sich am Ende herausstellt (vgl. S. 101 ff.), dass die gesamte Reise des „Taugenichts" von Missverständnissen, Verwechslungen, Zufälle und fremden Interessen gelenkt wurde, wirkt der romantische Blick, mit dem der Protagonist die Welt wahrnimmt, naiv und nahezu lächerlich (vgl. 2.3 und 3.1).

Besonders ins Gewicht fällt, dass sich der „Taugenichts" im Objekt seiner Sehnsucht getäuscht hat. Die „schönste, gnädigste Gräfin" (S. 104, Z. 26 f.), nach der er sich die ganze Zeit über verzehrte, obwohl sie ihm so gut wie unerreichbar scheinen musste, entpuppt sich als Philisternichte. Damit ist sie zwar erreichbar geworden, aber zugleich nicht mehr diejenige, in die er sich ursprünglich verliebt hat.

Die Voraussetzung der Hochzeit ist also eine grundlegende Enttäuschung. Nicht nur das „Happy End" erscheint dadurch fragwürdig. Auch die romantische Überhöhung von Liebe und Sehnsucht wirkt im Nachhinein oberflächlich, wenn der „Taugenichts" sich jetzt erleichtert darüber gibt, dass seine Träume sich als Illusionen entpuppen (vgl. Z. 39 f.; vgl. auch 2.3, 2.4 und 3.1). Die Romantik und das Poetisieren ließen sich vor diesem Hintergrund als reine Fassade deuten, hinter der sich auch der vom „Taugenichts" verkörperte Romantiker kaum von einem Philister unterscheidet. Die Romantik wäre in dieser Lesart nicht viel mehr als der sinnbildliche „Stein" (Z. 39), der dem „Taugenichts" vom Philisterherzen fällt.

Es spricht jedoch einiges dafür, dass der „Taugenichts" auch am Ende keineswegs in der Realität angekommen ist. Stattdessen scheint er lediglich seine Träume neu auszurichten. Anstatt mit der „schönsten Gräfin" fantasiert er sich jetzt eben mit der Nichte des Portiers eine goldene Zukunft mit „Frack", „Pumphosen" und Italienreise (vgl. S. 105) zusammen. Die Missverständnisse hören nicht auf, sondern setzen sich in der Beziehung zwischen dem „Taugenichts" und Aurelie fort (vgl. S. 105). Der „Taugenichts" stellt sich unter eleganter Kleidung etwas ganz anderes vor als Aurelie (vgl. Z. 4 – Z. 6). Während Aurelie ihn auffordert, sich an die Philisterlebensweise ihres Onkels anzupassen (vgl. Z. 2 – Z. 5), träumt der „Taugenichts" davon, den Onkel in seine romantischen Vorstellungen integrieren zu können (vgl. Z. 7 – Z. 9; vgl. auch 2.3, 2.4 und 3.1).

Entsprechend zurückhaltend reagiert Aurelie auf die Zukunftsfantasien des „Taugenichts". Sie lächelt zwar, jedoch nur „still" (Z. 10). Auch ihr vergnügter und freundlicher Blick wird durch das Attribut „recht" (Z. 10) auf ironische Weise abgeschwächt. Damit greift Eichendorff am Ende seines Textes eine Formulierung auf, die er ganz zu Beginn mit der Mühle, die „recht lustig" braust und rauscht (S. 5, Z. 1 f.), eingeführt hat (vgl. 2.1). Sinnbildlich ist der „Taugenichts" somit wieder am Anfang angelangt. Mit der bevorstehenden Hochzeit dreht sich das Mühlrad des (Philister-)Lebens weiter. Und wie schon zu Beginn denkt der „Taugenichts" angesichts solcher Aussichten auch am Ende wieder an eine Flucht bzw. eine Reise nach Italien.

Den letzten Hinweis darauf, dass sich der Ich-Erzähler mit seinem zum „Happy End" romantisierten Schluss etwas vormacht, liefert der finale Halbsatz, der wie die Schlussformel eines

Baustein 5: Parodie und Selbstironie

Märchens klingt (vgl. S. 105, Z. 24; vgl. auch 3.4). Ließe sich allein schon die Märchenformel „und alles war gut" ironisch deuten, treibt der Ich-Erzähler diese Ironie durch die Doppelung des „alles" auf die Spitze. Mit dieser ironischen Tautologie setzt er einen unverkennbar parodistischen Schlussakzent.

Das romantische „Happy End", so lässt sich das parodistische Finale deuten, findet wie die gesamte romantische Geschichte des „Taugenichts" fernab jeder Realität statt. Überträgt man das auf die romantische Literatur an sich, so erscheint diese als eine oberflächliche, hochtrabende Träumerei.

Eichendorff formuliert diese Kritik jedoch mit einem selbstironischen Augenzwinkern. Möglicherweise führt es daher zu weit, den „Taugenichts" als prototypischen Romantiker zu deuten. Naheliegender erscheint es, dass er nur eine einseitige, besonders naive und oberflächliche Spielart der Romantik verkörpert. So gesehen würde sich Eichendorff mit dem „Taugenichts" nicht etwa über alle Romantiker lustig machen, sondern lediglich über einen bestimmten Typus, der den oberflächlichen romantischen Gestus nicht mit Inhalt füllt. Aber auch dieser „Taugenichts"-Romantiker wird von Eichendorff nicht verurteilt. Denn selbst wenn Eichendorff ihn karikiert, dann doch stets auf liebevolle Weise. Der „Taugenichts" mag am Ende bei Eichendorff zwar als Witzfigur und naiver Träumer erscheinen, aber eben doch als ein liebenswerter Träumer.

Insofern erweist sich zuletzt auch die Haltung des Romantikers Eichendorff zur Romantik auf selbstironische Weise als ambivalent.

Dieses mehrdeutige, offene Ende erlaubt es den Schülerinnen und Schülern, selbst eine kreative Fortsetzung der Geschichte zu formulieren.

■ *„Ach, das alles ist schon lange her!" (S. 11, Z. 8), formuliert der Ich-Erzähler im ersten Kapitel. Erzählen Sie aus Sicht des „Taugenichts" bzw. des erzählenden Ichs, was seitdem alles passiert ist, indem Sie eine Fortsetzung zu Eichendorffs Geschichte erfinden. Orientieren Sie sich dabei an der Erzählweise und am Stil Eichendorffs.*

Bildungsroman

Ein Bildungsroman thematisiert die Entwicklung einer meist jungen Hauptfigur. Die Gattung entstand Ende des 18. Jahrhunderts in Deutschland. [...] Es handelt sich um ein Subgenre des Entwicklungsromans [...].

Wesentliche Merkmale

[...] Die zentrale Figur, der Held, durchlebt eine Entwicklung, die von seinem Verhältnis zu [...] seiner Umwelt bestimmt wird. Diese Entwicklung spielt sich meistens in der Jugend des Helden ab. Die erzählte Zeit erstreckt sich über mehrere Jahre, oft sogar Jahrzehnte. Somit weist der Bildungsroman Elemente einer Biografie auf.

Der Aufbau des Bildungsromans ist häufig dreigeteilt und folgt dem Schema „Jugendjahre – Wanderjahre – Meisterjahre". Beispielhaft lässt sich dies an Goethes „Wilhelm Meisters Lehrjahre" nachvollziehen, dieser Roman gilt als Ideal und Prototyp des deutschen Bildungsromans. [...]

Bezug auf den Bildungsbegriff der Aufklärung

Eine zentrale Rolle bei der Entwicklung spielt – im Unterschied zum reinen Entwicklungsroman – beim Bildungsroman ein bestimmter Bildungsbegriff. Aus der Antike abgeleitet, meint der Begriff „Bildung" seit der Aufklärung und dem Sturm und Drang die von staatlichen und gesellschaftlichen Normen freie individuelle Entwicklung des Einzelnen zu einem höheren, positiven Ziel. [...] Ein weiteres Kennzeichen des historischen Bildungsbegriffs ist die [...] Entwicklung und Entfaltung vorhandener Anlagen. [...]

Inhalt

Der Held eines Bildungsromans ist zunächst seiner Umwelt direkt entgegengesetzt. Während er noch jung, naiv und voller Ideale ist, steht ihm eine ablehnende, realistische Welt entgegen, in der nur weniges nach seinen Vorstellungen abläuft. [...]

Dieses Verhältnis des Helden zu seiner Umwelt setzt nun seine Entwicklung, seine Bildung, in Gang. Der Held macht in seiner Umwelt konkrete Erfahrungen, die ihn allmählich wachsen und reifen lassen. [...] Diese Entwicklung endet in einem harmonischen Zustand des Ausgleichs mit der Umwelt. Der „Wandlungsprozess des Helden [hat ihn] zur Klarheit über sich selbst und über die Welt [ge]führt" [Jacobs], der Held hat sich also mit der Welt versöhnt und nimmt in ihr seinen Platz ein. So ergreift er zum Beispiel einen Beruf „und wird Philister, so gut wie die anderen auch" [Hegel] und damit ein Teil der Welt, die er vorher so verachtet hat.

Wikipedia (Stichwort: Bildungsroman) (12.02.2018)

- *Lesen Sie die oben abgedruckten Auszüge aus dem Wikipedia-Eintrag zum Bildungsroman (Stichwort: Bildungsroman).*
- *Markieren Sie Begriffe und Textstellen, die Ihnen unklar sind, und besprechen Sie diese mit Ihrem Sitznachbarn bzw. Ihrer Sitznachbarin.*
- *Unterstreichen Sie in einer anderen Farbe die zentralen Aussagen des Eintrages. Formulieren Sie anschließend fünf Fragen, auf die der Text eine Antwort gibt, und beantworten Sie diese im Austausch mit Ihrer Nachbarin bzw. Ihrem Nachbarn.*

■ Vergleichen Sie anhand der nachfolgend aufgelisteten Kriterien den klassischen Bildungsroman, wie er in dem Wikipedia-Eintrag beschrieben wird, mit Joseph von Eichendorffs „Aus dem Leben eines Taugenichts".
Vervollständigen Sie die Tabelle entsprechend.

	Bildungsroman	„Aus dem Leben eines Taugenichts"
Charakter der Hauptfigur		
Erzählte Zeit & Aufbau		
Entwicklung des Helden		
Entwicklung des Verhältnisses zwischen Held und Umwelt		

■ Diskutieren Sie ausgehend von Ihren Tabelleneinträgen und Ihrer Kenntnis des Gesamttextes, inwiefern es sich bei Eichendorffs „Aus dem Leben eines Taugenichts" um die Parodie eines Bildungsromans handelt.
Erläutern Sie das Ergebnis Ihrer Diskussion im Plenum.

Bildungsroman (Lösungsvorschlag)

	Bildungsroman	„Aus dem Leben eines Taugenichts"
Charakter der Hauptfigur	• jung • naiv • idealistisch	• jung • naiv • idealistisch, verträumt, hoffnungsvoll
Erzählte Zeit & Aufbau	• erstreckt sich über mehrere Jahre • Dreiteilung: Jugendjahre/Lehrjahre – Wanderjahre – Meisterjahre • Elemente einer Biografie	• erstreckt sich über mehrere Wochen • Reise, Wanderschaft im Frühjahr/Sommer • Elemente einer Biografie
Entwicklung des Helden	• frei, individuell • hin zu einem höheren, positiven Ziel • Entfaltung individueller Anlagen • innerlicher, charakterlicher Reifeprozess	• Spielball von fremden Interessen (Leonhard & Flora, Gräfinnen) und Zufällen • rein äußerliche Veränderung der Lebensumstände • keine innere Entwicklung, kein Reifeprozess
Entwicklung des Verhältnisses zwischen Held und Umwelt	• zu Beginn: Konflikt zwischen eigenen Idealen und Umwelt • Reifeprozess ermöglicht Sozialisation: Held findet seinen Platz, seine Aufgabe bzw. seine Bestimmung • am Ende: Harmonie zwischen Held und Umwelt; Held integriert sich in Gesellschaft	• zu Beginn: Konflikt zwischen „Taugenichts" und Philisterwelt • Anpassungsversuche scheitern aufgrund von Verwechslungen und Missverständnissen • Reise als Flucht und Suche • am Ende: Missverständnisse lösen sich auf; Held scheint in Gesellschaft/Philisterwelt integriert zu werden; plant jedoch bereits neue Reise, neuen Ausbruch → es bleibt offen, ob Konflikt zwischen Held und Umwelt überwunden ist; möglicherweise nur vorübergehende Harmonie zwischen Held und Umwelt

Joseph von Eichendorff: „Die zwei Gesellen" (1818)

Joseph von Eichendorff
(1788 – 1857)

Es zogen zwei rüstge Gesellen
Zum ersten Mal von Haus,
So jubelnd recht in die hellen,
Klingenden, singenden Wellen
Des vollen Frühlings hinaus.

5 Die strebten nach hohen Dingen,
Die wollten, trotz Lust und Schmerz,
Was Recht's in der Welt vollbringen,
Und wem sie vorübergingen,
Dem lachten Sinnen und Herz. –

10 Der Erste, der fand ein Liebchen,
Die Schwieger kauft' Hof und Haus;
Der wiegte gar bald ein Bübchen,
Und sah aus heimlichem Stübchen
Behaglich ins Feld hinaus.

15 Dem Zweiten sangen und logen
Die tausend Stimmen im Grund,
Verlockend' Sirenen, und zogen
Ihn in der buhlenden[1] Wogen
Farbig klingenden Schlund.

20 Und wie er auftaucht vom Schlunde,
Da war er müde und alt,
Sein Schifflein das lag im Grunde,
So still war's rings in die Runde,
Und über die Wasser weht's kalt.

25 Es singen und klingen die Wellen
Des Frühlings wohl über mir;
Und seh ich so kecke Gesellen,
Die Tränen im Auge mir schwellen –
Ach Gott, führ' uns liebreich zu Dir!

Joseph von Eichendorff: Werke. Erster Teil, Gedichte. Berlin 1841. S. 69 f.
30

[1] buhlend: werbend

- *Welchen Menschentypus verkörpern die beiden Gesellen jeweils?*
- *Diskutieren Sie in Partner- oder Gruppenarbeit darüber, ob der erste Geselle (im Gegensatz zum zweiten) sein Glück findet. Begründen Sie Ihre Meinung auf der Grundlage des Gedichts.*
- *Vergleichen Sie das Schicksal des „Taugenichts" mit demjenigen der beiden Gesellen. Gehen Sie dabei insbesondere auf das Ende (S. 104, Z. 9 – S. 105, Z. 14) von Eichendorffs „Aus dem Leben eines Taugenichts" ein.*

Baustein 6

Rezeption und Verfassen einer Kritik

„Aus dem Leben eines Taugenichts" zählt heute zu den bedeutendsten Werken Joseph von Eichendorffs und ist Teil der Weltliteratur.

Als der Text 1826 erstmals veröffentlicht wurde, war diese Entwicklung nicht absehbar. Eichendorffs Geschichte wurde eher beiläufig wahrgenommen. Die Kritiken fielen überwiegend positiv aus. Es gab jedoch auch negative Stimmen. Bis heute am bekanntesten ist der im Anhang der Textausgabe, S. 126 f. abgedruckte Verriss des renommierten Literaturkritikers Wolfgang Menzel (1798 – 1873).

Hob ein anonymer Kritiker der „Vossischen Zeitung" in der ersten überlieferten Rezension des Werkes vom 31. Mai 1826 noch die komische Natur des Textes hervor, den er wahlweise als Novelle oder Roman klassifizierte, wurde das Werk „Aus dem Leben eines Taugenichts" in der weiteren Rezeption tendenziell als Verkörperung eines romantischen Ideals betrachtet. Eichendorffs Text galt als prototypisch für die romantische Literatur. Die Meinungen darüber, inwieweit die vom „Taugenichts" personifizierte Romantik auch außerhalb der Literatur Vorbildcharakter haben könne, gingen jedoch auseinander.

Einige Rezipienten aus der zweiten Hälfte des 19. Jahrhunderts wie Theodor Fontane (1819 – 1898) oder Thomas Mann (1875 – 1955) sahen in der Figur des „Taugenichts" einen typisch deutschen Charakter, der wie kein anderer das „deutsche Gemüt" (Fontane) zum Ausdruck bringe. Dieses vermeintlich deutsche Wesen orientierte sich jedoch weniger an nationalem Chauvinismus als an der Idee eines freiheitlichen demokratischen Nationalstaates mit europäischer Ausrichtung.

Zu Beginn des 20. Jahrhunderts erhob Herman Hesse (1877 – 1962) das Werk „Aus dem Leben eines Taugenichts" in den Rang der Weltliteratur (vgl. Anhang, S. 125).

Die Nationalsozialisten vereinnahmten den Text für ihre Ideologie, interpretierten den „Taugenichts" als wandernden Nationalisten und instrumentalisierten seine Lieder als Ausdrucksmittel deutschen Heimatgefühls.

Nach dem Zweiten Weltkrieg rückten dann die romantischen Aspekte des Textes – wie die Kritik am Philistertum, der Verweis auf den Bildungsroman, der träumerische Idealismus oder die Landschaftsmetaphorik – wieder in den Mittelpunkt der Analyse. „Aus dem Leben eines Taugenichts" etablierte sich als Standardwerk der deutschen Literaturgeschichte und Schullektüre.

Bereits im 19. Jahrhundert entwickelten die Lieder aus Eichendorffs Text ein Eigenleben. Sie wurden als Volks- und Wanderlieder oder auch als Kunstlieder unter anderem von Robert Schumann oder Felix Mendelssohn Bartholdy (1809 – 1847) vertont.

In den 1970er-Jahren entstanden die bislang einzigen Spielfilme auf der Grundlage des Textes: die DEFA-Produktion „Aus dem Leben eines Taugenichts" unter der Regie von Celino Bleiweiß (DDR 1973) sowie Bernhard Sinkels sehr freie Adaption „Taugenichts" (Erscheinungsjahr: BRD 1978).

Im diesem Baustein beschäftigen sich die Schülerinnen und Schüler mit der Rezeptionsgeschichte von Eichendorffs Text am Beispiel zweier ausgewählter Rezensionen. Ergänzend oder alternativ können auch noch weitere im Anhang der Textausgabe, S. 125 – S. 132 abgedruckte Besprechungen herangezogen werden.

Anschließend erstellen die Schüler und Schülerinnen auf der Grundlage einiger theoretischer Vorüberlegungen eine eigene Buchkritik.

6.1 Zwei Besprechungen von Eichendorffs Werk „Aus dem Leben eines Taugenichts"

Anhand der im Anhang der Textausgabe abgedruckten Besprechungen von Willibald Alexis (vgl. S. 125 f.) und Petra Kipphoff (vgl. S. 129 ff.) können sich die Schülerinnen und Schüler der Rezeptionsgeschichte von Eichendorffs Werk beispielhaft annähern. Bei der ersten Besprechung handelt es sich um eine zeitgenössische Kritik aus dem Jahr 1826. Die zweite Besprechung würdigt Eichendorffs Text über 150 Jahre später als Zeugnis der Weltliteratur.

- Lesen Sie Willibald Alexis' Kritik „Ein ewiges Sonntagsleben" (S. 125 f.).
- Notieren Sie in Stichworten, wie Alexis Eichendorffs Text a) deutet und b) bewertet.
- Fassen Sie anschließend die zentrale Aussage der Besprechung in wenigen Worten zusammen.

Als Tafelbild lässt sich das wie folgt skizzieren:

Willibald Alexis über „Aus dem Leben eines Taugenichts"

Deutung	Bewertung
• Wunschfantasie	• vergnüglich
• Loblied auf Optimismus und Fröhlichkeit	• leichte Unterhaltung
• Darstellung eines harmlosen, liebenswürdigen Charakters und eines bequemen, sorglosen Lebens	• unrealistisch, aber vermittelt „innere Wahrheit" (S. 126, Z. 1 f.)

leichte, unterhaltsame Wohlfühlliteratur

- Nehmen Sie begründet zu Alexis' Kritik Stellung.

Alexis hebt in seiner Besprechung die positiven und unterhaltsamen Aspekte der Geschichte hervor. Zu Recht verweist er darauf, dass Eichendorffs Darstellung nicht realistisch ist. Den „Taugenichts" deutet er als liebenswerten Optimisten. Insgesamt betont er vor allem den Unterhaltungswert der Lektüre.

Damit erfasst er zwar einen wesentlichen Aspekt des Textes, übersieht jedoch, dass dieser auch für kritische und ironisch-parodistische Lesarten zugänglich ist. Wenn Alexis den Text als Beispiel für ein „sorglose[s] gemütliche[s] Leben" (S. 126, Z. 8) interpretiert, ignoriert er, dass der „Taugenichts" unter einem solchen Leben etwas grundlegend anderes versteht als die in der Geschichte auftretenden Philister. Auf den soziokulturellen Konflikt zwischen Philistern und Romantikern, den Eichendorff behandelt, geht Alexis in seiner Besprechung nicht ein. Auch die Bezüge zum klassischen Bildungsroman und die teilweise selbstironische Auseinandersetzung mit der Romantik (bzw. dem romantischen Weltbild und der Sinnsuche des „Taugenichts") entgehen ihm.

Unterm Strich eröffnet Alexis mit seiner Besprechung lediglich einen möglichen Zugang zu Eichendorffs Text, wird dessen weiterreichendem Deutungspotenzial jedoch nicht gerecht.

Alternativ oder ergänzend kann auch die Besprechung von Petra Kipphoff im Unterricht behandelt werden:

- Lesen Sie Petra Kipphoffs Besprechung (S. 129 – S. 132).

- *Kipphoff versucht, sich Eichendorffs Text anzunähern, indem sie einerseits beschreibt, was diesen nicht kennzeichnet, und andererseits seine wesentlichen Themen benennt. Skizzieren Sie diese doppelte Argumentationsstrategie in wenigen Stichworten.*

- *Fassen Sie anschließend zusammen, was für Kipphoff das zentrale Thema von Eichendorffs „Aus dem Leben eines Taugenichts" ist.*

Daraus ergibt sich als mögliches Tafelbild:

Petra Kipphoff über „Aus dem Leben eines Taugenichts"

Das Werk „Aus dem Leben eines Taugenichts" kennzeichnet nicht:

- autobiografisches Bekenntnis (vgl. S. 130, Z. 8 ff.)
- Spannung (vgl. S. 130, Z. 18 ff.)
- realistische Charaktere, Psychologie (vgl. S. 130, Z. 20 ff.)
- realistische oder psychologische/emotionale Naturdarstellung (vgl. S. 131, Z. 1 ff.)
- detaillierte, individuelle Landschaftsbeschreibungen (vgl. S. 131, Z. 14 ff.)
- Entwicklung zu sozialem Verantwortungsbewusstsein im Sinne von Goethes „Wilhelm Meisters Lehrjahre" (vgl. S. 132, Z. 10 ff.)
- Harmonie von Mensch und Gesellschaft (vgl. S. 132, Z. 10 ff.)
- Vorbildfunktion (vgl. S. 132, Z. 18 f.)

Das Werk „Aus dem Leben eines Taugenichts" thematisiert:

- den verborgenen „Code" (S. 130, Z. 33) der Natur
- die Natur als Sehnsuchtsraum (vgl. S. 131, Z. 1 ff.)
- Natur und Landschaften als Symbole (vgl. S. 131, Z. 26 ff.)
- naive Unschuld, natürliches Glück (vgl. S. 132, Z. 14 ff.)
- Sehnsucht nach Harmonie von Mensch und Natur (vgl. S. 132, Z. 14 ff.)

→ **Das Werk „Aus dem Leben eines Taugenichts" als „Beschreibung einer Sehnsucht"**

- *Nehmen Sie begründet zu Kipphoffs Kritik Stellung.*

Kipphoff nähert sich der Geschichte Eichendorffs gewissermaßen von ihren Rändern aus. Sie listet auf, was „Aus dem Leben eines Taugenichts" alles *nicht* ist: autobiografisch, realistisch etc. Dadurch charakterisiert sie den Text zugleich als ein Werk, das sich von der sozialen Wirklichkeit abwendet. Laut Kipphoff entwickelt Eichendorff stattdessen einen in den Naturbeschreibungen verborgenen Sehnsuchtsraum.

Tatsächlich erscheint die romantische Sehnsucht als ein zentrales – wenn nicht sogar das zentrale – Thema der Geschichte. Mit dem Verweis auf das in Goethes „Wilhelm Meisters Lehrjahre" behandelte Verantwortungsbewusstsein, dem sich der „Taugenichts" in Eichendorffs „Gammlergeschichte" (S. 132, Z. 8) entzieht (vgl. S. 132, Z. 8 ff.), lässt Kipphoff die Auseinandersetzung mit dem Philistertum zumindest anklingen. Auch die ironischen und parodistischen Tendenzen des Textes werden mit dem Verweis auf den „zu theaterhaft[en]" (S. 132, Z. 19) Schluss angedeutet.

Dennoch kann auch Kipphoffs Besprechung das Deutungspotenzial von Eichendorffs Werk bestenfalls schlaglichtartig beleuchten.

Nachdem die Schüler und Schülerinnen die Besprechungen Kipphoffs und Alexis' zunächst unabhängig voneinander untersucht haben, können sie diese nun zueinander in Bezug setzen.

- Vergleichen Sie die beiden Besprechungen von Willibald Alexis und Petra Kipphoff mithilfe einer von Ihnen angelegten Tabelle anhand folgender Vergleichskriterien:
  - Beurteilung der Hauptfigur
  - Beurteilung von Eichendorffs Darstellungsweise
  - Deutung von Eichendorffs Text (Was ist Eichendorffs zentrales Thema?)
  - Gesamturteil

Beide Autoren fällen ein positives Urteil über Eichendorffs Text. Beide bewerten auch die Hauptfigur des „Taugenichts" positiv als fröhliche, ungezwungene und liebenswert naive Kreatur. Auch arbeiten beide den unrealistischen Charakter des Geschehens heraus.

Während es Alexis jedoch weitgehend dabei belässt und den Text als eine unterhaltsame Fantasie in die Nähe einer Komödie rückt, richtet Kipphoff ihr Augenmerk auf die Kluft zwischen Wirklichkeit und Illusion, die in Eichendorffs Geschichte durch die Sehnsucht überwunden wird. Für Alexis beschreibt Eichendorff ein „ewiges Sonntagsleben" (S. 125, Z. 1), für Kipphoff die Sehnsucht nach einem solchen, aber auch nach mehr.

Die Sehnsucht, so wie Kipphoff sie versteht, richtet sich in eine „tiefe Ferne" (S. 131, Z. 3), nach etwas Natürlichem, Ursprünglichem, das tief unter der gesellschaftlichen und zivilisatorischen, bildungsbürgerlichen Oberfläche des Menschen verborgen liegt. Damit gesteht sie Eichendorffs Text deutlich mehr Tiefgang und Bedeutung zu als Alexis.

Als Tabelle lässt sich das so darstellen:

Die Besprechungen von Alexis und Kipphoff im Vergleich

„Aus dem Leben eines Taugenichts"	**Alexis** (Kritik, Deutung)	**Kipphoff** (Kritik, Deutung)
Hauptfigur	positiv: harmlos, liebenswürdig	positiv: unschuldig, „unbewusst lebende Kreatur" (S. 132, Z. 16)
Darstellungsweise	unrealistisch: „Unwahrscheinlich im Einzelnen" (S. 125, Z. 15 – S. 126, Z. 1)	unrealistisch: keine individuellen Charaktere, symbolisch
Deutung/zentrales Thema	leichte, unterhaltsame Fantasie über „ein ewiges Sonntagsleben"/Unterhaltung	Sehnsucht nach einem unter der gesellschaftlichen Oberfläche verborgenen natürlichen Glück/Sehnsucht
Gesamturteil	positiv (nettes, oberflächliches Vergnügen)	positiv (mit symbolischem Tiefgang)

6.2 Eine eigene Rezension verfassen

Nachdem die Schülerinnen und Schüler die Textform der Rezension beispielhaft kennengelernt haben, können sie nun dazu animiert werden, selbst eine Buchkritik zu Joseph von Eichendorffs „Aus dem Leben eines Taugenichts" zu verfassen.

Bevor sie mit dem Schreiben beginnen, sollten sie sich anhand von **Arbeitsblatt 12**, S. 124 zunächst jedoch die wesentlichen Merkmale einer Rezension vergegenwärtigen. Insbesondere sind sie angehalten, zwischen einer Rezension und einer Inhaltsangabe zu unterscheiden. Anschließend können sie im gelenkten Unterrichtsgespräch eine Checkliste für das Verfassen einer Rezension erarbeiten.

■ *Lesen Sie den auf Arbeitsblatt 12 abgedruckten Text sorgfältig durch. Unterstreichen Sie die Hinweise, die Ihnen besonders wichtig oder hilfreich erscheinen.*

■ *Erläutern Sie mit eigenen Worten, was eine Rezension von einer Inhaltsangabe unterscheidet.*

Ziel einer Buchkritik ist es, Aufmerksamkeit zu wecken und zur Meinungsbildung beizutragen. Anders als bei einer Inhaltsangabe sollte in einer Buchkritik das Geschehen normalerweise **nicht vollständig** wiedergegeben werden. Dem Leser bzw. der Leserin der Kritik soll dadurch die Möglichkeit gelassen werden, das Buch selbst zu lesen, ohne bereits zu wissen, wie es ausgeht. Vor allem das **Ende** des Buches soll in der Kritik **nicht verraten** werden. Dennoch sollte das **Handlungsgeschehen** zumindest **in groben Zügen wiedergegeben** werden. Der Leser bzw. die Leserin der Kritik sollte erfahren, was das **Thema** des Buches ist. Anders als bei einer Inhaltsangabe sollte eine Rezension das Buch **kritisch bewerten** und dabei nicht nur auf den Inhalt, sondern **auch** auf **Form und Stil** eingehen. Der Verfasser bzw. die Verfasserin einer Buchkritik darf und soll seine/ihre **persönliche Meinung (positive wie negative Kritik)** äußern. Diese allerdings muss **nachvollziehbar begründet** werden.

■ *Erstellen Sie eine Checkliste zum Verfassen einer Rezension.*

Als Ergebnis des Unterrichtsgesprächs lässt sich Folgendes an der Tafel oder auf Folie notieren:

Checkliste zum Verfassen einer Rezension

1.) Einleitung:
- markanter Einstieg, der neugierig macht
- Wie heißt das Buch, der Autor/die Autorin?
- Welchen Umfang hat es? (kann auch im Hauptteil stehen)
- Genre und Kernthema benennen
- knappe Infos zum Autor/zur Autorin und dessen/deren bisherigen Werken (auch im Hauptteil möglich)

2.) Hauptteil:
- Inhalt prägnant zusammenfassen, ohne zu viel (das Ende) zu verraten, + bewerten!
- Aufbau, Erzähltechnik, Stil, Motive darstellen + bewerten!

→ jeweils positive und negative Bewertungen möglich (begründen!)
→ Was gefällt mir? (begründen!)
→ Was gefällt mir nicht? (begründen!)
→ evtl. Zitate (als Belege) einstreuen

3.) Schluss:
- Werk nach Möglichkeit kurz einordnen; literaturhistorisch und in Gesamtwerk des Autors/der Autorin (kann auch im Hauptteil geschehen)
- Fazit, zusammenfassende Bewertung

4.) Bibliografische Angaben

Baustein 6: Rezeption und Verfassen einer Kritik

Nachdem die Schülerinnen und Schüler nun mit den wesentlichen Kriterien einer Buchkritik vertraut sind, können sie diese praktisch anwenden, indem sie auf der Grundlage des Erlernten eine eigenständige Rezension verfassen:

- *Schreiben Sie eine eigene Buchkritik zu Joseph von Eichendorffs „Aus dem Leben eines Taugenichts".*

6.3 Podiumsdiskussion

Nach dem Vorbild des aus dem Fernsehen bekannten „Literarischen Quartetts" können die Schülerinnen und Schüler über die Stärken und Schwächen von Joseph von Eichendorffs „Aus dem Leben eines Taugenichts" diskutieren. Zur Einstimmung können den Schülern und Schülerinnen Auszüge aus der Fernsehsendung, die beispielsweise auf YouTube zu finden sind, vorgeführt werden.

Eine mögliche Grundlage der Podiumsdiskussion bilden von den Schülern und Schülerinnen eigenständig erstellte Rezensionen oder die professionellen Rezensionen, die im Anhang der Textausgabe, S. 124 – S. 132 abgedruckt sind.

An einer Podiumsdiskussion nehmen jeweils vier Rezensenten bzw. Rezensentinnen teil. Jeder Rezensent vertritt dabei die Argumente seiner eigenen oder einer ausgewählten professionellen Rezension. Wahlweise können die Diskussionsteilnehmer anstatt auf Rezensionen auch auf eine zuvor in Gruppen- oder Partnerarbeit erstellte Liste ausgewählter Argumente zurückgreifen. Nach Möglichkeit sollten alle Rezensenten unterschiedliche Rezensionen bzw. Argumente vertreten. Für eine angeregte Diskussion sollten auch die Urteile der Rezensenten möglichst kontrovers ausfallen.

Vor der eigentlichen Diskussion bereiten sich die Rezensentinnen und Rezensenten zunächst auf ihre Rolle vor.

- *Lesen Sie den Text, dessen Argumente Sie in der Podiumsdiskussion vertreten möchten, noch einmal sorgfältig durch.*

- *Notieren Sie sich die positiven und/oder negativen Urteile in knappen Stichworten. Notieren Sie stichwortartig auch die Begründung dieser Urteile.*

- *Bei Bedarf können Sie auch weitere eigene Urteile und Begründungen hinzufügen, die Ihrer Ansicht nach inhaltlich zu den Bewertungen des Textes passen.*

- *Bereiten Sie Karteikarten vor, auf denen Sie die einzelnen Urteile und Begründungen mit eigenen Worten formulieren.*

Im Anschluss an die Diskussion können die Teilnehmer/innen und Zuschauer/innen ihre Eindrücke untereinander austauschen.

Folgende Leitfragen können das Gespräch in Gang bringen.

Diskussionsteilnehmer:
- Wie fühlte sich die Rolle/Situation an?
- Konnte er/sie seine/ihre Meinung zum Ausdruck bringen?

- Was war schwierig? Was hat besonders Spaß gemacht?
- Hat die Diskussion neue Erkenntnisse gebracht? Wenn ja: Welche? Wenn nein: Woran lag das?

Publikum:
- Wie haben die Zuschauer die Diskussion empfunden?
- War die Diskussion verständlich, unterhaltsam? Oder langweilig? Woran lag das jeweils?
- Gab es Argumente, die besonders einleuchtend waren?
- Haben die besten Argumente auch am meisten überzeugt? Falls nicht: Warum nicht?
- Hat die Diskussion neue Erkenntnisse gebracht? Wenn ja: Welche? Wenn nein: Woran lag das?

Wie schreibt man eine Rezension?

Das Rezensieren eines Buches ist gar nicht so einfach, wie es sich auf den ersten Blick vielleicht vermuten lässt. Viele neigen dazu, ein Buch zu lesen, und ist man angetan, schreibt man positiv, ohne vielleicht das Gesamtkonzept wie Aufbau, Thematik, Illustrationen oder äußerliches Erscheinungsbild zu beachten.

1. Definition

Für den Begriff Rezension können im Zusammenhang mit dem Schreiben synonym auch die Worte Buchbesprechung oder Buchkritik verwendet werden. Eine Rezension ist eine kritische [...] Bewertung von Werken.

2. Ziel

Im Rahmen einer Rezension geht es darum, dem Leser anhand von bestimmten Kriterien und Argumenten eine Hilfestellung bei der Entscheidung für oder gegen ein Buch an die Hand zu geben. [...] [Zu] einer aussagekräftigen Rezension [...] gehört zum Beispiel, dass man nicht alle Informationen wild durcheinanderschreibt, sondern eine gewisse Struktur einhält.

3. Allgemeines

- Wer ist Adressat? (keine fachwissenschaftlichen Begriffe) → Vereinfachung und Verzicht auf Details zugunsten der Konzentration
- Sachlichkeit und Genauigkeit, aber auch Lebendigkeit, Witz, Anschaulichkeit, Begeisterung, Urteilsfreude, Engagement, Lust zur Provokation → Gespür für die Wirkung
- gründliches Wissen über das zu rezensierende Werk
- Übernahme fremden Eigentums kennzeichnen
- Beachten des Persönlichkeitsschutzes (keine falschen Tatsachen oder Schmähkritik)
- Vorheriges Überlegen eines Konzepts
- Experimente sind erwünscht [...]

4. Was eine Rezension nicht ist

Es empfiehlt sich nicht, den Klappentext abzuschreiben, denn den kann ein Interessent in der Buchhandlung selbst überfliegen. Diese auf dem Umschlag und dem rückwärtigen Cover abgedruckten Werbetexte wurden vom Verlag verfasst, der damit möglichst viele Kunden neugierig machen und zum Kauf ermuntern will. Sie heben nur die (vermeintlichen) Vorzüge des Werks hervor.

Eine Rezension darf nicht nur aus einer Nacherzählung oder Inhaltsangabe bestehen. Wer die gesamte Geschichte und ihren Ausgang bereits kennt, kann sich die Lektüre des Buchs nämlich meist sparen. Und neben dem Inhalt sind immer auch die Form und die Sprache wichtig.

Eine Rezension ist keine reine (begeisterte oder enttäuschte) Meinungsäußerung des Verfassers. Der Leser der Rezension kann einen ganz anderen Geschmack, andere Lesegewohnheiten und Bedürfnisse haben als der Verfasser. Überschwängliches Lob oder vernichtende Kritik ohne Begründung sind daher fehl am Platze.

5. Arbeitsschritte bei der Rezension

1. das Buch mit Konzentration lesen
2. wichtige Stellen im Text markieren oder Notizen machen
3. überlege, wie du das Buch findest
4. begründe dein Urteil
5. verfasse die Rezension

6. Aufbau einer Rezension

Einleitung:

- Informationen über [den] Autor, wenn es für den weiteren Verlauf wichtig ist
- **Kurz** den Inhalt des zu rezensierenden Werkes wiedergeben (Namensnennungen können schon zu viel sein! [bei einem Buch mit mehreren Texten nicht auf alle eingehen])
- Informationen über die Entstehung des Werkes
- empfehlenswert: ein einleitender Satz, der zum Lesen anregt (eine provokante These; ein markantes Zitat; eine interessante Frage, die erst am Ende beantwortet wird; ein extremes Werturteil, dessen Begründung erst am Ende geliefert wird → negative Gesamtbewertung ans Ende, nach Abwägen der Argumente

Hauptteil:

- Hinweise auf Konstruktion (eventuell Zitate als Ergänzung)
- die Sprache/Wortwahl (ist sie lustig, traurig, spannend, leicht/schwer verständlich usw.)
- die Motive (gibt es wiederkehrende Motive, Symbole, Metaphern etc.)
- das Thema (ist das Thema außergewöhnlich spannend, aktuell, antiquiert usw.)
- der Schreibstil (hat der Autor eine „eigene Handschrift")

- Wertungen miteinbeziehen → diese können nebensächlich, müssen aber enthalten sein. Sie sind „Angebote", über die der Leser selbst urteilen muss → sie können zu einer Diskussion anregen.
- Die Wertungen können dabei in Formen wie Ironie, Parodie, Satire etc. auftreten (Begründung allerdings nur in exemplarischen Ansätzen: Mindestanforderung ist es, positive und negative Merkmale und Wirkungen zu beschreiben)
- Wertmaßstäbe zu explizieren ist überflüssig; eigene Maßstäbe müssen aber verdeutlicht und begründet werden
- Negative Kritik ist wichtig → Gegensatz zur Verlagswerbung bilden, nur positive Kritik wirkt unglaubwürdig; keine „Gefälligkeitsrezensionen"
- keine Aneinanderreihung der Aspekte → Spannung schaffen (über langweilige Bücher fesselnd schreiben)
- Floskeln sind zu vermeiden.
- Interpretationsvorschläge (besonders, wenn der Text/das Werk schwer zu verstehen ist)

Schluss:
- Vergleich mit anderer Literatur, die dem Werk auf irgendeine Weise ähnlich ist
- Korrigieren oder Bestätigen der bisherigen Einschätzung des Autors
- Das Werk in Bezug zu politischen, sozialen oder ästhetischen Problemen setzen [...]
- Was gibt es noch Interessantes über das Buch zu sagen ...?
- Gibt es ein Zitat, das du selbst nicht verstanden hast?
- Kann man das Ende der Geschichte vielleicht auf unterschiedliche Weisen deuten?
- Warum hat die Figur das gesagt/getan?
- Wie ist das Buch generell zu bewerten?

http://schulzeug.at/deutsch/sonstige/2446-anleitung-zum-schreiben-einer-rezension (12.02.2018)

■ *Lesen Sie den Text sorgfältig durch. Unterstreichen Sie die Hinweise, die Ihnen besonders wichtig oder hilfreich erscheinen.*

■ *Erläutern Sie kurz mit eigenen Worten, was eine Rezension von einer Inhaltsangabe unterscheidet.*

■ *Erstellen Sie eine Checkliste zum Verfassen einer Rezension.*

Schilderung eines Musterphilisters

Clemens Brentano (1778–1842) war ein deutscher Schriftsteller und zählte zu den bedeutendsten Vertretern der deutschen Romantik. Gemeinsam mit Achim von Arnim (1781–1831) veröffentlichte er unter dem Titel „Des Knaben Wunderhorn" (1805–1808) eine dreibändige Sammlung von Volksliedern.

In seiner „scherzhaften Abhandlung" „Der Philister vor, in und nach der Geschichte" (1811), aus der der nachfolgende Textauszug stammt, macht er sich über die „Philister" lustig. Mit dem Ausdruck „Philister" bezeichneten Studenten ursprünglich jeden Nichtstudenten. Die Romantiker charakterisierten mit der Bezeichnung „Philister" borniert Kopfmenschen, Vertreter einer einseitig auf Rationalität ausgerichteten Aufklärung sowie engstirnige Kleinbürger.

Clemens Brentano, Gemälde von Emilie Linder, um 1835

Clemens Brentano: „Schilderung eines Musterphilisters, welcher sich zuletzt in eine ganze Musterkarte von Philistereien aufrollt" (1811)

Wenn der Philister morgens aus seinem traumlosen Schlafe wie ein ertrunkener Leichnam aus dem Wasser herauftaucht, so probiert er sachte mit seinen Gliedmaßen herum, ob sie auch noch alle zugegen,
5 hierauf bleibt er ruhig liegen, und dem anpochenden Bringer des Wochenblatts ruft er zu, er solle es in der Küche abgeben, denn er liege jetzt im ersten Schweiß und könne, ohne ein Waghals zu sein, nicht aufstehn; sodann denkt er daran, der Welt nützlich zu sein, und
10 weil er stets überzeugt ist, dass der nüchterne Speichel etwas sehr Heilkräftiges sei, so bestreicht er sich die Augen damit, oder der Frau Philisterin oder seinen kleinen Philistern oder seinem wachsamen Hund oder niemand.
15 Seine weiße baumwollene Schlafmütze, zu welchen diese Ungeheuer große Liebe tragen, sitzt unverrückt, denn ein Philister rührt sich nicht im Schlaf. Wenn er aufgestanden, […] geht es an ein gewaltiges Zungenschaben und Ohrenbohren, an ein Räuspern
20 und Spucken, entsetzliches Gurgeln und irgendeine absonderliche Art, sich zu waschen, nach einer fixen Idee, kalt oder warm sei gesund, sodann kaut er einige Wachholderbeeren, während er an das gelbe Fieber denkt; oder er hält seinen Kindern eine Abhand-
25 lung vom Gebet und sagt, wenn er sie zur Schule geschickt, zu seiner Frau: man muss den äußern Schein beobachten, das erhält einem den Kredit, sie werden früh genug den Aberglauben einsehen; sodann raucht er Tabak, wozu er die höchste Leiden-
30 schaft hat, oder welches er übertrieben affektiert hasst; im Ganzen ist der Rauchtabak den Philistern unendlich lieb, sie sagen sehr gern: er halte ihnen den Leib gelinde offen, und sie könnten bei dem Zug der Rauchwolken Betrachtungen über die Vergänglich-
35 keit anstellen, so hängt die Pfeife eng mit ihrer Philosophie zusammen; auch besitzt er gewiss irgendein Tabakgedicht, oder hat selbst eins gemacht. Übrigens wenngleich mancher Tabak raucht, ohne darum ein Philister zu sein, so kann man es doch nur in einer
40 Zeit gelernt haben, in der man ideenlos verkehrt und ein Philister gewesen, und die lebendigsten, tüchtigsten, reinsten und seelenvollsten Menschen, die ich gekannt, waren nie auf den Tabak gekommen.
Zweifellos zieht der Philister nun auch alle Uhren des Hauses auf und schreibt das Datum mit Kreide über
45 die Türe; trinkt er Kaffee, so spricht er von den Engländern, nennt den Kaffee auch wohl die schwarze afrikanische Brühe; sehr kränkend würde es ihm sein, wenn die Frau ihm nicht ein Halbdutzendmal sagte: trinke doch, er ist so schöne warm, trinke doch,
50 eh er kalt wird; wenn er ihm aber nicht warm gebracht wurde, wehe dann der armen Frau! […]
Wenn er zu seinen Geschäften ausgeht, zieht er Schmierstiefel an, wozu er eine große Leidenschaft hat, oft auch Sporne, ohne je zu reiten, Wichsstiefel
55 spiegeln, und ein Spiegel ist schon etwas Transzendentales. […]
Bei den unbedeutendsten Gesprächen macht er Gesichter von größter Bedeutung […].
Er sammelt Zeitungen, Wochenblätter […], weiß im-
60 mer wer predigt, geht aber nur des Kredits halber in die Kirche, wo er schläft, woran er wohl tut, denn der Prediger ist auch ein Philister. […]

Philistersymptome

Sie nennen Natur, was in ihren Gesichtskreis, oder vielmehr in ihr Gesichtsviereck fällt, denn sie begrei-
65 fen nur viereckige Sachen, alles andere ist widernatürlich und Schwärmerei. […]

Alle Begeisterten nennen sie verrückte Schwärmer, alle Märtyrer Narren, und können nicht begreifen, warum der Herr für unsre Sünden gestorben und nicht lieber zu Apolda¹ eine kleine nützliche Mützenfabrik angelegt. Nie hat sie der Regen ohne Regenschirm getroffen. Sagen sie guten Abend, guten Morgen, guten Tag! wie geht's, was macht die Frau Liebste? so denken diese Elenden nichts dabei, es fällt ihnen vom Maul, und nach Tisch wünschen sie einem wohl gespeist zu haben, wenn man gleich gehungert hat. [...]

Mit dem Zustand des Theaters in Deutschland sind sie vollkommen zufrieden, und man kann sich keine bessere Idee von ihrer hoffärtigen Abgötterei gegen ihr eignes Elend machen, als wenn man bedenkt, dass dieselben Menschen, welche nicht begreifen können, wie die Vorwelt so töricht sein konnte, dem Gottesdienste ungeheure Kirchen zu bauen, ganz damit zufrieden sind, dass durch die ganze Welt kein öffentliches Institut so unmäßig unterstützt wird [wie] die Schauspielzunft. Nie hat ein Philister darüber geschaudert, dass man ungeheure Paläste baut, die inwendig mit den Gaben aller Künste verziert, um dort abends noch Geld dazuzugeben, [um dass] bei unzähligen Kerzen, was der eben fließende gemeine Strom der Dichtung an gemeinstem poetischen Flößholz heranschwemmt, von Menschen dargestellt zu sehn, die eben so wie dies Holz durch allerlei Zufälle zu diesem Gewerbe zusammengeflößt und noch dafür bezahlt sind. [...]

Die Philister haben nur Sinn für platte, tändelnde oder bocksteife Musik, den Beethoven halten sie für ganz verrückt [...]. Sie korrigieren in alle Bücher, die sie lesen, hinten die Druckfehler hinein. [...]

Ihre Weisheit besteht wirklich darin, alles weiß zu übertünchen [...]. Diese Narren radieren an Gottes Namen selbst die ihnen überflüssig scheinenden Buchstaben aus. [...]

Nie sind sie berauscht gewesen, ohne zu trinken, und dann immer sehr besoffen. Wenn sie erschrocken sind, schlagen sie sogleich ihr Wasser ab. Sie können kein ursprüngliches Dichterwort begreifen, verspotten und parodieren es und schreiben dann doch wässerige Nachahmungen. [...]

Clemens Brentano: Der Philister vor, in und nach der Geschichte – Scherzhafte Abhandlung. Berlin 1811, S. 15 – 23

---

¹ Apolda: Stadt in Thüringen, im 19. Jahrhundert bekannt für ihre Textilmanufaktur und Glockengießerei

■ *Fassen Sie in eigenen Worten zusammen, wie Brentano den typischen Philister charakterisiert.*

■ *Vergleichen Sie Brentanos Beschreibung der Philister mit der Darstellung der Philister in Eichendorffs „Aus dem Leben eines Taugenichts".*

Der Wiener Kongress und seine gesellschaftlichen Folgen

Delegierte des Wiener Kongresses, Gemälde von J.-B. Isabey, 1814

Die Neuordnung Deutschlands und Europas auf dem Wiener Kongress

Als sich im Jahre 1814 die bedeutendsten Monarchen Europas auf dem Wiener Kongress trafen – einem der großen europäischen Friedenskongresse der Neuzeit –, um nach den staatlichen Umwälzungen der Napoleonischen Kriege Europa und Deutschland politisch neu zu ordnen, setzten viele Deutsche große Hoffnungen auf dieses Ereignis. Josef Görres war einer von vielen. Er schrieb 1814 im „Rheinischen Merkur":

„Deutschland steht harrend jetzt, was ihm für alle seine großen Opfer werden soll, dafür, dass es Gut und Blut [in den Befreiungskriegen] hingeopfert, will es eine gute Sache haben. Darum soll der Frieden ein Nationalwerk werden, wie man den Krieg auch zu einem Werk der Nation gemacht hat [...]. Damit aber der öffentliche Geist, wie er sich jetzt glücklicherweise in Deutschland entzündet hat, nachwirken könne, muss innerer ständischer Verfassung eine verfassungsmäßige Stimme und eine Einwirkung in das Getriebe der Staatsverwesung (= -verwaltung) gestattet werden."

Die deutschen Patrioten beanspruchten einen geeinten deutschen Nationalstaat und politische Mitwirkungsrechte in diesem Staat als ein ihnen zustehendes Recht. Diese Haltung hatte eine doppelte Wurzel: Einmal wirkten die Ideale der Französischen Revolution im deutschen Bürgertum nach. Die staatlich-gesellschaftliche Neuordnung Deutschlands setzte die Beseitigung der feudalen Ständeschranken und regional-staatlicher Sonderrechte und Privilegien voraus. Auch verfassungsmäßig garantierte Mitbestimmungs- und Freiheitsrechte nach dem Vorbild der französischen Verfassung von 1791 waren für das politisch bewusst gewordene Bürgertum eine Selbstverständlichkeit.

Zum anderen waren auch viele Erfahrungen der antinapoleonischen Befreiungskriege in dieses politische Selbstbewusstsein eingegangen. So z. B. die Einsicht, dass ein uneiniges und politisch gespaltenes Deutschland sehr leicht zum Spielball äußerer Mächte werden konnte. Schließlich hatte der von bürgerlich-volkstümlichen Kräften geführte Befreiungskampf gegen Napoleon ein starkes gesamtdeutsches Zusammengehörigkeitsgefühl und nationales Selbstbewusstsein entstehen lassen. Aus den in diesem Kampf gebrachten Opfern leitete das Bürgertum politische Rechte gegenüber den Monarchen und gesellschaftliche Gleichstellung mit dem Adel ab. Damit waren die Hauptforderungen des Bürgertums für die kommenden Jahrzehnte entstanden: Einheit und Freiheit Deutschlands.

Ganz andere Konsequenzen für die Gestaltung der Zukunft hatten die in Wien versammelten Monarchen aus ihren Erfahrungen mit der Französischen Revolution und Napoleon gezogen. [...] Ihre Herrschaft war nicht nur von außen bedroht worden; sie sahen sich auch von innen, durch ihre eigenen Untertanen gefährdet, wenn die Ideale der Revolution in ihren eigenen Ländern Wurzeln schlugen. So beherrschten auf dem Wiener Kongress konservativ-monarchische Leitideen die Neugestaltung Europas: Restauration (Wiederherstellung der alten Ordnung) und Legitimität (Herrschaftsausübung nur durch die rechtmäßigen, alteingesessenen Dynastien).

Auszug aus: Wilhelm Borth: Die Zeit der Restauration: Die Neuordnung Deutschlands und Europas auf dem Wiener Kongress. In: Zeiten und Menschen, herausgegeben von Wilhelm Borth und Eberhard Schanbacher. Band 2. Paderborn 1986, S. 45f.

Irene Binal: Ein tanzender Kongress?

Am 9. Juni 1815 endete der Wiener Kongress. Als „tanzender Kongress" ging er in die Geschichte ein. Keine 20 Jahre nach der Französischen Revolution entfaltete der Adel in einer glanzvollen Inszenierung noch einmal all seine Pracht. [...]

Was sich in Wien 1814/15 abspielte, war einerseits eine Demonstration der Macht der alten Gewalten in Europa – andererseits aber auch ein Schauspiel der gesellschaftlichen Verschiebung. Ausdrücklich wurde das gehobene Bürgertum in die Festlichkeiten einbezogen und die Monarchen präsentierten sich so volksnah wie nie zuvor, erzählt [der Historiker] Eberhard Straub:

„Sie gehen ins Kaffeehaus, sie gehen in die Weinstuben, sie gehen am Graben, das ist gleichsam der Salon des Wiener Kongresses, man trifft sich auf der Straße, plauscht und redet auf der Straße – das hat es so in dem Sinn noch nie gegeben, dass die Monarchen gleichsam auf der Straße oder im Kaffeehaus zu beobachten waren und dass man, wenn man gewollt hätte, dem Kaiser als erstem Hofrat seiner Monarchie auf die Schulter hätte klopfen können und sagen: Majestät, wir danken Ihnen oder sonst etwas. So weit ging natürlich der Respekt, dass man so etwas nicht machte, aber es war immerhin etwas völlig Ungewöhnliches, dass Hochadelige eben nicht in ihrem Schloss Händler empfangen und dann dort feilschen, sondern dass sie nun selber an der Ladentheke stehen, sich anschauen, was gibt es, und dann über den Preis diskutieren, das war etwas durchaus Neues und das ist ein etwas sehr bürgerliches Verhalten dann wieder."

Der Graben, die Einkaufsstraße Wiens, heute wie damals. Der Stephansdom um die Ecke, die Hofburg in der Nähe. Noch heute trifft man hier die Nachfahren jener Aristokraten, die vor 200 Jahren die Geschicke Europas lenkten [...].

Auch 1815 konnte man hier Fürsten und Prinzen begegnen, sie beobachten, ihnen näher kommen als je zuvor – was allerdings eine nicht selten desillusionierende Erfahrung war, wie Eberhard Straub schreibt:

„Allzu viele Prinzen auf einen Haufen wirkten ernüchternd, denn sie unterschieden sich so gar nicht von gewöhnlichen Sterblichen oder machten sich verächtlich, weil sie allzu gewöhnlich wirkten aufgrund von Trunkenheit, Prügeleien und Liederlichkeiten. Das Geheimnis der Gekrönten, durch die Distanz gewahrt, verlor sich in der alltäglichen Nähe."

Und diese postrevolutionäre Aufhebung der Distanz zwischen Adel und Bürgertum war eine Erfahrung, die auch politische Konsequenzen haben sollte, so Straub:

„Insofern ist das dann eben bei der Revolution von 48 natürlich dann auch ein Argument, dann zu sagen, ja, warum soll der Adel noch privilegiert werden, eigentlich verhält er sich auch nicht mehr anders als jetzt irgendwelche Patrizier aus Frankfurt oder aus Köln oder wo auch immer."

Auszug aus Irene Binal: Der Wiener Kongress – ein tanzender Kongress?. Deutschlandfunk Kultur, Zeitfragen. Beitrag vom 27.05.2015, www.deutschlandfunkkultur.de/hoefische-kultur-und-politik-in-wien-1815-der-wiener.976.de.html?dram:article_id=320589 (13.02.2018)

- *Fassen Sie stichwortartig zusammen, inwiefern der Wiener Kongress die Erwartungen des aufsteigenden Bürgertums enttäuschte.*

- *Worin unterscheidet sich die Darstellung des sozialen Lebens zu Beginn des 19. Jahrhunderts in den beiden Textauszügen von der Darstellung in Eichendorffs Buch? Gehen Sie dabei insbesondere auch auf die Darstellung der Adelswelt und des Verhältnisses zwischen Bürgertum und Adel ein.*

Hans im Glück (Märchen der Gebrüder Grimm)

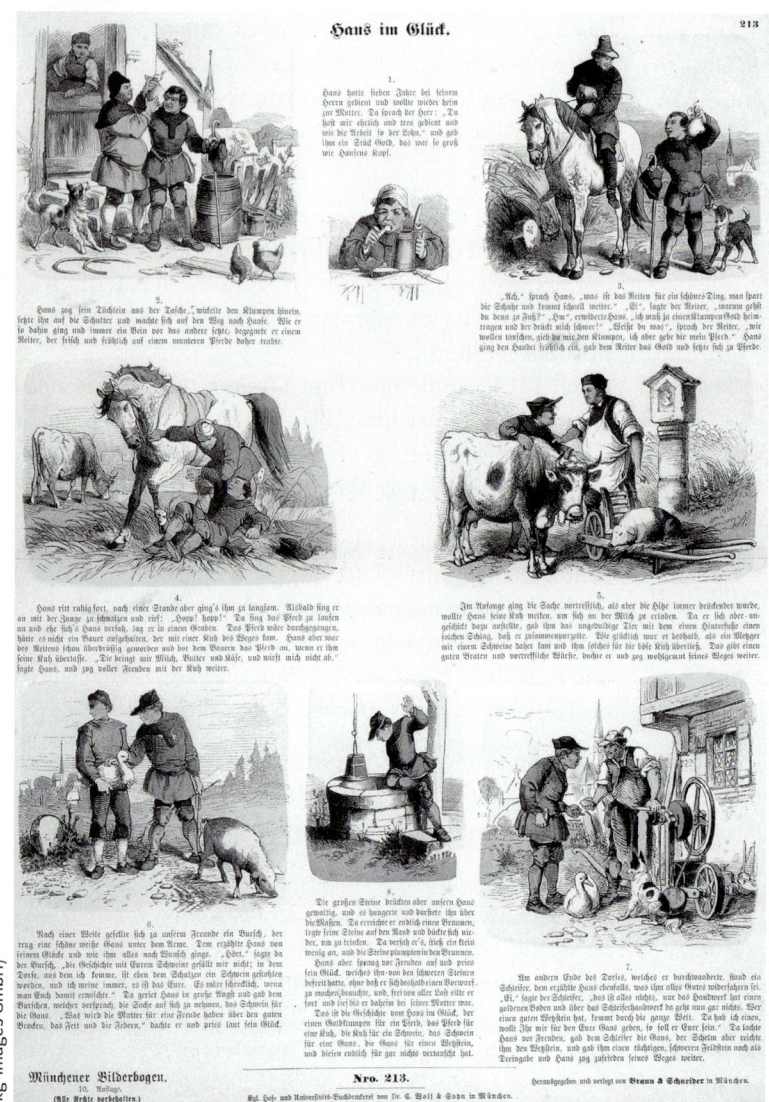

Hans hatte sieben Jahre bei seinem Herrn gedient, da sprach er zu ihm „Herr, meine Zeit ist herum, nun wollte ich gerne wieder heim zu meiner Mutter, gebt mir meinen Lohn". Der Herr antwortete: „Du hast mir treu und ehrlich gedient, wie der Dienst war, so soll der Lohn sein", und gab ihm ein Stück Gold, das so groß als Hansens Kopf war. Hans zog sein Tüchlein aus der Tasche, wickelte den Klumpen hinein, setzte ihn auf die Schulter und machte sich auf den Weg nach Haus. Wie er so dahinging und immer ein Bein vor das andere setzte, kam ihm ein Reiter in die Augen, der frisch und fröhlich auf einem muntern Pferde vorbeitrabte. „Ach", sprach Hans ganz laut, „was ist das Reiten ein schönes Ding! Da sitzt einer wie auf einem Stuhl, stößt sich an keinem Stein, spart die Schuh und kommt fort, er weiß nicht wie." Der Reiter, der das gehört hatte, hielt an und rief: „Ei, Hans, warum läufst du auch zu Fuß?" „Ich muss ja wohl, da habe ich einen Klumpen heimzutragen, es ist zwar Gold, aber ich kann den Kopf dabei nicht gerad halten: auch drückt mir's auf die Schulter." „Weißt du was", sagte der Reiter, „wir wollen tauschen, ich gebe dir mein Pferd, und du gibst mir deinen Klumpen." „Von Herzen gern", sprach Hans, „aber ich sage euch, ihr müsst euch damit schleppen." Der Reiter stieg ab, nahm das Gold und half dem Hans hinauf, gab ihm die Zügel fest in die Hände und sprach: „Wenn's nun recht geschwind soll gehen, so musst du mit der Zunge schnalzen und ‚hopp hopp' rufen."

Hans war seelenfroh, als er auf dem Pferde saß und so frank und frei dahinritt. Über ein Weilchen fiel's ihm ein, es sollte noch schneller gehen, und fing an mit der Zunge zu schnalzen und „hopp hopp" zu rufen. Das Pferd setzte sich in starken Trab, und ehe sich's Hans versah, war er abgeworfen und lag in einem Graben, der die Äcker von der Landstraße trennte. Das Pferd wäre auch durchgegangen, wenn es nicht ein Bauer aufgehalten hätte, der des Weges kam und eine Kuh vor sich hertrieb. Hans suchte seine Glieder zusammen und machte sich wieder auf die Beine. Er war aber verdrießlich und sprach zu dem Bauer: „Es ist ein schlechter Spaß, das Reiten, zumal wenn man auf so eine Mähre gerät wie diese, die stößt und einen herabwirft, dass man den Hals brechen kann, ich setze mich nun und nimmermehr wieder auf. Da lob ich mir eure Kuh, da kann einer mit Gemächlichkeit hinterhergehen und hat obendrein seine Milch, Butter und Käse jeden Tag gewiss. Was gäb' ich darum, wenn ich so eine Kuh hätte!" „Nun", sprach der Bauer, „geschieht euch so ein großer Gefallen, so will ich euch wohl die Kuh für das Pferd vertauschen." Hans willigte mit tausend Freuden ein: Der Bauer schwang sich aufs Pferd und ritt eilig davon.

Hans trieb seine Kuh ruhig vor sich her und bedachte den glücklichen Handel. „Hab ich nur ein Stück Brot, und daran wird mir's doch nicht fehlen, so kann ich, so oft mir's beliebt, Butter und Käse dazu essen; hab ich Durst, so melk' ich meine Kuh und trinke Milch. Herz, was verlangst du mehr?" Als er zu einem Wirtshaus kam, machte er halt, aß in der großen Freude alles, was er bei sich hatte, sein Mittag- und Abendbrot, rein auf und ließ sich für seine letzten paar Heller ein halbes Glas Bier einschenken. Dann trieb er seine Kuh weiter, immer nach dem Dorfe seiner Mutter zu. Die Hitze war drückender, je näher der Mittag kam, und Hans befand sich in einer Heide, die wohl noch eine Stunde dauerte. Da ward es ihm ganz heiß, sodass ihm vor Durst die Zunge am Gaumen klebte. „Dem Ding ist zu helfen", dachte Hans, „jetzt will ich meine Kuh melken und mich an der Milch laben." Er band sie an einen dürren Baum und stellte, da er keinen Eimer hatte, seine Ledermütze unter, aber sosehr er sich auch bemühte, es kam kein Tropfen Milch zum Vorschein. Und weil er sich ungeschickt dabei anstellte, so gab ihm das ungeduldige Tier endlich mit einem der Hinterfüße einen solchen Schlag vor den Kopf, dass er zu Boden taumelte und eine Zeit lang sich gar nicht besinnen konnte, wo er war. Glücklicherweise kam gerade ein Metzger des Weges, der auf einem Schubkarren ein junges Schwein liegen hatte. „Was sind das für Streiche!", rief er und half dem guten Hans auf. Hans erzählte, was vorgefallen war. Der Metzger reichte ihm seine Flasche und sprach: „Da trinkt einmal und erholt euch. Die Kuh will wohl keine Milch geben, das ist ein altes Tier, das höchstens noch zum Ziehen taugt oder zum Schlachten". „Ei, ei", sprach Hans und strich sich die Haare über den Kopf, „wer hätte das gedacht! Es ist freilich gut, wenn man so ein Tier ins Haus abschlachten kann, was gibt's für Fleisch! Aber ich mache mir aus dem Kuhfleisch nicht viel, es ist mir nicht saftig genug. Ja, wer so ein junges Schwein hätte! Das schmeckt anders, dabei noch die Würste." „Hört, Hans", sprach der Metzger, „euch zuliebe will ich tauschen und will euch das Schwein für die Kuh lassen." „Gott lohn euch eure Freundschaft!", sprach Hans und übergab ihm die Kuh und ließ sich das Schweinchen vom Karren losmachen und den Strick, woran es gebunden war, in die Hand geben.

Hans zog weiter und überdachte, wie ihm doch alles nach Wunsch ginge: Begegnete ihm ja eine Verdrießlichkeit, so würde sie doch gleich wiedergutgemacht. Es gesellte sich danach ein Bursch zu ihm, der trug eine schöne weiße Gans unter dem Arm. Sie boten einander die Zeit, und Hans fing an, von seinem Glück zu erzählen, und wie er immer so vorteilhaft getauscht hätte. Der Bursch sagte ihm, dass er die Gans zu einem Kindtaufschmaus brächte. „Hebt einmal", fuhr er fort und packte sie bei den Flügeln, „wie schwer sie ist, die ist aber auch acht Wochen lang genudelt worden. Wer in den Braten beißt, muss sich das Fett von beiden Seiten abwischen." „Ja", sprach Hans und wog sie mit der einen Hand, „die hat ihr Gewicht, aber mein Schwein ist auch keine Sau." Indessen sah sich der Bursch nach allen Seiten ganz bedenklich um, schüttelte auch wohl mit dem Kopf. „Hört", fing er darauf an, „mit eurem Schweine mag's nicht so ganz richtig sein. In dem Dorfe, durch das ich gekommen bin, ist eben dem Schulzen eins aus dem Stall gestohlen worden; ich fürchte, ihr habt's da in der Hand. Sie haben Leute ausgeschickt, und es wäre ein schlimmer Handel, wenn sie euch mit dem Schweine erwischten. Das Geringste ist, dass ihr ins finstere Loch gesteckt werdet." Dem guten Hans ward bang; „ach Gott", sprach er, „helft mir aus der Not, ihr wisst hier herum besser Bescheid, nehmt mein Schwein da und lasst mir eure Gans". „Ich muss schon etwas aufs Spiel setzen", antwortete der Bursche, „aber ich will doch nicht schuld sein, dass ihr ins Unglück geratet." Er nahm also das Seil in die Hand und trieb das Schwein schnell auf einem Seitenweg fort, der gute Hans aber ging, seiner Sorgen entledigt, mit der Gans unter dem Arme der Heimat zu. „Wenn ich's recht überlege", sprach er mit sich selbst, „habe ich noch Vorteil bei dem Tausch: erstlich den guten Braten, hernach die Menge von Fett, die heraussträufeln wird, das gibt Gänsefettbrot auf ein Vierteljahr, und endlich die schönen weißen Federn, die lass ich mir in mein Kopfkissen stopfen und darauf will ich wohl ungewiegt einschlafen. Was wird meine Mutter eine Freude haben!"

Als er durch das letzte Dorf gekommen war, stand da ein Scherenschleifer mit seinem Karren: Sein Rad schnurrte und er sang dazu:

„Ich schleife die Schere und drehe geschwind,
und hänge mein Mäntelchen nach dem Wind."

Hans blieb stehen und sah ihm zu; endlich redete er ihn an und sprach: „Euch geht's wohl, weil ihr so lustig bei eurem Schleifen seid." „Ja", antwortete der Scherenschleifer, „das Handwerk hat einen güldenen Boden. Ein rechter Schleifer ist ein Mann, der, so oft er in die Tasche greift, auch Geld darin findet. Aber wo habt ihr die schöne Gans gekauft?" „Die hab' ich nicht gekauft, sondern für mein Schwein eingetauscht." „Und das Schwein?" „Das hab' ich für eine Kuh gekriegt." „Und die Kuh?" „Die hab' ich für ein Pferd bekommen." „Und das Pferd?" „Dafür hab' ich einen Klumpen Gold, so groß als mein Kopf, gegeben." „Und das Gold?" „Ei, das war mein Lohn für sieben Jahre Dienst." „Ihr habt euch jederzeit zu helfen gewusst", sprach der Schleifer, „könnt ihrs nun dahinbringen, dass ihr das Geld in der Tasche springen hört, wenn ihr aufsteht, so habt ihr euer Glück gemacht." „Wie soll ich das anfangen?", sprach Hans. „Ihr müsst ein Schleifer werden, wie ich; dazu gehört eigentlich nichts als ein Wetzstein, das andere findet sich schon von selbst. Da hab' ich einen, der ist zwar ein wenig schadhaft, dafür sollt ihr mir aber auch weiter nichts als eure Gans geben; wollt ihr das?" „Wie könnt ihr noch fragen", antwortete Hans, „ich werde ja zum glücklichsten Menschen auf Erden: Habe ich Geld, so oft ich in die Tasche greife, was brauche ich da länger zu sorgen?", reichte ihm die Gans hin und nahm den Wetzstein in Empfang. „Nun", sprach der Schleifer und hob einen gewöhnlichen schweren Feldstein, der neben ihm lag, auf, „da habt ihr noch einen tüchtigen Stein dazu, auf dem sich's gut schlagen lässt und ihr eure alten Nägel gerade klopfen könnt. Nehmt hin und hebt ihn ordentlich auf."

Hans lud den Stein auf und ging mit vergnügtem Herzen weiter; seine Augen leuchteten vor Freude, „ich muss in einer Glückshaut geboren sein", rief er aus, „alles, was ich wünsche, trifft mir ein, wie einem Sonntagskind". Indessen, weil er seit Tagesanbruch auf den Beinen gewesen war, begann er, müde zu werden, auch plagte ihn der Hunger, da er allen Vorrat auf einmal in der Freude über die erhandelte Kuh aufgezehrt hatte. Er konnte endlich nur mit Mühe weitergehen und musste jeden Augenblick haltmachen; dabei drückten ihn die Steine ganz erbärmlich. Da konnte er sich des Gedankens nicht erwehren, wie gut es wäre, wenn er sie gerade jetzt nicht zu tragen brauchte. Wie eine Schnecke kam er zu einem Feldbrunnen geschlichen, wollte da ruhen und sich mit einem frischen Trunk laben; damit er aber die Steine im Niedersitzen nicht beschädigte, legte er sie bedächtig neben sich auf den Rand des Brunnens. Darauf setzte er sich nieder und wollte sich zum Trinken bücken, da versah er's, stieß ein klein wenig an, und beide Steine plumpsten hinab. Hans, als er sie mit seinen Augen in die Tiefe hatte versinken sehen, sprang vor Freuden auf, kniete dann nieder und dankte Gott mit Tränen in den Augen, dass er ihm auch diese Gnade noch erwiesen und ihm auf eine so gute Art und ohne dass er sich einen Vorwurf zu machen brauchte, von den schweren Steinen befreit hätte; das Einzige wäre ihm nur noch hinderlich gewesen. „So glücklich wie ich", rief er aus, „gibt es keinen Menschen unter der Sonne." Mit leichtem Herzen und frei von aller Last sprang er nun fort, bis er daheim bei seiner Mutter war.

Jacob und Wilhelm Grimm: Die schönsten Kinder- und Hausmärchen. Kapitel 76, http://gutenberg.spiegel.de/buch/-6248/76 (13.02.2018)

- *Hans beginnt seine Heimreise mit einem großen Stück Gold und kommt am Ende mit leeren Händen bei seiner Mutter an. Dennoch fühlt er sich glücklich. Wie lässt sich das erklären?*

- *Beschreiben Sie in wenigen Worten, was sich Hans und die Menschen, denen er begegnet, jeweils unter „Glück" vorstellen. Vergleichen Sie diese Glücksvorstellungen mit denjenigen des „Taugenichts" und der Philister in Joseph von Eichendorffs „Aus dem Leben eines Taugenichts".*

- *Erläutern Sie, worin sich der „Taugenichts" und der „Hans im Glück" ähneln und worin sie sich unterscheiden.*

Das Land, wo die Zitronen blühn

„Goethe in der Campagna" von Johann Heinrich Wilhelm Tischbein, 1787

Das nachfolgende Gedicht „Kennst du das Land, wo die Zitronen blühn" und der anschließende Textauszug stammen aus Johann Wolfgang von Goethes (1749–1832) Bildungsroman „Wilhelm Meisters Lehrjahre" (1795/96). Der Roman zeichnet den Lebensweg und die innere Entwicklung der Titelfigur Wilhelm Meister nach. Auf seinen Reisen begegnet Wilhelm dem italienischen Gauklermädchen Mignon, das er freikauft, nachdem das Kind vom Leiter der Truppe geschlagen wurde. Zwischen Wilhelm und Mignon entwickelt sich ein inniges Vater-Tochter-Verhältnis.

Kennst du das Land, wo die Zitronen blühn,
Im dunklen Laub die Goldorangen glühn,
Ein sanfter Wind vom blauen Himmel weht,
Die Myrte still und hoch der Lorbeer steht,
5 Kennst du es wohl?
        Dahin! Dahin
Möcht' ich mit dir, o mein Geliebter, ziehn!

Kennst du das Haus, auf Säulen ruht sein Dach,
Es glänzt der Saal, es schimmert das Gemach,
Und Marmorbilder stehn und sehn mich an: 10
Was hat man an dir, du armes Kind, getan?
Kennst du es wohl?
        Dahin! Dahin
Möcht' ich mit dir, o mein Beschützer, ziehn!

Kennst du den Berg und seinen Wolkensteg? 15
Das Maultier sucht im Nebel seinen Weg,
In Höhlen wohnt der Drachen alte Brut,
Es stürzt der Fels und über ihn die Flut:
Kennst du ihn wohl?
        Dahin! Dahin 20
Geht unser Weg; o Vater, lass uns ziehn!

Als Wilhelm des Morgens sich nach Mignon im Hause umsah, fand er sie nicht, hörte aber, dass sie früh mit Melina ausgegangen sei, welcher sich, um die Garderobe und die übrigen Theatergerätschaften zu 25 übernehmen, beizeiten aufgemacht hatte.
Nach Verlauf einiger Stunden hörte Wilhelm Musik

vor seiner Türe. Er glaubte anfänglich, der Harfenspieler sei schon wieder zugegen; allein er unterschied bald die Töne einer Zither, und die Stimme, welche zu singen anfing, war Mignons Stimme. Wilhelm öffnete die Türe, das Kind trat herein und sang das Lied, das wir soeben aufgezeichnet haben.

Melodie und Ausdruck gefielen unserem Freunde besonders, ob er gleich die Worte nicht alle verstehen konnte. Er ließ sich die Strophen wiederholen und erklären, schrieb sie auf und übersetzte sie ins Deutsche. Aber die Originalität der Wendungen konnte er nur ferne nachahmen; die kindliche Unschuld des Ausdrucks verschwand, indem die gebrochene Sprache übereinstimmend und das Unzusammenhängende verbunden ward. Auch konnte der Reiz der Melodie mit nichts verglichen werden.

Sie fing jeden Vers feierlich und prächtig an, als ob sie auf etwas Sonderbares aufmerksam machen, als ob sie etwas Wichtiges vortragen wollte. Bei der dritten Zeile ward der Gesang dumpfer und düsterer; das „*Kennst du es wohl?*" drückte sie geheimnisvoll und bedächtig aus; in dem „*Dahin! Dahin!*" lag eine unwiderstehliche Sehnsucht, und ihr „*Lass uns ziehn!*" wusste sie bei jeder Wiederholung dergestalt zu modifizieren, dass es bald bittend und dringend, bald treibend und vielversprechend war.

Nachdem sie das Lied zum zweiten Mal geendigt hatte, hielt sie einen Augenblick inne, sah Wilhelmen scharf an und fragte: „Kennst du das Land?" – „Es muss wohl Italien gemeint sein", versetzte Wilhelm; „woher hast du das Liedchen?" – „Italien!", sagte Mignon bedeutend; „gehst du nach Italien, so nimm mich mit, es friert mich hier." – „Bist du schon dort gewesen, liebe Kleine?", fragte Wilhelm. – Das Kind war still und nichts weiter aus ihm zu bringen.

Johann Wolfgang Goethe: Wilhelm Meisters Lehrjahre. Stuttgart 1997. S. 148 f.

- *Erläutern Sie, welche sinnbildliche Funktion Italien in diesem Romanauszug für Mignon erfüllt.*

- *Vergleichen Sie diese Italiensymbolik mit derjenigen in Eichendorffs „Aus dem Leben eines Taugenichts".*

Wir winden dir den Jungfernkranz

Das nachfolgende Lied „Wir winden dir den Jungfernkranz" stammt aus der romantischen Oper „Der Freischütz" (1821) des deutschen Komponisten Carl Maria von Weber (1786–1826). Der Text wurde vom deutschen Schriftsteller Johann Friedrich Kind (1768–1843) verfasst.
Es wird in der zweiten Szene des dritten Aktes von Brautjungfern gesungen, während sich die Försterstochter Agathe im Brautkleid auf die Hochzeit mit dem Jägersburschen Max vorbereitet. Die Brautjungfern verstummen entsetzt, als sie in der Schachtel, in der sich der weiße Brautkranz befinden sollte, eine schwarze Totenkrone entdecken.
Max, der einen Probeschuss bestehen muss, um Agathe heiraten zu dürfen, hat im Zweiten Akt einen Pakt mit dem Teufel geschlossen, ohne zu ahnen, dass er damit Agathes Leben aufs Spiel setzt.
In der Schlussszene des finalen dritten Aktes wendet sich jedoch alles zum Guten. Max wird in Aussicht gestellt, nach einem Bewährungsjahr Agathe doch noch heiraten zu dürfen.

Carl Maria von Weber, Porträt von Ferdinand Schimon, um 1825

Johann Friedrich Kind

Wir winden dir den Jungfernkranz
Mit veilchenblauer Seide
Wir führen dich zu Spiel und Tanz
Zu Glück und Liebesfreude!
5 Schöner grüner,
Schöner grüner Jungfernkranz!
Veilchenblaue Seide!

Lavendel, Myrt' und Thymian,
Das wächst in meinem Garten;
10 Wie lang bleibt doch der Freiersmann?
Ich kann es kaum erwarten.
Schöner grüner,
Schöner grüner Jungfernkranz!
Veilchenblaue Seide!

15 Sie hat gesponnen sieben Jahr
Die gold'nen Flachs am Rocken;
Die Schleier sind wie Spinnweb klar,
Und grün der Kranz der Locken.
Schöner grüner,
20 Schöner grüner Jungfernkranz!
Veilchenblaue Seide!

Und als der schmucke Freier kam,
War'n sieben Jahr verronnen;
Und weil sie der Herzliebste nahm,
25 Hat sie den Kranz gewonnen.
Schöner grüner,
Schöner grüner Jungfernkranz!
Veilchenblaue Seide!

Lied der Brautjungfern aus der romantischen Oper „Der Freischütz" (1821) von Carl Maria von Weber. Text/Libretto von Johann Friedrich Kind

■ *Vergleichen Sie das Zitat aus dem Lied der Brautjungfern in Eichendorffs Text (S. 98, Z. 29 ff.) mit der Originalstrophe. Welche Unterschiede fallen Ihnen auf?*

■ *Wie wirkt sich das „Freischütz"-Zitat auf eine mögliche Deutung des Endes von Eichendorffs „Aus dem Leben eines Taugenichts" aus? Berücksichtigen Sie bei Ihren Überlegungen auch den Kontext des Liedes in Webers Oper.*

Zusatzmaterial

Klausurvorschlag mit Bewertungsbogen

Name:	Schule:	Fachlehrer:

Kurs:	Arbeitszeit:

Thema der Unterrichtsreihe:
Joseph von Eichendorff, „Aus dem Leben eines Taugenichts"

Aufgabenart:
Analyse eines literarischen Textes mit weiterführendem Schreibauftrag (IA)

1. *Analysieren Sie die Textstelle „Gespräch mit dem Portier", S. 16 – S. 18 aus Joseph von Eichendorffs Werk „Aus dem Leben eines Taugenichts" unter besonderer Berücksichtigung des darin geschilderten Konfliktes. [45 Punkte]*

2. *Vergleichen Sie das an dieser Textstelle geschilderte Verhalten des „Taugenichts" mit seinem Verhalten am Ende der Geschichte. [27 Punkte]*

Hinweise:

- Nehmen Sie sich ausreichend <u>Zeit für die Vorbereitung</u> (Textbearbeitung, Stichworte, Gliederung der Analyse etc.) und die <u>Nachbereitung der Verschriftlichung</u> (sorgfältiges Überprüfen von sprachlicher Richtigkeit und Gedankenführung).

- Bedenken Sie, dass die Leistung der sprachlichen Darstellung (Struktur, Ausdruck, Satzbau, Zitierweise sowie formale Richtigkeit) einen hohen Anteil der Bewertung ausmacht.

Erlaubte Hilfsmittel:

- Deutsches Rechtschreibwörterbuch
- Kopie der Textstelle

Viel Erfolg!

TEXT

Gespräch mit dem Portier

„Aus dem Leben eines Taugenichts", S. 16 – S. 18.

Die Kartoffeln und anderes Gemüse, das ich in meinem kleinen Gärtchen fand, warf ich hinaus und bebaut es ganz mit den auserlesensten Blumen, worüber mich der Portier vom Schlosse mit der großen
5 kurfürstlichen Nase, der, seitdem ich hier wohnte, oft zu mir kam und mein intimer Freund geworden war, bedenklich von der Seite ansah und mich für einen hielt, den sein plötzliches Glück verrückt gemacht hätte. Ich aber ließ mich das nicht anfechten. Denn
10 nicht weit von mir im herrschaftlichen Garten hörte ich feine Stimmen sprechen, unter denen ich die meiner schönen Frau zu erkennen meinte, obgleich ich wegen des dichten Gebüschs niemand sehen konnte. Da band ich denn alle Tage einen Strauß von den
15 schönsten Blumen, die ich hatte, stieg jeden Abend, wenn es dunkel wurde, über die Mauer und legte ihn auf einen steinernen Tisch hin, der dort inmitten einer Laube stand; und jeden Abend, wenn ich den neuen Strauß brachte, war der alte von dem Tische
20 fort.

Eines Abends war die Herrschaft auf die Jagd geritten; die Sonne ging eben unter und bedeckte das ganze Land mit Glanz und Schimmer, die Donau schlängelte sich prächtig wie von lauter Gold und Feuer in
25 die weite Ferne, von allen Bergen bis tief ins Land hinein sangen und jauchzten die Winzer. Ich saß mit dem Portier auf dem Bänkchen vor meinem Hause und freute mich in der lauen Luft, und wie der lustige Tag so langsam vor uns verdunkelte und verhallte.
30 Da ließen sich auf einmal die Hörner der zurückkehrenden Jäger von Ferne vernehmen, die von den Bergen gegenüber einander von Zeit zu Zeit lieblich Antwort gaben. Ich war recht im innersten Herzen vergnügt und sprang auf und rief wie bezaubert und verzückt vor Lust: „Nein, das ist mir doch ein Metier, 35 die edle Jägerei!" Der Portier aber klopfte sich ruhig die Pfeife aus und sagte: „Das denkt Ihr Euch just so. Ich habe es auch mitgemacht, man verdient sich kaum die Sohlen, die man sich abläuft; und Husten und Schnupfen wird man erst gar nicht los, das 40 kommt von den ewig nassen Füßen." – Ich weiß nicht, mich packte da ein närrischer Zorn, dass ich ordentlich am ganzen Leibe zitterte. Mir war auf einmal der ganze Kerl mit seinem langweiligen Mantel, die ewigen Füße, sein Tabaksschnupfen, die große Nase und 45 alles abscheulich. – Ich fasste ihn, wie außer mir, bei der Brust und sagte: „Portier, jetzt schert Ihr Euch nach Hause, oder ich prügle Euch hier sogleich durch!" Den Portier überfiel bei diesen Worten seine alte Meinung, ich wäre verrückt geworden. Er sah 50 mich bedenklich und mit heimlicher Furcht an, machte sich, ohne ein Wort zu sprechen, von mir los und ging, immer noch unheimlich nach mir zurückblickend, mit langen Schritten nach dem Schlosse, wo er atemlos aussagte, ich sei nun wirklich rasend gewor- 55 den.

Ich aber musste am Ende laut auflachen und war herzlich froh, den superklugen Gesellen los zu sein, denn es war grade die Zeit, wo ich den Blumenstrauß immer in die Laube zu legen pflegte. 60

Joseph von Eichendorff: Aus dem Leben eines Taugenichts. Schöningh Verlag
14 2018, S. 16 ff.

Bewertungsbogen für _____

1. Verstehensleistung

Teilaufgabe 1 Die Schülerin/der Schüler	max. Punktzahl	erreichte Punkte
formuliert eine **funktionalisierte Einleitung**: • Autor, Titel, Entstehungszeit, Epoche, Gattung, zentrales Thema, kurze Inhaltswiedergabe des Textauszugs, kurze Einordnung in den Gesamttext	5	
verweist auf die **Erzähltechnik** der Textstelle: • Ich-Erzähler • erlebendes vs. erzählendes Ich • subjektiver, unzuverlässiger Erzähler	3	
erläutert den im Textauszug dargestellten **zentralen Konflikt**: • unterschiedliche Einschätzungen der Jägerei: edles Metier („Taugenichts") oder unrentables, anstrengendes Geschäft (Portier) • Streit steht stellvertretend für unterschiedliche Weltanschauungen: Romantiker („Taugenichts") vs. Philister (Portier) • Romantik vs. Aufklärung	6	
analysiert die **Haltung bzw. Einstellung des „Taugenichts"**: • vertritt romantische Weltsicht bzw. Naturvorstellung • romantisiert bzw. poetisiert Jägerei zu einem Idealbild • glaubt an verborgenes, höheres, poetisches Naturprinzip • weist aufklärerische Einwände des Portiers als engstirnige Philisterkritik zurück; ärgert sich über die begrenzte, rein rationalistische, plumpe Weltsicht des Portiers • fürchtet möglicherweise aber auch, der Portier könne recht haben; will sich nicht belehren lassen → „närrischer Zorn", verhält sich wie ein Narr, der die Fantasie gegen die Realität verteidigt • romantische Vorstellung von Jägerei gleicht der romantischen Vorstellung von der „schönen Frau"; beides wird an dieser Stelle in der Vorstellung des „Taugenichts" miteinander verknüpft; wenn er an die jagende „Herrschaft" denkt, meint er v. a. die „schöne Frau" → mit der Jägerei entromantisiert der Portier die Liebe	10	
analysiert die **Haltung bzw. Einstellung des Portiers**: • vertritt aufgeklärte, rationale, nüchterne und pragmatische Weltsicht bzw. Naturvorstellung • beurteilt Jägerei unter dem Gesichtspunkt eines rein materiellen Nutzen-Kosten-Verhältnisses • hat keinen Sinn für Romantik und verborgene Poesie; empfindet die romantische Haltung des „Taugenichts" als naiv und wirklichkeitsfremd → hält den „Taugenichts" für „verrückt"	6	
analysiert die **sprachlich-stilistische Gestaltung**: • Konflikt spiegelt sich in sprachlich-stilistischer Gestaltung wider • romantische Signalwörter/Motive (Blumen, Abendsonne, Glanz, Schimmer, Gold, Feuer, weite Ferne, jauchzende Winzer) symbolisieren romantische Sehnsucht, Streben nach Höherem, Größerem (weite Ferne) • Diminutive (Gärtchen, Bänkchen) kennzeichnen die begrenzte, beengte Lebenswelt des Philisters • „kurfürstliche Nase", „Pfeife", „langweiliger Mantel", „Tabaksschnupfen" etc. charakterisieren Portier als typischen Philister • Gegensatz zwischen Romantik und Aufklärung wird als Gegensatz zwischen Herz und Verstand sinnbildlich verdichtet: „Ich [...] war herzlich froh, den superklugen Gesellen los zu sein [...]."; „superklug" beinhaltet ironische Kritik an Aufklärung • für die „schöne Frau" bestimmte Blumensträuße rahmen den Streit um Jägerei → Jägerei wird formal mit der sehnsüchtigen Liebe des „Taugenichts" verknüpft	10	

fasst die **Analyseergebnisse** sinnvoll zusammen: • Streit um Jägerei steht sinnbildlich für Konflikt gegensätzlicher Weltanschauungen • „Taugenichts" als Romantiker, Portier als Philister • Jägerei symbolisiert Verhältnis zwischen Mensch und Natur sowie zwischen „Taugenichts" und „schöner Frau" • Konflikt zwischen Romantik und Aufklärung: Glaube, Gefühl vs. Vernunft, Rationalität; Idealismus vs. Materialismus	5	
erfüllt ein weiteres aufgabenbezogenes Kriterium	(5)	
Summe Teilaufgabe 1	**45**	

Teilaufgabe 2 Die Schülerin/der Schüler	max. Punktzahl	erreichte Punkte
fasst das Verhalten des „Taugenichts" in der vorliegenden Textstelle kurz **zusammen**	5	
vergleicht das Verhalten des „Taugenichts" in der vorliegenden Textstelle mit seinem Verhalten gegen Ende der Geschichte: *Unterschiede:* • schickt Portier weg (Bedrohung für Liebe) ↔ freut sich darüber, dass Portier sein Schwiegervater wird (Bedrohung fällt weg) • sehnt sich nach „schöner Frau" ↔ reagiert erleichtert, als sich sein sehnsüchtiger Traum als Illusion entpuppt • ärgert sich über Einwände des Portiers ↔ nimmt die Zurechtweisungen des Portiers und Aurelies gelassen entgegen *Gemeinsamkeiten:* • lässt den Blick in die Ferne schweifen („Berge", „Italien") • fantasiert sich die Realität zurecht (Jägerei, „Frack … und Pumphosen")	10	
bewertet den Vergleich zwischen dem jeweiligen Pflichtverständnis: • Gegensatz zwischen „Taugenichts" und Portier scheint überwunden • „Taugenichts" scheint seine Träume (von der „schönen Frau") bereitwillig gegen die Realität einzutauschen • „Taugenichts" scheint bereit, sich an Portier und soziale Realität anzupassen; scheinbarer Wandel vom Romantiker zum Philister, vom Träumer zum Pragmatiker • ABER: der harmonische Schein trügt möglicherweise; Aurelie und Portier wollen „Taugenichts" am Ende verändern; „Taugenichts" aber nimmt das nicht ernst, er hört nicht auf zu träumen, will nach Italien reisen • Konflikt zwischen Welt der Romantiker und Welt der Philister möglicherweise nur vertagt	12	
erfüllt ein weiteres aufgabenbezogenes Kriterium	(5)	
Summe Teilaufgabe 2	**27**	
Summe Verstehensleistung	**72**	

2. Darstellungsleistung

Anforderungen Die Schülerin/der Schüler	max. Punktzahl	erreichte Punkte
strukturiert ihren/seinen Text kohärent, schlüssig, stringent und gedanklich klar: • angemessene Gewichtung der Teilaufgaben in der Durchführung • gegliederte und angemessen gewichtete Anlage der Arbeit • schlüssige Verbindung der einzelnen Arbeitsschritte • schlüssige gedankliche Verknüpfung von Sätzen	6	

formuliert unter Beachtung der fachsprachlichen und fachmethodischen Anforderungen: • Trennung von Handlungs- und Metaebene • begründeter Bezug von beschreibenden, deutenden und wertenden Aussagen • Verwendung von Fachtermini in sinnvollem Zusammenhang • Beachtung der Tempora • korrekte Redewiedergabe (Modalität)	6	
belegt Aussagen durch angemessenes und korrektes Zitieren: • sinnvoller Gebrauch von vollständigen oder gekürzten Zitaten in begründender Funktion	3	
drückt sich allgemeinsprachlich präzise, stilistisch sicher und begrifflich differenziert aus: • sachlich-distanzierte Schreibweise • Schriftsprachlichkeit • begrifflich abstrakte Ausdrucksfähigkeit	5	
formuliert lexikalisch und syntaktisch sicher, variabel und komplex (und zugleich klar)	5	
schreibt sprachlich richtig	3	
Summe Darstellungsleistung	**28**	

Bewertung:	max. Punktzahl	erreichte Punkte
Summe insgesamt (Verstehens- und Darstellungsleistung)	**100**	

Kommentar:

Die Arbeit wird mit der Note _____ **beurteilt.**

Datum: _____   Unterschrift: _____

Bepunktung

Note	Punkte	erreichte Punktzahl
sehr gut plus	15	100 – 95
sehr gut	14	94 – 90
sehr gut minus	13	89 – 85
gut plus	12	84 – 80
gut	11	79 – 75
gut minus	10	74 – 70
befriedigend plus	9	69 – 65
befriedigend	8	64 – 60
befriedigend minus	7	59 – 55
ausreichend plus	6	54 – 50
ausreichend	5	49 – 45
ausreichend minus	4	44 – 39
mangelhaft plus	3	38 – 33
mangelhaft	2	32 – 27
mangelhaft minus	1	26 – 20
ungenügend	0	19 – 0

© Westermann Gruppe
Best.-Nr. 022697